대승 보살계의 사상과 실천

양정연

박문사

　몇 달 전, 모 방송국에서 티벳 관련 프로그램 제작에 참여해달라는 요청을 받고 오랜만에 티벳을 방문하였다. 중국의 쓰촨성四川省과 칭하이성青海省을 거쳐 티벳으로 들어가는 일정이었다.

　시닝西寧에서 칭짱青藏열차를 타고 가면서 느꼈던 창밖의 모습들은 그 속도만큼이나 빠른 변화의 시간을 알려주고 있었다. 티벳의 라사 역시 중국의 다른 지역과 마찬가지로 급격한 개발의 과정에 있었다. 4000미터를 쉽게 넘어버리는 산과 길을 따라 변화의 물결이 곳곳에 흐르고 있었다. 우연한 기회에 티벳문화를 접하고 중국과 티벳으로 떠났던 예전의 여정이 순간마다 겹쳐 나타났다. 15년이나 훨씬 지났는데도 그동안 잊고 있었던 기억들, 그리고 기억하려고 해도 그렇게 떠오르지 않던 상황이나 광

3

경들이 갑자기 뚜렷하게 나타나 깜짝 놀라기도 하였다.

2000년대에 접어들면서, 티벳에서의 생활을 마무리하고 불교를 공부하기 위해 동국대 불교학과 대학원 과정에 입학하였다. 당시 국내에서 유일하게 티벳대장경을 비롯해 각종 대장경을 갖추고 있던 곳…… 대학원 과정에서는 티벳문헌을 중심으로 대승 보살의 특징인 보리심에 관한 연구를 진행하였고 자연스럽게 보살의 실천 윤리인 보살계의 내용을 검토하게 되었다.

본 연구는 대승 보살계의 사상과 실천을 쫑카빠Tsong kha pa의 『유가사지론』「계품」에 대한 해석을 중심으로 검토하였다. 『보리도차제Lam-rim』는 대승불교의 수행체계를 종합하고 체계화한 내용으로서, 보리심을 배양하고 실천하기 위한 구체적인 내용을 포함한다. '제3장. 보살계와 보살도의 관계'의 내용에서 두 문헌이 동시에 다뤄지고 있는 이유는 대승의 보살계와 보리심, 보살의 실천이 대승 사상의 체계 속에서 논의되기 때문이다. 티벳불교의 최대 종파인 게룩빠dGe lugs pa에서 계율의 수지와 보리심을 강조하는 이유도 바로 여기에 있다.

본 연구는 박사학위논문(「쫑카빠의 대승보살계사상 연구-Byaṅ-chub gshuṅ-lam을 중심으로」)을 수정하여 보완한 내용이다. 주위에서 책으로 출간하면서 이전의 연구 성과를 다시 검토하고 보완할 수 있다는 말에 출간을 결정하기는 하였지만, 여전히 부족한 상태에서 서둘러 마무리하게 되었다. 눈 밝은 이들의 고마운 가르침을 바란다.

그동안 많은 가르침을 주셨던 동국대 불교학과 교수님들과 주위 여러 선생님들께 감사의 인사를 드리는 것으로 고마움을 대신하고자 한다. 특히 일본에서 잠시 공부할 때, 소중한 인연을 맺은 오타니대학大谷大学의 칠침 껠쌍Tsultrim Kelsang Khangkar 교수님의 격려는 따스함과 함께 항상 나 자신을 돌아보게 한다. 언제나 옆에서 굳건한 받침목이 되어주시는 부모님과 가족들에게도 늘 부족했던 미안함과 고마움의 마음이 전해지기를 바란다. 고맙고 감사한 일이다.

2018년 11월의 달력을 넘기며

춘천에서 양 정 연

목
차

■ 약호

D	*The Tibetan Tripiṭaka*, sDe dge edition
K	*The Tibetan Tripiṭaka*, sKu 'bum edition
P	*The Tibetan Tripiṭaka*, Peking edition
T	新修大藏經
「계품」	『瑜伽師地論』「菩薩地・戒品」(T30, No.1579)
BBh[H]	*Bodhisattvabhūmi*(『瑜伽師地論・菩薩地』), 羽田野伯猷 編, 京都: 法藏館, 1993.
BDN	『菩薩律儀二十』*(Byaṅ-chub-sems-dpaḥi sdom-pa ñi-śu-pa)* D.No.4081
BDNK	『菩薩律儀二十難語釋』*(Byaṅ-chub-sems-dpaḥi sdom-pa ñi-śu-paḥi dkaḥ-ḥgrel)* D.No.4083
BGSh	『聖海意所問大乘經』*(Ḥphags-pa blo-gros rgya-mtshos shus-pa shes-bya-ba theg-pa chen-poḥi mdo)* P.No.819
BJS	『入中觀疏』*(Dbu-ma-la ḥjug-paḥi bśad-pa shes-bya-ba)* D.No.3862
BLG	『菩提道燈』*(Byaṅ-chub lam-gyi sgron-ma)* D.No.3947

BLGK	『菩提道燈難語釋』(Byaṅ-chub lam-gyi sgron-maḥi dkaḥ-ḥgrel shes-bya-ba) D.No.3948
BPJ	『入菩薩行』(Byaṅ-chub-sems-dpaḥi spyod-pa-la ḥjug-pa) D.No.3871
BPJK	『入菩提行難語釋』(Byaṅ-chub-sems-dpaḥi spyod-pa-la ḥjug-paḥi dkaḥ-ḥgrel) D.No.3872
BSKCh	『發菩提心儀軌』(Byaṅ-chub-tu sems bskyed-paḥi cho-ga) D.No.3966=4492
BSN	『菩薩地解說』(Rnal-ḥbyor spyod-paḥi sa-las byaṅ-chub-sems-dpaḥi saḥi rnam-par bśad-pa) D.No.4047
BSS	『瑜伽行地中菩薩地』(Rnal-ḥbyor spyod-paḥi sa-las byaṅ-chub-sems-dpaḥi sa) D.No.4037
BYCh	『發菩提心取受儀軌』(Byaṅ-chub-kyi sems bskyed-pa daṅ yi-dam blaṅ-baḥi cho-ga) D.No.3968
DGS	『大乘莊嚴經論』(Mdo-sdeḥi rgyan-gyi bshad-pa) D.No.4026
DKS	『經集疏寶明莊嚴』(Mdo kun-las-bdus-paḥi bśad-pa rin-po-che snaṅ-baḥi rgyan shes-bya-ba) P.No.5331
DNG	『律儀二十註』(Sdom-pa ñi-śu-paḥi ḥgrel pa) D.No.4082

DThChD   『正法攝經』(Ḥphags-pa chos yaṅ-dag-par sdud-pa shes-
          bya-ba theg-pa chen-poḥi mdo) D.No.238

GRD   『修習次第 · 初編』(Bsgom-paḥi rim-pa dang-po) D.No.
          3915

GTR   『寶行王正論(王譚寶鬘)』(Rgyal-po-la gtam bya-ba rin-po-
          cheḥi phreṅ-ba) P.No.5658

LRChB   『菩提道次第略論』(Skyes-bu gsum-gyi ñams-su blaṅ-b
          aḥi byaṅ-chub lam-gyi rim-pa(Lam-rim chuṅ-ba) P.
          No.6002

LRChM   『菩提道次第廣論』([Skyes-bu gsum-gyi ñams-su blaṅ-
          baḥi] rim-pa thams-cad tshaṅ-bar ston-paḥi byaṅ-
          chub lam-gyi rim-pa(Lam-rim chen-mo) P.No.6001

NgLR   『密宗道次第(秘密次第大本)』(Rgyal-ba khyab-bdag rdo-rje
          ḥchaṅ-chen-poḥi lam-gyi rim-pa(Sṅags-rim chen-po)
          P.No.6210

NyNgD   『心髓要攝』(Sñin-po ṅes-par bsdu-ba shes-bya-ba)
          D.No.3950=4470

PhD   『波羅蜜多集』(Pha-rol-tu-phyin-pa bsdus-pa shes-bya-
          ba) D.No.3944

SDR   『發心律儀儀軌次第』(Sems-bskyed-pa daṇ sdom-paḥi cho-

gaḥi rim-pa) D.No.3969=4490

ShL[K]   *Byaṅ-chub gshuṅ-lam in the Collected Works of Tsongkapa Lozang Dragpa, Rje yab sras gsum gyi gsung 'bum sku 'bum par ma*, W22272, CD 1 of 4, New York: The Tibetan Buddhist Resource Center, 2003.

ShL[P]   『菩薩正道』*(Byaṅ-chub-sems-dpaḥi sdom-pa byuṅ-nas tshul-khrims-kyi phuṅ-po yoṅs-su dag-par bśad-pa (Byaṅ-chub gshuṅ-lam))* P.No.6145

SKT   『集學論』*(Bslab-pa Kun-las-btus-pa)* D.No.3940

SS   *Śikṣāsamuccaya of Śāntideva*(BST No.11), Edited by Vaidya, P.L., Darbhanga: Mithila Institute, 1961.

ThLG   『大乘道成就法語攝』*(Theg-pa chen-poḥi lam-gyi sgrub-thabs yi-ger bsdus-pa)* D.No.3954=4479

TshLG   『菩薩戒品廣註』*(Byaṅ-chub-sems-dpaḥi tshul-khrims-kyi leḥuḥi rgya-cher ḥgrel-pa)* D.No.4046

TshLS   『菩薩戒品疏』*(Byaṅ-chub-sems-dpaḥi tshul-khrims-kyi leḥuḥi bśad-pa)* D.No.4045

YThT   『無邊功德讚』*(Yon-tan mthaḥ-yas-par bstod-pa)* D.No. 1155

제 1 부

총론

대승 보살계의 사상과 실천

○ ○
대승계의 문헌과 연구

  역사적으로 대승의 보살계는 계본戒本에서 '유가계본瑜伽戒本', '범망계본梵網戒本', '우바새계본優婆塞戒本' 등의 차이가 있다. 이러한 계의 차이 때문에 그 실천과 관련하여 여러 가지 해석이 나오게 되었다. 보살계를 받고나서 별해탈계別解脫戒를 어떻게 수지受持해야 하는가 하는 문제, 그리고 다른 전승과 계본의 학처學處를 대하면서 어떻게 이해해야 하는가 하는 문제가 그 예이다.

  이러한 점 때문에 국내 종교계와 학술계에서도 대승계와 성문계의 양립문제를 논의해왔다. 2006년 2월, 한국불교학회 동계 워크숍과 같은 해 4월, "계율의 현대적 조명"이라는 주제로 한국불교학회 춘계학술발표대회에서 계의 실천과 관련된 문제가 논의되었다.

  학회에서 마성(2006)은 살생 등 구체적인 계의 조목條目의 차이에서 성문계와 대승계는 양립이 불가능하다고 주장하고, 구체적인 해결방안으로 1) 성문계와 대승계의 상호 모순을 절충하는 방안, 2) 성문계와 대승계 중에서 하나를 선택하는 방안, 3) 대승계·성문계 대신 종단법을 마련하는 방안, 4) 구족계와 함께 승가법으로 보완하는 방안, 네 가지를 제시하였다. 그리고 이에 대한 토론에서 원철(2006)은 성문계와 보살계의 내용을 모순되는 것으로 보고 보완의 필요성을 제기하였다.

쓰치하시 슈코土橋秀高(1984)는 이들 계의 차이를 다음과 같이 여섯 가지로 제시한다.

첫째, 자리와 이타에 대한 차이이다. 성문계는 자신의 증득을 목표로 하여 자신의 수도修道를 엄격하게 규제한다. 한편 대승계는 자신의 행위는 물론 남에 대한 행동까지도 포함하는 넓은 개념을 갖는다. 특히 이타의 정신을 근거로 보살행을 행하는데 중점을 둔다.

둘째, 지계持戒의 마음 즉, 입장의 차이이다. 성문계는 수계할 때 일생동안 수지할 것을 서약하지만 대승계는 과거·현재·미래의 삼세에 대해 서약하는 것이다.

셋째, 수계의 대상에 대한 차이이다. 승가로의 비구수입식比丘受入式을 의미하는 성문계는 계를 주는 이가 삼사三師와 7인의 증계사証戒師이다. 그러나 대승계는 시방 삼세제불十方三世諸佛로서 그 성격이 자서수自誓受의 형식이다.

넷째, 타율他律과 자율自律의 차이이다. 성문계는 타율로서 계를 어겼을 경우 승가의 처분이 이뤄진다. 그러나 대승계는 경중의 구분이 있기는 하지만 성문과 달리 자율적인 참회에 따른다.

다섯째, 외계外戒와 내계內戒의 차이이다. 성문계는 승가의 유지와 관련이 있기 때문에 구체적인 규제가 요청되며 객관적으로 행동이 계를 범하는 요인으로 나타난다. 그러나 대승계는 자신의 수도를 중심으로 하고 정신적인 엄격함을 요구한다.

여섯째, 수계修戒와 성계性戒의 차이이다. 성문계가 규제하는 것은 주로 신업身業과 구업口業의 죄과이고, 의업意業은 정혜定慧의 대치對治로 된다. 대승계는 삼학일체三學一體로 하고 신·구업은 물론 의업에 중점을 둔다.

그러나 이러한 차이에도 불구하고 대승불교를 표방하는 티벳불교는 성문계인 별해탈계를 대승계와 대립되는 관계로 보지 않고 오히려 보살계의 한 지분支分으로 본다. 그리고 별해탈계를 엄격히 수지함으로써 보리심을 증장시킬 것을 강조한다. 이 점은 특히 게룩빠dGe lugs pa에서 강조하는 내용으로서 역사적으로는 아띠샤 Atīśa(982-1054)와 쫑카빠Tsong kha pa(1357-1419)로부터 기인한다.

현교顯教와 밀교密教에 모두 뛰어난 학식과 수행을 겸했던 아띠샤는 인도의 고승으로서 티벳불교 후홍기시대[1]에 큰 공헌을 하였으며, 현·밀과 대·소승, 계율 등을 포함한 티벳불교의 체계

화를 위해 노력하였다. 그의 영향을 받아 티벳에서는 불교사원의 수학내용이 조직화 되었고[2] 까담빠bKa' gdams pa의 전통이 세워지게 되었다.

쫑카빠[3] 당시의 상황을 보면, 정치적인 영향 등으로 교법이 쇠퇴하고 계율을 지키는 자들도 드물었다. 심지어 술을 금지하고 때가 아니면 먹지 말라[非時食] 등의 조항에 대해서는 소승의 것이라고 무시하고 대승은 그 내용에 속박 받을 필요가 없다는 생각까지 퍼져 있었다.[4] 이러한 가운데 그는 청정수행을 강조함으로써 계율중심의 불교부흥 운동을 전개하였다. 그의 노력은 이후 게룩빠의 전통으로 이어졌으며 그의 종교개혁을 기준으로 티벳의 불교사는 신·구로 나뉘게 되었다.[5] 그의 사상은 『보리도

---

1 랑다르마(Glang dar ma, 약 809-842)의 불교탄압을 계기로 티벳불교는 전홍기, 후홍기로 나뉜다. Bu ston(1986) pp.197-201 참조; 티벳에서의 아띠샤 전승과 관련해서는 'Gos lo gzhon nu dpal(1985) pp.297-396와 P.V. Bapat(1956) pp.233-239, 아띠샤의 생애와 관련해서는 法尊(1979) 참조, 국내 연구자료로는 양정연(2002) pp.5-12 참조.

2 矢崎正見(1993) p.116.

3 王森(1997) pp.285-346에 수록된 「宗喀巴傳論」과 「宗喀巴年譜」 참조; 석가모니시대에 한 소년이 부처님께 깨끗한 유리염주를 올렸고 그에 대한 보답으로 주라(朱螺)를 받았다. 부처님은 이 소년이 티벳에 태어날 것과 불교를 홍성하게 할 것이며 그 이름은 수마티 키르티(Sumati Kirti), 티벳어로는 로상착빠(Blo-bzang grags-pa)라고 수기하였다. 관련내용은 Robert A.F. Thurman, ed.(1982) p.4 참조; 이외에도 쫑카빠의 생애와 저작에 대한 관련자료 및 내용들은 차상엽(2007) pp.23-42 참조.

4 土觀 羅桑却季尼瑪(1984) p.186.

5 矢崎正見(1979) pp.56-57 참조.

차제광론菩提道次第廣論』(P.No.6001)에도 나타나듯이 아띠샤의
『보리도등菩提道燈』(D.No.3947, P.No.5343)[6]과 그 주석서인 『보
리도등난어석菩提道燈難語釋』(D.No.3948, P.No.5344)의 사상을 이
어 받고 있다. 아띠샤와 쫑카빠는 불교교법에 대한 문제를 계율
과 올바른 수행으로써 해결하고자 하였다.[7] 이는 불교의 이론과
실천체계를 제시한 것으로서 매우 큰 의미를 갖는다.

아직까지 국내에서 쫑카빠의 보살계 사상에 대한 연구는 이뤄
지지 않았다. 그러나 그의 대승 보살계 사상에 대한 연구는 성문
계와 대승계의 양립문제와 그 해결방안을 모색하는데 중요한 의미를
갖는다. 본 연구에서는 대승 보살계에 대한 연구를 계상戒相 자체
에 국한하지 않는다. 왜냐하면 대승 보살계에서 인정되는 환정還
淨과 성죄性罪의 허용은 보리심과 관련되어서 이해되어야 하기
때문이다. 쫑카빠는 수학자修學者의 마음가짐을 중시한다. 그가
대승계의 범주 속에 별해탈계를 융합할 수 있었던 것은 소승의
요小乘意樂와 별해탈계의 본래 목적이 무엇인가에 주목하고 그것
을 구별하고 있기 때문이다. 아띠샤는 보리심과 직접 관련있는
증상의요增上意樂를 행보리심行菩提心에 속하는 것으로 본다. 그러

---

6 BLG의 저술배경에 대해서는 卞爾邁(1987) pp.110-111; 張福成(1993) p.332; 아띠샤
   의 삼사도(三士道)관련 국내연구로는 장익(1996)이 있으며, BLG와 BLGK에 대해서
   는 양정연(2002) 참조.
7 羽田野伯猷(1986a) p.250; 王輔仁 編(1982) p.193 참조.

나 쫑카빠는 보살행이 동반되지 않은 의요라는 점에서 원보리심 願菩提心에 속하는 것으로 보고 있다. 이는 육바라밀이나 사섭법인 보살의 실천행과 관련지어 고려해 볼 때 분명하게 검토되어야 하는 점이다.

이러한 점에서 성문계와 대승계의 양립문제를 포함한 계의 실천 문제는 쫑카빠의 대승계에 대한 이해와 보리심과의 관계 속에서 검토할 필요가 있다.

중국과 한국, 일본에서는 『범망경梵網經』 계통과 유가계 계통의 대승계가 널리 퍼졌으며,[8] 신라에서는 『범망경』의 대승적 계관戒觀이 합리적인 실천도로 요구되었던 것으로 보이기도 한다.[9] 그러나 인도·티벳 전통에서는 『입보리행론入菩提行論』이나 『대승집보살학론大乘集菩薩學論』(이하 『집학론』)에서 설하는 대승계와 유가 수행자들의 실천체계를 조직화한 『유가사지론瑜伽師地論』[10] 「계품」의 대승계, 이 두 흐름이 있다.[11] 아띠샤와 쫑카빠는 전자를 적천류

---

8 원효의 『보살계본지범요기(菩薩戒本持犯要記)』는 유가계와 범망계를 종합·조직한 저술로 인정되고 있다. 이에 대한 연구로는 김호성(2004), 木村宣彰(1980), 최원식 (1999), 박광연(2017) 참조.

9 목정배(1988) pp.5-6 참조. 목정배(1988)는 의적(義寂)의 『범망경보살계본소(梵網經菩薩戒本疏)』를 중심으로 의적의 대승계 사상을 고찰하였다.

10 佐佐木教悟 等(1995) p.96.

11 티벳에서 보살계가 널리 퍼지고 전개되었다는 사실은 싸꺄빤디따의 Sdom pa gsum gyi rab tu dbye ba를 시작으로 여러 싸꺄빠의 저작들과 아리빤첸(Mnga' ris paṇ chen)의 Sdom pa gsum rnam par nge pa 등 닝마빠의 저작등 삼율의(三律

Zhi ba lha'i lugs 또는 중관류dDu ma lugs라고 하고 후자를 아상가류 Thogs med kyi lugs 또는 유식류Sems tsam lugs라고 부른다.[12] 티벳전 흥기에는 유가 계통이 보살행의 지침이었지만 후흥기에는 두 계통이 경쟁하게 되었다. 싸까빤디따Sa skya Paṇḍita(1182-1251)[13] 이후 싸까빠에서는 양자를 구별하였으나 쫑카빠는 양자를 융합하였다.[14]

본 연구에서는 쫑카빠의 보살계 사상을 검토하기 위하여 「계품」에 대한 그의 주석서인 『보살정도』(P.No.6145)를 중심자료로 삼았다. Peking edition을 저본으로 하고 필요한 경우 sKum 'bum edition을 통하여 교정하였다.

① Peking edtion;

Byan-chub-sems-dpaḥi sdom-pa byun-nas tshul-khrims-kyi phun-po yons-su dag-par bśad-pa. "Byan-chub gshun-lam" shes-

---

儀)에 관한 저서들을 통하여 알 수 있다. 이에 대해서는 藤田光寬(1986) p.871 참조; 부뙨(Bu ston)은 아띠샤의 Dam tshig bsdus pa(D.No.3725, P.No.4547)를 인용하여 이타, 보리심의 관점에서 진언율의를 주체적으로 수습할 것을 말한다. 羽田野伯猷(1986b) p.191 참조.

12 藤田光寬(2001a) pp.1-3 참조; 藤田光寬(1988) pp.878-877 참조.

13 싸까빠 오조(五祖) 가운데 제4조. 오명(五明)에 능통한 대학자이자 정치지도자였다. 그의 생애에 대해서는 양정연(2006) pp.5-7 참조.

14 M. Tatz(1985) p.15.

bya-ba, 『西藏大藏經』-[續篇]宗喀巴全書3(No.6145), 西藏大藏經硏
究會 編, 東京: 西藏大藏經硏究會, 1961, Cha.2a1-100b2.

② sKum 'bum edition;

i) *Byang-chub-sems-dpa'i tshul-khrims-kyi rnam-bshad byang-chub gzhung-lam bzhugs-so, Rje tsong-kha-pa chen-po'i gsung-'bum bzhugs-so(Ka)*, Zi-ling: Mtsho-sngon mi-rigs dpe-skruin-khang, 2000, pp.406-581.

ii) Byang-chub-sems-dpa'i tshul-khrims-kyi rnam-bshad byang-chub gzhung-lam in the Collected Works of Tsongkapa Lozang Dragpa, Rje yab sras gsum gyi gsuṅ 'bum sku 'bum par ma: Kumbum redaction of the collected works of Je Tsongkapa and his two chief disciples, W22272, CD 1 of 4, New York: The Tibetan Buddhist Resource Center, 2003, Ka.1a-118b3.

연구 자료 가운데 「계품」을 제외한 다른 한역漢譯 계본에 대해
서는 대조작업을 위한 경우에만 사용하였고 별도의 연구를 진행
하지는 않는다.[15] 왜냐하면 『보살정도』에서 『범망경』이나 중국

---

15 大野法道(1963) pp.194-205에는 유가계와 관련된 경전인 『보살선계경(菩薩善戒經)』
   을 『보살지지경(菩薩地持經)』 계통의 개수본(改修本)으로 보고 있으며 이에 대한 연구

의 계사상이 직접 영향을 끼친 것으로 나타나지는 않기 때문이
다.[16] 「계품」의 범본은 『보살정도』의 이해를 위한 경우에 한하
여 검토하였으며 BBh[H]의 연구결과에 많은 도움을 받았다.

「계품」에 대한 티벳어 주석서로는 세 가지가 현존한다.[17]

① 海雲Sāgaramegha, rGya mtsho sprin,[18] 『菩薩地解說』Rnal-ḥbyor
spyod-paḥi sa-las byaṅ-chub-sems-dpaḥi saḥi rnam-par bśad-pa, D.No.
4047, P.No.5548: 11세기 초, 샨띠바드라Śāntibhadra, 낙초 췰침
걜바Nag-tsho Tshul-khrims rgyal-ba 번역. 「보살지」 전체에 대한 주
석서.

② 最勝子Jinaputra, rGyal-ba'i sras, 『菩薩戒品廣註』Byaṅ-chub-sems-dpaḥi
tshul-khrims-kyi leḥuḥi rgya-cher ḥgrel-pa, D.No.4046, P.No.5547: 9세

결과가 수록되어 있다. 그런데 『보살선계경』에는 구나발마(求那跋摩)가 대승의 보
살계와 소승의 성문계를 결합한 것으로 보이는 곳이 있다. 羽田野伯猷(1986e)
pp.138-149 참조.

16 중국의 계율은 지지계(地持戒)가 주류를 이루다가 범망계와 병행하게 되고, 점차
흡수되어 특히 8세기경부터는 범망계 일변도로 되었다. 이러한 점은 돈황에서 출토
된 한문(漢文) 보살계 관계 전적들의 경향에서도 파악된다. 土橋秀高(1980) pp.647-648,
977 참조.

17 이하의 내용은 藤田光寬(1977) pp.96-95 참조.

18 현존하는 『보살지해설(菩薩地解說)』을 저작한 해운(海雲)은 11세기에 활동했던 인
물이지만 이미 800년대 초에도 「보살지」를 주석한 '해운'이라는 인물이 있었다고
알려지고 있다. 이에 대해서는 羽田野伯猷(1986c) pp.200-201 참조.

기 초, 지나미뜨라Jinamitra, 쁘라즈냐바르마Prajñāvarma, 예셰데Ye-śes
sde 번역. 「계품」 부분만이 티벳어역으로 남아있음. 최승자의 주
석서는 한역漢譯에서 '본지분本地分의 오식신상응지五識身相應地'에
대한 것으로 玄奘 譯 『瑜伽師地論釋』(T30, No.1580)이 있음.[19]

③ 德光Guṇaprabha, Yon tan 'od, 『菩薩戒品疏』Byaṅ-chub-sems-dpaḥi
tshul-khrims-kyi leḥuḥi bśad-pa, D.No.4045, P.No.5546: 9세기 초, 쁘
라즈냐바르마Prajñāvarma, 예셰데Ye-śes sde의 번역. '제10장 계품'에
선행하는 '제1장 종성품種姓品'부터 '제9장 시품施品'까지의 德光 『菩
薩地註』Byaṅ-chub-sems-dpaḥi saḥi ḥgrel-pa, D.No.4044, P.No.5545가
아띠샤와 낙초 칠침 걜바에 의해 11세기 초에 역출됨.

쫑카빠는 『보살정도』에서 이들 주석서는 물론 짠드라고민Candra-gomin
의 『율의이십송律儀二十頌』과 그 주석서인 적호寂護, Śāntarakṣita의 『율
의이십주律儀二十註』,[20] 보리현菩提賢, Bodhibhadra의 『보살율의이십
난어석菩薩律儀二十難語釋』을 자주 인용하고 있다.[21] 『보살율의이

----

19 최승자의 주석과 해운의 주석서는 동일한 원전에 대한 티벳대장경의 이판(異版)으
로 간주되고 있다. 藤田光寛(1977)은 원전의 동일성을 티벳어역의 번역어와 어순
등을 고찰하고 그 패턴을 연구하여 증명하였다.

20 DNG에 있어서 유가행유식과 중관의 융합, 통합화의 동향을 알 수 있다. D.S.
Ruegg(1981) p.93 참조.

21 아띠샤 스승으로서의 보리현(菩提賢)에 대해서는 羽田野伯猷(1986d) p.209 참조;

십』은 「계품」에서 설하는 유가계의 내용을 20게송으로 모은 것으로 『보살정도』에서는 각 계조戒條의 첫 머리에 그 내용을 인용하고 있다. 따라서 여기에서는 이들 관련 저작들도 함께 검토할 것이다.

『보살정도』의 번역서로는 파준(法尊)의 『보살계품석菩薩戒品釋』[22] (『宗喀巴大師集5』, 北京: 民族出版社, 2001)과 탕샹밍湯薌銘이 한역漢譯한 『보리정도보살계론菩提正道菩薩戒論』, 그리고 이것을 중역重譯한 『보살계품석菩薩戒品釋』(『大藏經補編8』, 台北: 華宇出版社, 1984)이 있다. 영역英譯 및 주해서로는 Tatz의 *Asanga's Chapter on Ethics with the Commentary of Tsong-kha-pa, The Basic Path to Awakening, The Complete Bodhisattva* (New York: The Edwin Mellen Press, 1986)[23]가 있다.

쫑카빠의 보살행 사상은 람림Lamrim의 내용을 중심으로 고찰할 수 있다. 람림은 하사도下士道, 중사도中士道, 상사도上士道로 구분되어 설명되는데, 보살행과 관련해서는 상사도의 내용에서 자세

아띠샤의 수계차제(受戒次第)는 「보살지」와의 관계를 나타내며, 이러한 점은 보리현의 영향을 받은 것이다. 아띠샤의 저작 속에는 DNK가 빈번하게 인용된다. 宮崎泉(2000) p.104 참조.

22 파준은 말미에 '縉雲山 世界佛學苑 漢藏敎理院'에서 1935년 번역했음을 밝히고 있다. 法尊(2001c) p.324 참조.

23 J. W. De Jong(1989)은 서평을 통해 범어 원전을 검토하고 Tatz번역의 오류를 일부 지적하고 있다.

히 설명된다. 이에 대한 한역서로는 파준의 「보리도차제광론菩提道次第廣論」(이하 『광론』, 『宗喀巴大師集1』, 北京: 民族出版社, 2001)과 「보리도차제약론菩提道次第略論」(이하 『약론』, 『宗喀巴大師集3』, 北京: 民族出版社, 2001)이 있다. 『약론』에 대한 주석서로는 昂旺朗吉堪布 『菩提道次第略論釋』(成都: 成都昭覺寺, 1995)이 있으며, 일역日譯으로는 ツルティム ケサン과 藤仲孝司 共譯 『悟りへの階梯』(京都: Unio Corporation, 2005)가 있다. 『광론』 가운데 육바라밀과 사섭법의 내용에 대한 영역 및 주해서로는 Joshua W.C. Cutler 주편主編인 *The great treatise on the stages of the path to enlightenment, Vol. 2* (Ithaca, N.Y.: Snow Lion Publications, 2004)가 있다. 한글역으로는 『광론』의 역서인 청전의 『깨달음에 이르는 길』(서울: 지영사, 2005)과 『약론』의 역서인 양승규, 『보리도차제약론』(시흥: 시륜, 2006)이 있고, 초펠이 편역한 『티벳 스승들에게 깨달음의 길을 묻는다면』(부산: 도서출판 하늘호수, 2005)이 있다.[24]

---

24 LRChM와 관련해서는 차상엽(2007) pp.11-15 참조. 그는 각 판본 및 연구서들을 자세히 소개하고 있다.
국내에서 이뤄진 Lamrim에 대한 연구를 간략히 소개하면 다음과 같다.
양승규, 「『보리도차제광론(Lam rim chen mo)』의 지(止, Śamatha) 연구」(동국대학교 석사학위논문, 1991): 『광론』의 사마타 장에 대한 역주·연구하였다.
김성철, 「Systematic Buddhology와 『보리도차제론』」(『불교학연구』3, 서울: 불교학연구회, 2001): 『보리도차제론』의 체계를 토대로 기존의 문헌학적 연구법보다 불교학자로서의 연구방법론인 체계불학(Systematic Buddhology)을 제시하고 있다.

아라마키 노리토시荒牧典俊(1967)는『섭대승론攝大乘論』이나 유식
논서에서 '계'가 보살행과 함께 실천되어야 하는 올바른 행으로
표현되어 있다고 지적하였는데, 이러한 유가계의 전통은 아띠샤
와 쫑카빠의 수행체계에 큰 영향을 미쳤다. 이 점은 도키야 고키
釋舍幸紀(1981)가 말하고 있듯이 쫑카빠 교학에서 보살계가 중심
으로 되어 있다는 점과 상응한다. 쫑카빠의 보살계 사상에 대해
서는 후지타 고칸藤田光寬(2001b)과 왕후이원王惠雯(1998)이 체계
적으로 연구하였으며, 본 연구 역시 이 연구들에서 많은 도움을
받았다. 전자는 인도·티벳의 유가계 사상을 연구하면서 그 전
통 속에서『보살정도』의 일부 내용을 연구하였고 특히 수계법의
내용에 대해 비교적 자세한 주석을 달았다. 후자는『보살정도』를
새롭게 번역하거나 자세한 주석을 단 것은 아니지만 문헌의 핵
심내용을 중심으로 종합적인 연구를 하였다. 그러나『보살정도』자

김성철, 「티베트불교의 수행체계와 보살도」(『가산학보』9, 서울: 가산불교문화연
구원, 2001): 삼사도의 수행체계를 개괄적으로 소개하고,『보리도차제론』의 수행
체계 목표는 감성과 지성, 실천과 이론이 조화에 있음을 주장하고 있다.
차상엽, 「『보리도차제론』의 유가행 연구」(『보조사상』21, 서울: 보조사상연구원,
2004): 유식논서들에 대한 쫑카빠의 이해와 유가행의 수습체계 고찰하였다.
차상엽, 「샤마타 수행으로서의 구종심주(九種心住)에 대한 이해」(『회당학보』10,
서울: 회당학회, 2005): 초기 유식문헌에서 중요시되던 구종심주의 개념을 쫑카빠
가 다시 강조하고 있는 점에 주목하고 세간도와 출세간도의 관계 속에서 이를
연구하였다.
차상엽, 「쫑카빠(Tsong kha pa)의 유가행 수행체계 연구」(동국대학교 박사학위
논문, 2007): 그의 기존의 연구성과들을 토대로 쫑카빠의 유가수행체계를 종합적
으로 고찰하고 있다.

체가 육바라밀과 사섭법의 내용을 악작법惡作罪과 관련해서만 설명하고 있기 때문에, 왕(1998) 역시 전반적인 보살행의 내용을 다루고 있지는 않다. 『보살정도』에는 성문계와 대승계의 관계에 대해 "보살계는 별해탈계에 의지해서는 안 된다"는 대론자의 반론이 소개되어 있다. 쫑카빠는 별해탈계와 소승의요를 구분함으로써 그 견해를 논파하고 있는데 왕(1998)은 이 점을 간과하고 있다. 이는 계 자체와 그 계를 수지하는 자의 태도를 통하여 대승계와 성문계의 특성을 검토한다는 점에서 쫑카빠의 성문·대승계의 융합사상을 이해하는데 매우 중요한 근거로 작용한다.

대승 보살계는 보살의 모든 행위를 그 범주 속에 섭수하는 것이고 그 위에 무상無上의 깨달음과 직결되는 것이다.[25] 따라서 육바라밀과 사섭법의 보살행은 보살계와 보리심과의 관계 속에서 함께 고찰되어야 한다. 본 연구에서 『보살정도』와 람림을 통하여 쫑카빠의 보살계와 보리심, 보살행의 관계를 대승사상이라는 체계 속에서 고찰하고자 한 것도 이러한 이유 때문이다.

본 연구는 쫑카빠의 보살계 사상을 이해하기 위하여 제2장.1.(2) '수계의 실천과 방법'과 2.(2) '악작법'에서 『보살정도』의 원문을 중심으로 고찰하였고 필요한 주석을 달았다. 3. '범계와 참회'는

---

25 沖本克己(1984) p.223.

『보살정도』의 특징을 근본죄根本罪와 계상戒相의 문제, 환정참회
還淨懺悔의 내용으로 나눠 고찰한 내용이다. 제3장에서는 람림의
문헌을 통해 쫑카빠의 보리심과 보살 실천의 주요 내용을 고찰
한다.

제 2 부

『보살정도菩薩正道』와
람림Lamrim을 통해 본
대승사상

대승 보살계의 사상과 실천

○ ○ ○

| 제1장 |

쫑카빠 보살계 사상의 배경

1. 대승경론에 나타난 보살계

세존은 불법이 오래가기 위해서는 계에 의지해야 한다고 하였다. 초기 율서인 『사분율』에는 다음과 같이 설명된다.

> 사리불이여, [계율은] 비유하자면 여러 꽃들을 탁상위에 노끈으로 잘 묶어 놓은 것과 같이 바람이 불어도 흐트러지지 않는다….
> 세존이시여, 지금이 바로 그 때입니다. 원컨대 위대하신 이여, 모든 비구들에게 계를 제정하고 계를 설하시어 범행을 닦아 가르침이 오랫동안 있게 하소서.[1]

----

[1] 『四分律』(T22) p.569c4-15: 舍利弗 譬如種種華置於案上以線貫 雖爲風吹而不分散…世尊 今正是時 唯願大聖 與諸比丘結戒說戒 使修梵行法得久住.

이 내용을 보면, 계는 불교교법의 실천이란 점에서 제시되고 있음을 알 수 있다. 성문계와 대승계는 구체적인 내용에서 차이가 있기는 하지만 교법에 대한 실천행이라는 의미는 기본적으로 변하지 않는다.

『화엄경華嚴經』에서는 보살계와 관련하여 다음과 같이 말한다.

> 계를 받아 닦을 때, 중생이 계를 잘 닦아 온갖 악을 짓지 않기를 바라야 한다.···구족계를 받으면서, 중생이 모든 방편을 구족하여 최승법을 얻기를 바라야 한다.[2]

> 항상 자신이 세 가지 청정한 계에 잘 머무르면서 중생도 이와 같이 잘 머무르도록 한다.[3]

여기에서 보살이 받는 계는 자신은 물론 중생을 이롭게 하기 위한 것임을 전제로 한다.

『대반야경大般若經』에서는 사리자舍利子가 만자자滿慈子에게 정계淨戒를 지닌 보살에 대해 다음과 같이 설명한다.

---

2 『華嚴經(80권)』(T10) p.70b4-9: 受學戒時 當願衆生 善學於戒 不作衆惡…受具足戒 當願衆生 具諸方便 得最勝法.

3 『華嚴經(80권)』(T10) p.149b22-23: 常自安住三種淨戒 亦令衆生如是安住.

보살의 마음에 머무른 이는 결정코 물러남이 없으니, 만일 물러남이 있다면 보살이 아닙니다.…일체지의 지혜에 상응하는 마음을 일으키지 않으면 아무리 보시·정계·안인·정진·정려·반야 바라밀다를 부지런히 닦아도 일체지의 지혜로 회향하지 않으므로 계율을 구족한 보살이 아닙니다.…보살계를 수지하여 일체지의 지혜로 회향하는 마음이 남아 있기에, 계를 지키는 보살이라 불립니다.[4]

여기에서 보살계를 수지하는 자는 일체지에 상응하는 마음을 내며, 일체지로 회향하는 마음을 가져야 한다고 강조하고 있다. 『섭대승론석攝大乘論釋』에서는 보살계를 삼취정계로 설명한다.

사람이 악을 떠나 선을 모아 남을 이롭게 하지 않는다면 계를 얻을 수 없다. 만약 사람이 수호계에 머물 수 있다면 섭선법계를 이끌 수 있으니 불법과 보리가 생기하는 근거가 된다.[5]
정호계는 마음을 편안하게 머무르게 할 수 있다. 섭선법계는 불법을 성숙시킨다. 섭중생계는 중생을 성숙하게 한다. 모든 보살이 하는 올바른 일은 이 세 가지에서 벗어나지 않는다. 마음

---

4 『大般若經』(T7) p.1034a2-15: 定無菩薩住菩薩心有退轉者 若有退轉便非菩薩…若不能發一切智智相應之心 雖復勤修布施淨戒安忍精進靜慮般若波羅蜜多 而不迴向一切智智 當知彼非具戒菩薩…持菩薩戒由有迴向一切智心故 得名爲持菩薩戒.
5 『攝大乘論釋』(T31) p.219a1-3: 若人不離惡 攝善利他則不得戒 若人住守護戒 能引攝善法戒爲佛法及菩提生起依止.

이 편안하게 머물러서 피로가 없기 때문에 불법을 성숙하게 하
며, 불법을 성숙하게 만들기 때문에 중생을 성숙하게 한다.[6]

위의 몇 가지 대승경론의 내용에 따르면, 보살계는 중생을 전
제로 했을 때 그 의미가 있으며 불법을 성숙하게 하고 보리가
생기할 수 있는 근거로 된다. 여기에서 보살계는 대승교법의 실
천행이 된다는 것을 알 수 있다.

또 성문계와 대승계의 차이에 대해서는 교법과 이타의 실천행
이란 관점에서 다음과 같이 설해진다.

여래께서 계를 제정한 데는 두 가지 뜻이 있다. 첫째는 성문
이 자신을 제도하기 위해 계를 제정한 것이고, 둘째는 보살이
스스로 제도하고 남도 제도하기 위해 계를 제정한 것이다. 성문
과 보살이 뜻을 세워 계를 받는 것도 역시 이와 같다. 따라서
이 두 사람이 지키고 범하는 것에는 차이가 있다.···계의 종류가
다르다. 보살계는 [신·구·의] 삼업의 선행을 체로 하지만, 성
문의 계는 신·구의 선행만을 체로 한다.[7]

---

6 『攝大乘論釋』(T31) p.232c16-19: 正護戒能令心安住 攝善法戒能成熟佛法 攝衆生戒能成熟
衆生 一切菩薩正事不出此三用 由心得安住無有疲悔故 能成熟佛法 由成熟佛法故能成熟衆生.
7 『攝大乘論釋』(T31) p.233a3-10: 如來制戒有二種意 一爲聲聞自度故制戒 二爲菩薩自度度他
故制戒 聲聞菩薩立意受戒亦復如是 故此二人持犯有異...戒類不同 菩薩戒以三業善行爲體 聲
聞戒以身口善行爲體.

보살과 이승 간에는 성계性戒에서 차별이 있으니,[8] 마음에 지니는 것과 마음에 지니지 않는 것이다. 계의 제정에서도 역시 차별이 있으니 남에게 이익이 되는가 안 되는가의 차이 때문이다.[9]

동일한 상황일지라도 보살의 경우는 이타의 마음까지도 계에 포함되기 때문에 차이가 있는 것이다. 이러한 차이는 대승교법의 실천에 따른 것으로서 바로 보리심의 차이라고 할 수 있다.

2. 쫑카빠의 대·소승관

쫑카빠는 대·소승 교법의 차이에 대해 『밀종도차제密宗道次第』에서 분명히 밝히고 있다. 먼저 그는 승乘을 무엇으로 구분할 것인가에 대해 다음과 같이 말한다.

---

8 부파의 율장들에서 비구·비구니계의 제1계는 음계(淫戒), 대승계율에서는 불살생계이다. 부파는 자리(自利) 위주의 수행을 첫째로 삼기에 음행이 윤회의 원인이 된다고 하여 제1계로 하고 있고, 대승에서는 중생구제의 이타 수행을 강조하기에 불살생계를 처음으로 한다. 목정배(1995) p.207 참조.

9 『攝大乘論釋』(T31) p.233a25-28: 如此菩薩與二乘於性戒中亦有差別 卽心所持及非心所持 於制戒中 亦有差別 謂利他不利他故.

목적하는 일이 열등하고 자신만을 위하기 때문에 얻는 것이 열등하며 윤회의 고통만을 적멸하는 지위를 얻고자 하는 자 그리고 목적하는 일이 수승하고 일체 유정을 위하기 때문에 얻는 바가 수승하며 불의 지위를 얻고자 하는 자로서, 수승하고 열등한 두 교화대상이 있으니, 그 둘이 각자의 지위로 가는 이승二乘에 대해 소승과 대승이라고 하며, 그 둘에 의거해서 말하는 두 종류의 법에 대해 대승장, 소승장이라고 한다. 소승에 성문과 연각 둘이 있으며 그들 각자의 지위로 이끄는 길에 성문과 연각승 둘로 구분지어서 삼승三乘인 것이다.[10]

이는 그 목적에 따라 교화대상을 구분하고 행위에 따라 대·소승을 구분하고 있는 것이다.

일반적으로 소승에 대해서,

[성문과 독각] 이 두 종성인 사람들은 남의 이익을 뒤로하고

---

10 NgLR Dsa.5a8-b4: ched du bya ba dman pa bdag gcig bu'i phyir du thob bya dman pa 'khor ba'i sdug bsngal tsam zhi ba'i go 'phang don du gnyed ba dang/ ched du bya ba khyad par du 'phags pa sems can thams cad kyi phyir du thob bya mchog sangs rgyas kyi go 'phang don du gnyer ba'i gdul bya dman mchog gnyis yod pas/ de gnyis theg pa gang gis rang rang gi go 'phang du 'gro ba'i theg pa gnyis la theg pa dman pa dang theg pa chen po zhes bya la/ de gnyis kyi dbang du byas nas gsungs pa'i chos gnyis la theg pa mchog dman gyi sde snod ces bya'o/ /theg pa dman pa la nyan rang gnyis yod cing de dag rang rang gi go 'phang du 'khrid par byed pa'i lam la nyan rang gi theg la gnyis su phye bas theg pa gsum mo/.

자신의 해탈만을 위해 나아가는데, 해탈을 하는 주된 원인은 무아의 의미를 아는 지혜이니, 윤회에 얽매이는 주된 원인은 아집이기 때문이다. 그러므로 이들도 그 내용을 알고서 그 지혜를 추구하는 것이며, 계와 정 등의 다른 길의 도움을 받아 수습함으로써 모든 번뇌를 없애는 것이다.[11]

라는 견해를 갖고 있지만, 쫑카빠는 대 · 소승을 구분하는 것이 발심 등의 방편에 따른 것임을 다음과 같이 말한다.

소승의 경우, 법무자성法無自性을 알고 있다고 해도 대 · 소승의 구분이 없는 것은 아니다. 왜냐하면 대승의 가르침은 법무자성만을 분명히 하는 것이 아니라, 지地와 바라밀과 서원과 대비大悲 등과 회향과 두 자량과 더러움이 남김없이 깨끗한 불사의不思議인 법성法性도 설하기 때문이다.…대 · 소승은 견해로써 나뉘는 것이 아니라 선교방편으로써 구분되는 것으로 성부자聖父子[12]께서 인정하셨다.…그것들을 대 · 소승으로 각각 구분하는 인因

---

11 NgLR Dsa.5b6-7: 'di gnyis kyi rigs can rnams ni gzhan gyi don khur du 'khur ba la rgyab kyis phyogs pas rang grol ba tsam gyi phyir du zhugs pa yin la/ rnam grol thar pa 'thob ba'i rgyu'i gtso bo ni bdag med pa'i don rtogs pa'i shes rab ste/ 'khor bar 'ching ba'i rgyu'i gtso bo bdag 'dzin yin pa'i phyir ro/ /des na de dag gyis kyang don de rtogs nas shes rab de btshal te tshul khrims dang ting nge 'dzin la sogs pa'i lam gzhan gyis grogs byas nas bsgoms pas nyon mongs pa thams cad zad par byed do/.

12 용수(龍樹)와 제바(提婆, 聖天)를 가리킨다.

은 발심 등의 모든 방편이기 때문이다.[13]

쫑카빠는 단지 법무자성을 아는 것이 아니라 방편 또한 구족
해야만 진정한 대승의 가르침이라고 하였다. 방편과 지혜, 두 자
량은 아띠샤 이후 전개된 티벳불교의 전통에서 강조되는 점으로
서 『광론』 등 각종 논서에서도 중시되고 있다.

『광론』에서는,

> [바라밀승과 밀승] 이 두 승의 어느 문에 들어가든지 그 문에
> 들어가는 것은 오직 보리심일 뿐이니…이것을 어느 때 여읜다
> 면 공성空性을 아는 등의 공덕이 아무리 있다 해도 성문 등의
> 지위에 떨어지게 되며 대승을 잃게 된다고 많은 대승경전에서
> 는 말한다.……[14]

---

13 NgLR Dsa.8a1-6: theg dman pa la chos rang bzhin med par rtogs pa yod kyang
theg pa che chung khyad med du mi 'gyur te/ theg chen bstan pas ni chos
bdag med pa tsam gsal bar byed pa min gyi sa dang par phyin dang smon
lam dang snying rje chen po la sogs pa dang/ bsngo ba dang tshogs gnyis
dang dri ma ma lus pas dag pa'i bsam mi khyab kyi chos nyid kyang ston
pas so/…theg pa che chung ni lta bas mi 'byed kyi thabs mkhyas kyi spyod
pas phye bar 'phags pa yab sras bzhed de/…de rnams theg pa che chung gi
rigs so sor 'byed pa'i rgyu ni sems bskyed la sogs pa'i ba'i thabs rnams yin
pa'i phyir ro/.
14 LRChM Ka.148b8-149a2: /de gnyis gang gi sgor 'jug kyang 'jug sgo ni byang
chub kyi sems kho na yin te/…/de dang nam bral ba na stong pa nyid kyi
rtogs pa sogs pa'i yon tan ci yod kyang nyan thos la sogs pa'i sar ltung zhing/
theg chen las nyams pa yin par theg pa chen po ba'i gzhung du ma las gsungs

고 하여, 대승에 들어가는데 가장 중요한 것을 보리심이라고 말한다. 이런 점에서 그는 대·소승을 교법이 아닌 보리심의 발현으로 구분하고 있음을 알 수 있다.

3. 『보살정도』의 성립

『광론』에서도 소개하고 있지만 『보살정도』는 시기적으로 『광론』 이전에 저술되었다.[15] 「계품」의 내용순서에 따라 기술되었으며 각종 경전의 내용을 인용하여 설명하고 있다.[16] 그리고 삼취정계의 의미를 분석하고 오해와 잘못된 견해를 논파하여 대승사상의 실천 의미를 드러내고 있다.[17] 쫑카빠는 『보살정도』의 서문에서 「보살지」가 저술된 인연을 밝히고 자신이 주석서를 저술한 이유를 다음과 같이 말한다.

---

shing….

15 長尾雅人(1954) p.62에서는 『광론』이 『보살정도』보다 먼저 저술되었다고 보고 있지만 이는 잘못된 견해이다. 이미 『광론』에서는 『계품석』(『보살정도』를 말함)을 언급하고 있는데, 이에 대해서는 다음의 예에서도 분명히 알 수 있다. LRChM Ka.209b7-8: 'di rnams rgyas par tshul khrims le'u'i rnam bshad du bdag gis gtan la bab zin pas de nges par yang dang yang du blta dgos so/(이것들은 자세하게 『계품석』에서 내가 확정했기 때문에 반드시 여러 번 봐야만 한다.)

16 「계품」과 『보살정도』의 계상(戒相) 비교는 釋舍幸紀(1981) pp.245-251 참조.

17 王惠雯(1998) p.9 참조.

[성무착께서는] 지존 자씨至尊慈氏에게서 전체적으로 무량한 법문을 들으시고 특별히 대승의 도道와 과果에 대해 자세히 들으신 내용을 총섭한 「보살지」라는 대논서를 지으셨다. 그런데 대승에 대해 이전의 경험이 적고 관찰하는 힘이 미약하고 노력하는 힘이 적은 이들이 이것을 배우지 못하는 것을 보고서 그들을 위하여 「보살지·계품」의 내용만을 지혜가 낮은 이들이 쉽게 이해하도록 설명하게 되었다.[18]

그리고 서문에서 보리심과 보살학을 설명하고 그 관계까지도 언급함으로써 논 전체의 핵심이 바로 여기에 있음을 말한다.

이와 같이 모든 불자행의 근거가 되는 보리심을 먼저 구결口訣처럼 일으킨 뒤에 보살학을 배운다고 선언함으로써 율의를 받는다. 선행하는 보살학을 배우지 않고 누구든지 무상보리로 갈 수는 없기 때문이다. 이것은 바로 삼세의 모든 보살이 가신 유일한 길이다.[19]

----

18 ShL Cha.4a1-4: rje btsun byams pa la spyir chos kyi rnam grangs dpag tu med pa gsan cing khyad par du theg pa mchog gi lam dang 'bras bu'i tshul rgya cher gsan pa'i don nye bar bsdus pa byang chub sems dpa'i sa zhes bya ba'i bstan bcos chen po nye bar sbyar ro/ /de lta na'ang de la ni theg pa mchog la sngon gyi goms pa chung ba rnam par dpyod pa'i stobs dman zhing brtson pa'i mthu chung ba rnams kyis bslab par mi nus par mthong nas de rnams kyi don du byang chub sems dpa'i sa'i tshul khrims kyi le'u'i don tsam zhig blo dman pa rnams kyis go sla bar bshad par bya ste/.

19 ShL Cha.4a4-6: 'di ltar rgyal sras kyi spyod pa rnams gang la gnas pa'i rten

보리를 향한 마음을 일으킨다고 해도 학처學處를 힘껏 수학하지 않으면 보리를 얻을 수 없기 때문에 보리를 구하는 자는 학처를 배우는 것을 핵심으로 해야 한다.[20]

위와 같이 대승을 추구하는 이들은 먼저 그 근거가 되는 보리심을 일으켜야 한다고 쫑카빠는 강조한다. 그 다음에 계를 받고 잘 수지해야만 무상보리를 얻을 수 있기 때문에, 귀경게에서도 "여법하게 이루는 차제가 설해진 것"[21]이라고 밝히고 있다. 발심이나 계 등의 육바라밀도는 금강승이나 바라밀승에 공통하는 것이고 반드시 보살율의를 수지해야 한다는 관점에서 「계품」에 대한 주석이 이뤄지고 있음을 알 수 있다.[22]

쫑카빠는 보살계 수지와 관련해서 타승처법他勝處法과 악작법으로 나누고 악작법은 다시 섭선법계에 위범되는 경우와 요익유

byang chub kyi sems thog mar man ngag bzhin bskyed nas/ byang chub sems dpa'i bslab pa la slob par khas len pa'i sgo nas sdom pa bzung ba sngon du 'gro ba can gyi byang chub sems dpa'i bslab pa la slob pa med par ni 'ga' yang bla na med pa'i byang chub tu 'gro ba'i skabs med pa'i phyir ro/ de'i phyir 'di nyid dus gsum gyi byang chub sems dpa' thams cad kyi bgrod pa gcig pa'i lam yin te/.

20 ShL Cha.4b2-3: /byang chub tu sems bskyed kyang bslab pa la nan tan gyis mi sgrub na byang chub thob pa mi srid pas byang chub 'dod pas ni bslab pa la slob pa'i sgrub pa snying por bya ste/.

21 ShL Cha.3b1: /tshul bzhin sgrub pa'i rim pa 'dir bshad kyis/.

22 藤田光寬(1983b) p.98.

정계에 위범되는 경우로 나눠 설명한다. 그리고 섭선법계의 경우는 다시 육바라밀에 위범되는 경우로 각각 배대시키고, 요익유정계의 경우는 사섭법에 위범되는 경우로 배대시킨다. 이 점은 쫑카빠 스스로 각 단락을 구분지어 규정하고 있기 때문에 분명하게 나타난다. 글의 이러한 구성에서 볼 때, 그는 보살계를 육바라밀과 사섭법의 관계 속에서 설명하고 있음을 알 수 있다. 따라서 글의 말미에서도 계를 배우는 방법으로 "나머지 다섯 바라밀과 사섭법 등에 대해서 배우는 방법 또한 알아야만 하며 진심으로 배운다면 그때 다른 배워야 할 것들에 대해 배울 수 없는 경우 위범은 없는 것으로 설한다."[23]라고 밝히고 있는 것이다.

쫑카빠는 글에서 「계품」을 해석하는데 중심으로 삼은 경전을 다음과 같이 소개한다.

> 초업보살初業菩薩에게 매우 중요한 이 「계품」은 전적을 온전히 인용하고 해석한다면 말이 너무 많게 될 것이기에, 내용 정도인 「보살지」의 두 주석과 「계품」의 두 주석, 게다가 『집학론』과 『입보살행』의 정문正文과 주석 등 설명내용과 일치하는 청정

---

23 ShL Cha.98a2-4: /'di ni tshul khrims la bslab pa'i tshul te phar phyin lhag ma dang bsdu bzhi la sogs pa la slob pa'i tshul yang shes par byas la snying thag pa nas bslab na de'i tshe bslab bya gzhan la slob par ma nus pa la nyes med du gsungs te/.

한 경론들과 또한 경들에 의지하여 받아들이고 지키고 환정還淨
하는 어려운 부분들을 자세히 결택한 것이다.[24]

여기에서 『보살정도』는 유식과 중관의 내용을 융합하여 설명
하고 있음을 밝히고 있다. 그런데 『보살정도』에서만 아니라 쫑
카빠의 수행체계를 알 수 있는 람림 저서에서도 대승의 두 큰
축은 유식과 중관이라고 밝히고 있다.[25] 따라서 쫑카빠와 그의
전통을 잇고 있는 게룩빠의 불교체계는 이 두 사상이 융합되어
형성되었다고 볼 수 있다.

쫑카빠는 마지막 게송에서 『보살정도』의 내용이 단지 보살계에
대한 설명이 아니라 보살사상의 체계임을 다음과 같이 밝히고 있다.

---

24 ShL Cha.98a4-6: /de ltar byang sems dang po pa la thog mar gal che ba tshul
khrims kyi le'u 'di gzhung rdzogs par drangs nas bkral na tshig ha cang mangs
par mthong nas don tsam zhig byang sa'i 'grel pa gnyis dang tshul khrims le'u'i
'grel pa gnyis dang gzhan yang bslab btus dang/ spyod 'jug rtsa 'grel sogs brjod
bya mthun pa'i bstan bcos rnam par dag pa mang po dang mdo sde rnams
la yang brten nas len pa dang bsrung ba dang phyir bcos pa'i dka' gnas rnams
rgyas par gtan la phab pa yin no/.

25 해당내용은 LRChB Kha.136b2-4: /rgyal bas lung bstan klu sgrub thogs med la/
/gus pas btud nas zab mo lta ba dang/ /rgya chen spyod pa'i lam gyi rim pa
la/ /bde blag nyid du 'jug phyir slar yang ni/ /mdor bsdus tshul gyis 'dir ni
bshad par bya/ /'dir rgyal ba'i gsung rab thams cad kyi gnad bsdus pa/ /shing
rta chen po klu sgrub dang thogs med gnyis kyi lam srol/(승자(勝者)로 수기된
용수와 무착께/ 예경을 올리고서 심밀한 견해와/ 광대한 행(行)인 도(道)의 차제(次
第)를/ 편안하게 들어가기 위해 다시/ 요약하는 방법으로 여기에서 말하겠습니
다./ 여기에 승자의 모든 교설을 요약한 것은/ 큰 마차인 용수와 무착 두 분의
규장(規章)/)

성불을 이루는 대승인 자는
어디로 들어가든지 반드시 해야만 하네.
대승도의 동량은 원願·행行 둘이네.
잘 수지하고 서약하면서,
불자행을 배우는 이것 없이
일체지자一切智者로 가는 길이 있다고
부처와 불자, 지자들은 인정하지 않으셨다.
그러므로 금강승으로 들어가더라도
무구無垢인 경전들의 의미를,
미륵, 용수, 무착이 설한
보리심을 발하고 율의를 수지하고서
육바라밀을 배우는 것을 기본으로 하며
금강승의 길을 더한다.[26]

　대승에 들어가는 자는 원심願心과 행심行心을 반드시 일으켜야
하고, 보살학처菩薩學處를 배워야만 한다. 그리고 금강승은 바라
밀승과 마찬가지로 보살율의와 육바라밀을 행하면서 더 나아가

---

26 ShL Cha.98a7-b3: /sangs rgyas sgrub pa'i theg pa chen po ni/ /gang du 'jug
kyang nges par bya dgos pa/ /theg chen lam gyi gzhung shing smon 'jug gnyis/
/legs par bzung nas ji ltar khas blangs bzhin/ /rgyal sras spyod la slob pa 'di
med par/ /thams cad mkhyen par 'gro ba'i lam yod pa/ /rgyal dang de sras
mkhas rnams mi bzhed kyang/.../de phyir rdo rje theg par 'jug na yang/ /dri
ma med pa'i mdo sde rnams kyi don/ /byams pa klu sgrub thogs med kyis
bshad pa'i/ /byang chub sems bskyed sdom pa bzung nas ni/ /phar phyin drug
la slob pa gzhir zung la/ /rdo rje theg pa'i lam gyi snon pa thob/.

금강승의 길을 행하는 것이다. 대승은 이 두 승을 제외하고는 없기 때문에 대승보살에게 보리심과 보살율의, 보살행은 대승의 문에 있어서 기본적이고 핵심적인 내용이 된다. 따라서 쫑카빠는 글에서 보살계 사상을 이 세 가지 관계 속에서 설명하고 그 근거를 제시하고 있는 것이다.

○ ○ ○

| 제2장 |

『보살정도』에 나타난 보살계

1. 보살계의 의미와 수계법

(1) 「계품」에 나타난 보살계

1) 보살계의 의미

보살계의 기본 정신은 율의계와 섭선법계, 요익유정계인 삼취정계로 말할 수 있다. 이에 대해서는 「계품」에서 다음과 같이 말한다.

　　이와 같이 위에서 말한 온갖 자성계 등의 아홉 가지 실라^{Sīla}는 세 가지 깨끗한 계로 총섭된다는 것을 알아야 하니, 율의계, 섭선법계, 요익유정계이다. 이러한 세 가지 보살의 청정한 계는 보살로서 하는 세 가지 일을 할 수 있도록 하니, 율의계는 그 마음을 편안히 머무르게 하며, 섭선법계는 스스로 불법을 성숙하게 할 수 있으며, 요익유정계는 유정을 성숙하게 할 수 있다. 이처럼 보살이 지어야 하는 모든 일을 총섭하니, 말하자면 현재의 법락에 머물면서 그 마음을 편안하게 하며 몸과 마음에 게으름이 없어서 불법을 성숙하게 하고 유정을 성숙하게 한다.[1]

쫑카빠 역시 이 삼종계가 보살이 지켜야 하는 모든 계를 총섭한다고 하고[2] 보살이 하는 일을 다음과 같이 설명한다.

보살의 일은 두 가지일 뿐이니, 자상속自相續, rang gi rgyud과 타상속他相續, gzhan gyi rgyud을 성숙하도록 하는 것이다. 먼저 악행을 버리는 것과 선행善行을 포섭하는 것, 두 가지로 정하였기에 율의계와 섭선법계인 둘이며, 남을 성숙하게 하는데 요익유정계가 필요하기 때문에 세 가지로 정한 것이다.……[3]

---

1 『瑜伽師地論』(T30) pp.522c27-523a6: 如是如上所說一切自性戒等九種尸羅 當知三種淨戒所攝 謂律儀戒攝善法戒饒益有情戒 如是三種菩薩淨戒 以要言之 能爲菩薩三所作事 謂律儀戒能安住其心 攝善法戒能成熟自佛法 饒益有情戒能成熟有情 如是總攝一切菩薩所應作事 所謂欲令現法樂住安住其心 身心無倦成熟佛法成熟有情.

2 ShL Cha.8b5-6: byang sems kyis bsrung bar bya ba'i tshul khrims thams cad ni gsum po 'dir 'dus ba'i phyir ro/.

3 ShL Cha.8b7-8: byang sems kyi bya ba ni gnyis su zad de/ rang gi rgyud dang gzhan gyi rgyud smin par byed pa'o/ /dang po la nyes spyod spong ba dang legs spyad bsdu ba gnyis su nges bas sdom pa dang dge ba chos sdud gnyis yin la/ gzhan smin par byed pa la sems can don byed kyi tshul khrims dgos

「계품」에서는 율의계를 보살이 받는 칠중별해탈율의로 설명한다.[4] 그렇다면 별해탈계와 보살율의의 관계는 어떻게 설명되어야 하는가를 밝힐 필요가 있다.

『보살정도』에서는 『보리도등난처석菩提道燈難處釋』의 "칠중별해탈계의 어떤 다른 계가 항상 있는 자에게 보살율의를 가질 연緣이 있는 것이지 다른 데 있는 것이 아니다."[5]라는 구절을 인용하고 다음과 같이 설명한다.

> 초행자의 경우 어떠한 칠중별해탈계도 없다면 수승한 정계율의淨戒律儀가 생기할 연이 없으며, 칠중별해탈계와 공통인 '성죄性罪를 끊음'이 없다면 오직 보살율의를 생기하는 연은 없다고 밝힌 것이지, 칠중별해탈계의 한 성상性相이 없다면 보살율의가 생기하지 않는다고 말한 것은 아니다.[6]

---

pa'i phyir gsum du nges so….

4 『瑜伽師地論』(T30) p.511a16-17: 律儀戒者 謂諸菩薩所受七衆別解脫律儀 卽是苾芻戒 苾芻尼戒 正學戒 勤策男戒 勤策女戒 近事男戒 近事女戒 如是七種 依止在家出家二分 如應當知 是名菩薩律儀戒.

5 BLG Khi.239a4: /so sor thar pa ris bdun gyi/ /rtag tu sdom gzhan ldan pa la/ /byang chub sems dpa'i sdom pa yi/ /skal ba yod kyi gzhan du min/.

6 ShL Cha.10a7-8: …las dang po pa la so thar ris bdun gang rung med na tshul khrims kyi sdom pa khyad par can skye ba'i skal ba med la/ so thar ris bdun dang thun mong ba rang bzhin spong ba med na byang sems kyi sdom pa tsam skye ba'i skal ba med ces ston pa yin gyi/ so thar ris bdun mtshan nyid pa gcig med na byang sems kyi sdom pa mi skye bar bzhed pa min te/.

그렇다면 이에 대해서 '별해탈계에 의지해야만 보살율의가 생기할 수 있는가 아니면 의지하지 않아도 되는가?'라는 의문이 제기될 수 있다. 쫑카빠는 이에 대해,

별해탈계의 주체인 칠중七衆의 경우, [별해탈계를] 먼저 받지 않는다고 해도 보살율의가 생기할 수 있다. 그러나 별해탈계의 소의所依로 되려면 먼저 재가나 출가 어느 별해탈계를 받아야 한다. 그렇지 않으면 부처님의 가르침의 순서를 지나치게 되기 때문이다. 예를 들어, 사미율의를 받지 않고서 비구율의를 받는다면 비록 생기한다고 하더라도 해서는 안 되는 것과 같다.[7]

고 하였다. 그리고 의지하지 않아도 된다는 견해에 대해서는 다음과 같이 반박한다.

별해탈율의와 소승의 의요bsam pa를 구분하지 못하는 잘못이다. 이처럼 보살율의가 생기하는 데, 소승의 의요를 버려야 한다고 해도 별해탈율의를 버릴 필요는 없으며, 대승율의를 갖춤

---

7 ShL Cha.11a7-b1: so thar ris bdun dngos lta bu la ni sngar ma blangs kyang byang sems kyi sdom pa skye yang so thar gyi rten du rung na sngon du khyim pa dang rab byung gang rung gi so thar zhig blang bar bya ste/ gzhan du na rgyal ba'i bstan pa'i rim pa las 'das par 'gyur ba'i phyir te/ dper na dge tshul ma blangs par dge slong gi sdom pa blangs na skye mod kyang byar mi rung ba bzhin no/.

으로써 소승의 의요를 생기했다면 대승에는 어긋나지만 별해탈을 버리지는 않는 것이다. 별해탈율의는 두 승乘의 공통이기 때문이며, 의요가 별해탈율의를 버리는 원인은 아니기 때문이며, 별해탈율의를 구비함으로써 [더] 높은 율의를 받는 것이 원만하게 되는 근거로 되기 때문이다. 이와 같다면 [더] 높은 율의에 머무름으로써 낮은 것을 버리는 것은 부처님 가르침의 근본을 끊는 것이며, 중생의 이익과 안락이라는 작물에 대한 큰 우박인 셈이다. 상하上下의 모든 경전의 근본을 전혀 이해하지 못하여 잘못 이해한 것이기 때문에 멀리 버려야 한다.[8]

위의 내용에서 볼 때, 쫑카빠는 보살계가 결코 별해탈계와 위배되지 않는다고 설명하고 있음을 알 수 있다. 오히려 그는 보살행을 하는 자는 먼저 별해탈계를 받고서 다시 보살계를 받아야 원만하다고 밝히고 있다.[9]

---

8 ShL Cha.11b2-5: so thar gyi sdom pa dang theg dman gyi bsam pa gnyis khyad par ma phyed pa'i 'khrul pa ste/ 'di ltar byang sems kyi sdom pa skye ba la theg dman gyi bsam pa gtang dgos kyang so thar gtang mi dgos la theg chen gyi sdom ldan gyis theg dman gyi bsam pa bskyed na theg chen las nyams kyang so thar mi gtong ste/ so thar ni theg pa gnyis kyi thun mong ba yin pa'i phyir dang bsam pa de so thar gyi gtong rgyur mi rigs pa'i phyir dang so thar gyi sdom ldan gyis sdom pa gong ma len pa ni phun sum tshogs pa'i rten du 'gyur ba'i phyir ro/ /de ltar na sdom pa gong ma la gnas pas 'og ma 'dor bar byed pa ni rgyal ba'i bstan pa'i rtsa ba gcod par byed pa skye dgu'i phan bde'i lo thog gi ser ba chen po/ /gzhung gong 'og gi gnad gtan nas ma go ba'i log par rtog pa yin pas rgyang ring du dor bar bya'o/.

9 의적(義寂) 역시 보살이 반드시 소승의 마음을 먼저 일으킨 뒤에 대승에 들어갈

섭선법계는 자신을 조율하여 악을 단절하는 율의계를 받은 뒤에 받는 것으로 모든 선법善法을 수습하는 것이다. 「계품」에서는,

　　섭선법계란 모든 보살이 율의계를 받은 다음에 이뤄지는 것으로 일체 모두가 대보리를 위한 것이다. 신·어·의[10]로 모든 선을 적집하는 것을 통틀어 섭선법계라고 한다.[11]

라고 하였다. 『보살정도』에서는 이에 대해서 다음과 같이 설명한다.

　　이 중에 세 가지가 있다.
　　[첫째,] 시간적으로 '…다음'이라고 하였는데, "선법은 어떤 것이든지 모두가 계에 대해 머무르고서"라고 경에서 말했기 때문에 오직 계에 머무르는 선한 법이 생기하고 유지되며 증장한다고 말하기 위해서이다. 보살율의를 바르게 받고나서 모든 선을 모은다는 의미이다. 그리고 먼저 율의계를 견고히 해야 한다.

이유는 없다고 보면서도, 율의계에 의지하고서 섭선법계와 요익유정계를 얻게 된다고 주장한다. 목정배(1988) p.34 참조.

10 범본(梵本)은 kāyena vācā, 티벳어역은 lus dang ngag gis로 되어 신·구(身口)만을 말하고 있으나, 한역의 경우는 모두 신·구·의(身口意)로 되어 있다. 관련부분은 BBh[H] #18, 『瑜伽師地論』(T30) p.511a22, 『菩薩地持經』(T30) p.910b11, 『菩薩善戒經』(T30) p.982c12에 해당.

11 『瑜伽師地論』(T30) p.511a21-23: 攝善法戒者 謂諸菩薩受律儀戒後 所有一切爲大菩提 由身語意積集諸善 總說名爲攝善法戒.

[둘째,] 목적은 대보리를 위해서이다. 자상속에 있어서 불법을 온전히 성숙하도록 하기 위해서이다. 따라서 섭선법은 자상속을 성숙하기 위해서이며, 요익유정은 남을 성숙하도록 하는 것으로서 이것이 차이이다.

[셋째,] 성상性相이나 자상自相은 신身과 어語로 선을 쌓는 것이다. 의意를 말하지 않은 것[12]은 섭선법계인 경우이기 때문이며, 또한 계는 신身과 어語뿐이기 때문이라고 다른 주석서들에서는 말한다. 그러나 자세한 설명에서는 의意의 선을 많이 말하고 있으며, 덕광Guṇaprabha논사의 주석서에서도 역시 '의'를 말하고 있기 때문에, '신'과 '어'를 말하는 것으로 그 의미를 미루어 알 수 있을 것이기에 말하지 않는다고 하였는데, 그와 같이 말씀하신 것은 옳다.[13]

---

12 한역을 제외한 나머지 범본과 티벳본에는 의업(意業)이 표현되어 있지 않기 때문에 쫑카빠가 이에 대한 설명을 한 것이다. BSN에서는 "의(意)를 말하지 않은 것은 의(意)의 측면에서 이뤄지는 선도 있기는 하지만, 계인 경우이기 때문에 그것을 안립하지 않는다. 왜냐하면 계는 단지 '신'과 '어'인 경우이기 때문이다"라고 설명한다. BSN Yi.152b5-6: /yid ma smos pa ni yid kyi sgo nas 'jug pa'i dge ba yang yod mod kyi tshul khrims kyi skabs su bab pa'i phyir de rnam par mi gzhag ste/ tshul khrims ni lus dang ngas ko na'i yin pa'i phyir ro/.

13 ShL Cha.12b7-13a4: /'di la gsum las/ dus ni/ 'og tu zhes pa ste dge ba'i chos gang dag ci yang rung ba de dag thams cad ni tshul khrims la gnas nas zhes mdo las gsungs pas tshul khrims la gnas pa kho na'i dge ba'i chos skye ba dang gnas pa dang 'phel bar bstan pa'i phyir te/ byang sems kyi sdom pa yang dag par blangs nas dge ba rnams bsdu bar bya ba'i don to/ /de yang sngon la sdom pa'i tshul khrims brtan par bya'o/ /dmigs pa ni/ byang chub chen po'i phyir te rang rgyud la sangs rgyas kyi chos yongs su smin pa'i dbang du byas pa'o/ /des na dge ba sdud pa ni rang rgyud smin pa'i dbang du byas la sems can don byed ni gzhan smin par byed pa ste khyad par ni de'o/ /mtshan nyid dam rang bzhin ni/ lus dang ngag gis dge ba bsags pa ste yid

결국 모든 선법을 이루고 보호하며 증장시키는 계는 보살의 섭선법계이다.[14] 여기에서 '이룬다'는 것은 새롭게 생기시키는 것으로서 예를 들면 삼혜三慧이다. '보호한다'는 것은 이미 생기한 것들을 헛되이 잃지 않는 것이다. 예를 들면 감인堪忍으로, 화를 억제하지 않으면 쌓아놓은 선들을 없애기 때문이다. '증장시키는' 것은 보호한 것들을 더 증장시키고 널리 성장시키는 것으로서 예를 들면 회향과 발원이다.[15]

요익유정계는 「계품」에서 간략히 열한 가지로 설명된다.[16] 이 것은 도움이 필요한 자grogs bya dgos pa, 방편에 어리석은 자thabs la rmongs pa, 은혜 있는 자phan 'dogs pa, 두려워 피하는 자'jigs pas

------

ma smos pa ni dge ba sdud pa'i tshul khrims kyi skabs yin la tshul khrims kyang lus ngag kho na'i yin pas so zhes 'grel pa gzhan rnams nas 'chad kyang rgyas bshad nas yid kyi dge ba du ma bshad pa dang slob dpon yon tan 'od kyi 'grel par yid kyang bshad pas lus ngag smos pas yid shugs la go bar nus pas ma bshad do zhes gsungs pa ltar legs so/.

14 ShL Cha.14b1-2: ...dge ba'i chos rnams sgrub pa dang bsrung pa dang rnam par 'phel bar byed pa'i tshul khrims gang yin pa de ni byang chub sems dpa'i dge ba'i chos sdud pa'i tshul khrims zhes bya'o/; 한역에서 이에 해당하는 부분은 『瑜伽師地論』(T30) p.511b11-12: ...所有引攝護持增長諸善法戒 是名菩薩攝善法戒.

15 ShL Cha.14b2-3: /de la sgrub pa ni gsar du bskyed pa ste shes rab gsum bskyed pa lta bu'o/ /srung ba ni skyes pa rnams chud mi za bar byed pa'o/ /de yang bzod pa bsten pa lta bu ste khong khro ma bkag na des dge ba bsags pa rnams 'joms pa'i phyir ro/ /'phel bar byed pa ni bsrungs ba rnams slar yang 'phel ba dang rgya che ba dang rtas par byed pa ste bsngo ba dang smon lam 'debs pa lta bu'o/.

16 『瑜伽師地論』(T30) p.511b13-c8 참조.

nyen pa, 고통으로 괴로워하는 자mya ngan gyis gzir ba, 자구資具가 부족한 자yo byad kyis phongs pa, 의지할 곳을 구하는 자gnas 'cha' bar 'dod pa, 마음이 맞기를 원하는 자blo mthun par 'dod pa, 올바로 행하는 자yang dag par zhugs pa, 잘못 행하는 자log par zhugs pa, 신통으로 조복해야할 자rdzu 'phrul gyis gdul bar bya ba들을 위하는 것이다. 「계품」에서는 이 열한 가지로 모든 유정의 경우를 말하고 있는데, 다른 유정과의 관련성에서 말하고 있는 이 내용들은 대승이 수습하는 계戒의 특징을 나타낸다.

삼취정계가 세 가지로 구분된다고 하더라도 서로 다른 계를 말하는 것은 아니고 단지 하나의 계가 갖는 세 가지 특성으로 봐야 한다. 율의계는 다른 두 계의 내용과 관련되고 삼취정계는 보살계로서 그 특수성을 갖는다.[17]

쫑카빠는 삼취정계의 순서에 대하여,

> 성문과 공통인 것을 버리는 계는 다음의 두 [계]의 원인이다. [성문과] 공통하지 않은 것을 행하는 계는 자신이 구제되지 않은 채 남을 구제한다는 것으로서 이치에 맞지 않으며, 자신이 적정하지 않고서 남이 적정하게 되지는 않는다고 말하기 때문에, 섭선법계를 먼저 하지 않는다면 유정을 이롭게 할 수 없게 된다.

---

17 武內紹晃・芳村博實(1981) p.166 참조.

그러므로 그 순서를 확정했다고 사무드라메가Samudramegha[18]라는 저자의 주석서에서 말하였듯이 [이 순서는] 옳은 것이다.[19]

라고 하였다. 요익유정계는 중생을 이롭게 하는 것으로 대승 보살사상의 궁극이며 최상의 목표이기 때문에 대승계 사상의 핵심[20]이라고 할 수 있다. 그러나 쫑카빠는 그 근본이 되는 것은 율의계임을 밝히고 있으며 악행을 버리고 선행을 쌓음으로써 자신을 먼저 성숙시키고 그 뒤에 남을 성숙하게 할 수 있는 것이라고 말한다.

『섭결택분攝抉擇分』에서는,

---

18 쫑카빠는 Samudramegha(海雲)를 BSN의 저자인 海雲(Rgya mtsho sprin)과 다른 인물이라고 소개하고 있다. 따라서 본 논문에서는 'sa mu dra me ghas byas zar ba'i 'grel pa'라고 되어 있는 경우는 海雲이 아닌 Samudramegha로 번역한다. 관련내용은 ShL Cha.98a7 참조: /sa mu dra me ghas byas zer ba'i 'grel pa ni byang sa'i rgyas 'grel rtsom pa po rgya mtsho sprin dang ming mthun pa zhig tu, snang gi slob dpon de min no/('사무드라메가(Sa mu dra me gha)'라는 저자의 주석서[의 저자]는 『보살지해설』(BSN)의 저자 海雲과 이름이 같은 뿐 다른 아차리이다.)

19 ShL Cha.9a1-3: nyan thos dang thun mong ba spong ba'i tshul khrims ni phyi ma gnyis kyi rgyu dang thun mong ma yin pa 'jug pa'i tshul khrims ni/ bdag ma grol bas gzhan sgrol bar mi rigs bdag ma zhi bas gzhan zhi bar mi 'gyur zhes gsungs pas dge ba sdud pa dang por ma byas na sems can gyi don byed par mi 'gyur bas rim pa nges par sa mu dra me ghas byas zer ba'i 'grel par bshad pa ltar 'thad do/.

20 목정배(2001) p.362.

율의계로 섭수하여 수지하고 그것이 화합하도록 한다. 이것에서 부지런히 노력하여 지켜 보호한다면 역시 다른 두 가지도 부지런히 노력하여 지켜 보호할 수 있다. 이것에서 지켜 보호할 수 없다면 역시 다른 두 가지에 있어서도 지켜 보호할 수 없게 된다. 따라서 율의계를 훼손하게 되면 일체의 보살율의를 훼손한다고 하는 것이다.[21]

라고 설함으로써 결국 율의를 받은 자는 삼종율의三種律儀를 소중히 하고 배워야만 하지만, 핵심은 율의계인 칠중별해탈과 공통인 학처를 힘써 배워야만 한다[22]고 말하고 있다.

이어서 쫑카빠는 문답의 형태로 두 가지 문제를 말한다. 먼저 보살율의를 받는 경우, 세 가지 율의를 각각 받는가 아니면 함께 받아야 하는가에 대해,

보살율의에는 별해탈계와 같이 율의의 단계가 많지 않고 오직 한 종류이기 때문에 받는 경우에도 치우침이 없이 모두 배우겠다고 받아들이는 측면에서 집지執持해야만 한다.[23]

---

21 『瑜伽師地論』(T30) p.711b27-c1: 由律儀戒之所攝持令其和合 若能於此精勤守護 亦能精勤守護餘二 若有於此不能守護 亦於餘二不能守護 是故若有毀律儀戒 名毀一切菩薩律儀.

22 ShL Cha.27a1-2: /de ltar sdom pa blangs pa des tshul khrims gsum la gces spras su byas te bslab dgos kyang gnad du che ba ni sdom pa'i tshul khrims so thar gyis bdun dang thun mong ba'i bslab bya la shin tu yang 'bad dgos te/.

고 말한다. 그리고 그 근거로서 『섭결택분』의 내용을 제시한다.

받아야 하는 이 세 가지 보살계 가운데 빠진 것이 있게 되면 방호하지 않는다는 것을 알아야 한다. 보살율의를 방호하지 않는다고 말해야 하며 이 세 가지 계를 방호한다고 말해서는 안 된다.[24]

그런데 『집학론』에서는 다음과 같이 말한다.

따라서 자신의 능력에 따라야 하며 하나의 선근을 올바로 받고 지켜야만 한다. 『지장경地藏經』에서는 "십선업도十善業道[25]로 성불할 수 있다. 생애 끝까지 하나의 선업도善業道조차 지키지 않는데도 다음과 같이 '나는 대승이다. 나는 무상정등보리無上正等菩提를 구한다.'고 한다면 그 사람은 거짓으로 꾸미는 자이며

....

23 ShL Cha. 27a5-6: byang sems kyi sdom pa la ni so sor thar pa ltar sdom pa rim pa mang po med kyi ris gcig kho nar zad pas len pa na yang ris su chad pa med par mtha' dag la slob par khas blangs pa'i sgo nas gzung dgos te….

24 『瑜伽師地論』(T30) p.711b24-27: 若有於此三種所受菩薩戒中 隨有所闕當知非護 當言不護菩薩律儀 不當言護此三種戒.

25 아함경에서 십선(十善)은 '십선업도'(Dasakusala-kamma-pathā)라고 불리고, 직접적으로 '계(戒)'로 불리지는 않는다. 원시불교나 부파에서는 십선(十善)이 그다지 중시되지 않았지만 대승불교에서는 계로서 중요한 위치를 갖는다. 이에 대한 내용은 平川彰(1980) pp.148-149 참조; 신성현은 초기대승에 있어서 십선이 계로서 표현된 이유가 대승불교의 이상과 부합하기 때문이라고 보고 있다. 신성현(1999) p.380 참조.

거짓을 말하는 자이며 모든 불·세존 앞에서 세상을 속이는 자이며 단견론자斷見論者로서 그는 어리석은 채로 죽는 것이며 착오에 빠지게 되는 것이다."[26]라고 설한 것과 같다. 가능한 한 [십선을 올바로 받고서 그것에 머물러야만 한다. 이것은 『약사유리광왕경藥師琉璃光王經』에서 봐야만 한다.[27]

이를 근거로 "여기에서는 왜 각 학처를 받는 보살율의가 설명되었는가?"라는 반론이 제시된다. 이에 대해 쫑카빠는 다음과 같이 답한다.

이것은 보살율의가 아니다. 생기한 원심에 의해 보살율의를 수지할 수 없다면, 익숙하기 위하여 자신의 능력에 맞춰서 각 학처를, 그리고 시간이 적더라도 지킬 수 있을 때까지 배워야만

---

26 해당되는 한역은 『大乘大集地藏十輪經』(T13) pp.767c29-768a5.

27 SKT Khi.10a5-b1: /de bas na rang gi mthu dang sbyar te dge ba'i rtsa ba gcig tsam yang yang dag par blangs la bsrung bar bya ste/ 'phags pa sa'i snying po'i mdo las ji skad du/ dge ba'i lam bcu po 'di dag gis sangs rgyas su 'gyur gyi gang gis ji srid 'tsho'i bar du tha na dge ba'i las kyi lam gcig tsam yang mi srung la/ 'on kyang tshig 'di skad du nga ni theg pa chen po pa ste nga bla na med pa yang dag par rdzogs pa'i byang chub tshol lo zhes zer na/ gang zag de ni shin tu tshul 'chos pa brdzun chen po smra ba/ sangs rgyas bcom ldan 'das thams cad kyi spyan sngar 'jig rten la slu bar byad pa chad par smra ba ste/ de rmongs bzhin du 'chi ba'i dus byed cing log par ltung bar 'gro'o zhes gsungs pa bzhin no/ /dus ji srid du nus pa de srid du yang dge ba yang dag par blangs te gnas par bya ste/ 'di ni sman gyi bla baiDUrya 'od kyi rgyal po'i mdo las blta bar bya'o/; 한역은 『大乘集菩薩學論』(T32) p.78a29-b8에 해당.

한다고 설하신 것이다. 율의와 자신의 역량에 맞춰서 받아야만 하는 것이니, 그렇지 않을 경우 불·불자와 천신을 포함하여 세간을 기만하게 되는 과실 등을 설하신 것이다. 그런 뒤에 앞의 경전 내용이 나온 것이며, 그 다음에 "대사大士는 그렇게 듣고 나서도 보살행이 어려운 것임을 지혜로써 관찰하고서 유정을 남김없이 고통에서 구하는 짐을 지는 것을 기뻐한다."라고 학처를 받아들인다. 그리고 지키지 않는 과실을 들고 보살행이 어려운 것임을 알면서도 보살학처라는 짐을 지는 것을 두려워하지 않는 자가 보살율의를 수지하는 것이라고 설하였기 때문에, 앞에서 말한 과실을 들으면서 보살행은 어렵다는 것을 안다면, 학처라는 짐을 질 수 없는 자들은 앞의 행위들을 하나하나씩 순서대로 서약하면서 배워야 한다. 왜냐하면, 지혜의 힘이 증장하면 율의를 받는 것에 대해 명확해지고 『약사경藥師經』을 근거로 하더라도 알 수 있는 것이니, 이 경에서 알아야만 할 것이다.[28]

----

28 ShL Cha.27b5-28a3: 'di ni byang sems kyi sdom pa min gyi smon sems bskyed pa des byang sems kyi sdom pa gzung bar mi nus na/ goms su gzhug pa'i phyir rang gi nus pa dang bstun te bslab pa'i gzhi re re tsam dang/ dus kyang ji srid du srung nus pa'i nyung zad re'i bar du bslab par gsungs pa yin te/ sdom pa dang bdag nyid kyi stobs dang sbyar nas blang dgos te de ltar ma byas na sangs rgyas sras bcas dang lha dang bcas pa'i 'jig rten bslus par 'gyur ba la sogs pa'i nyes dmigs gsungs nas de nas sngar gyi lung de 'byung zhing de'i 'og tu sems can chen po gang de lta bu thos nas kyang byang chub sems dpa'i spyod pa dka' ba shes rab kyis rtags par byas nas skye bo ma lus pa sdug bsngal las bskyab par khur khyer bar spro ba des ni/ zhes bslab pa khas blangs nas ma bsrungs pa'i nyes dmigs thos shing byang sems kyi spyod pa bya dka' bar shes kyang byang sems kyi bslab pa'i khur 'khyer ba la ma zhum pa zhig gis byang sems kyi sdom pa 'dzin par gsungs pa'i phyir na snga ma de nyes dmigs thos shing/ spyod pa bya dka' bar shes

계는 수행자가 지켜야 하는 종교생활의 지침으로서,[29] 삼취정계는 대승보살이 중생구제의 짐을 스스로 지겠다고 하는 선언이다. 이것은 보살이 수행하는 의의가 바로 중생을 위하는데 있다는 것을 나타낸다. 보살계는 자신과 중생에 대한 원망願望을 함께 하기 위한 것이고 이것이 율의계·섭선법계·요익유정계라는 세 가지 특성으로 설명된다.[30] 따라서 이 세 가지 성격이 모두 온전할 때 비로소 보살계 본래의 특징이 있게 되는 것이다.

2) 삼취정계의 원만인

율의계를 원만하게 하는 원인으로는 열 가지가 설해진다. 쫑카빠의 과판에 따라 그 내용을 요약하면 다음과 같다.

첫째, 과거의 모든 욕락을 보지 않는다das pa'i 'dod pa rnams la mi lta ba. 여기에서는 지위와 재물을 버리고서 더 이상 그것에 연

---

pa na bslab pa'i khur 'khyer bar mi nus pa rnams spyad pa sna re re nas rim gyis yi dam bcas nas bslabs te/ blo'i mthu rgyas pa na sdom pa len par gsal ba'i phyir dang sman bla'i mdo khungs su byas pas kyang shes te de ni mdo de las shes par bya'o/.

29 율은 승단에 적용되는 법률로서 승단유지와 관련 있고 사회 변화와 관련 있다. 그러나 계는 종교적인 진리로서 영원히 지켜야 하는 것이고 깨달음을 위한 절대 필요조건으로 표현된다. 따라서 궁극적인 수행의 내용은 계에서 언급된다. 佐々木閑(2006) pp.88-89 참조; 佐々木閑(2000)는 율장의 파승(破僧)에 대한 정의의 변화를 통하여 승단의 운영변화에 주목하고 이 점을 통하여 교단사의 새로운 연구법을 제시한다.

30 武內紹晃·芳村博實(1981) p.166 참조.

연하지 않는 것을 의미한다.[31]

둘째, 미래의 욕락을 달가워하지 않는 것이다ma 'ongs pa'i 'dod pa la mngon par dga' ba med pa.

셋째, 현재[의 욕락]에 대해 탐착하지 않는 것이다da ltar ba la lhag par zhen pa med pa.

넷째, 한적한 곳에 머무는 것을 좋아하는 것이다dben pa na gnas par dga' ba.

다섯째, 말과 심사尋思가 모두 청정한 것이다ngag dang rtog pa yongs su dag pa.

여섯째, 자신을 경멸하지 않는 것이다rang la khyad du mi gsod pa. 이것은 보살의 오랜 기간의 수행과 보시 등의 난행, 모든 학처를 배우는 것 등에 대해 자신은 그럴 능력이 없다고 생각하는 것으로 자신을 경멸하는 것을 막는 것이다.[32]

일곱째, 부드러움이다des pa. 이는 보리심을 일으키고 번뇌의 세력에 들지 않도록 떠나며 무상정등보리를 획득하겠다고 생각하고서 지혜를 이루고자 하는 것이다.[33]

---

31 ShL Cha.14b7-15a4 참조; 『瑜伽師地論』(T30) p.511c12-13에는 "如有貧庶爲活命故棄下劣欲而出家已不顧劣欲"(가난한 자가 목숨을 부지하기 위해 열등한 욕심을 버리고 출가하고서 열등한 욕심을 돌아보지 않는 것은 보살의 청정한 의요와 같지 않다)고 되어 있으나 『보살정도』에는 이에 대한 내용이 없다.

32 ShL Cha.16a3-5 참조.

33 ShL Cha.16b3-4: /...byang chub tu sems bskyed la nyon mongs pa'i dbang

여덟째, 인내이다bzod pa. 다른 사람이 무력이나 말로 해를 끼치더라도 참는 것을 말한다.[34]

아홉째, 불방일不放逸이다bag yod pa.

열째, 청정한 의궤와 생활을 하나로 하는 의궤 혹은 행위이다 cho ga dang 'tsho ba dag pa gcig tu byas pa'i cho ga'am spyod pa dag pa.

섭선법계를 원만하게 하는 원인으로는 다섯 가지가 있고 이를 더 구체적으로 나누면 열 가지가 있다. 점차漸次[35]는 다섯 바라밀의 순서와 같으며 반야바라밀은 다시 다섯 가지로 나뉜다.

먼저 앞의 다섯 바라밀과 관련해서는 다음과 같이 설명된다.[36]

---

du mi 'gyur bar de dang phral la bla na med pa'i byang chub thob par bya'o snyam nas bshes gnyen byed 'dod pa'o/.

34 ShL Cha.16b4-5 참조: /gzhan gyis lag pa dang bong ba dang mtshon la sogs pas bsnun pa yang sems kyis sdang ba yang mi byed na zhe gcod pa'i sdig pa can gyi tshig 'byin pa'am rjog par lta ga la byed/ des na rim pa ltar yid ngag lus gsum dag pa'o/(다른 사람이 팔이나 흙덩어리, 무기 등으로 해를 끼치더라도 진에심(瞋恚心)조차 일으키지 않는데, 남의 마음을 아프게 하는 죄 있는 말을 내뱉거나 때리는 것이 어디 있겠는가?)

35 BBh[H] #73에서는 upaniṣad, 티벳어로는 nyer gnas로 되어 있다. 한역(漢譯)의 경우, 현장은 '점차(漸次)', 담무참(曇無讖)은 '의(依)'로 번역하고 있으며 파준은 현장의 용어를 따르고 있다; 쫑카빠는 그 의미가 보시 등 육바라밀을 쉽게 이루는 원인이란 의미로 쓰인다고 하였다. ShL Cha.18a3: /'dir nyer gnas ni sbyin sogs bde blag tu 'grub pa'i rgyu'i don to/.

36 ShL Cha.17b2-6: /...lus dang longs spyod la chags pa'i ser sna phra mo yang dang du mi len pa dang tshul khrims 'chal ba'i gzhir gyur pa'i nyon mongs pa dang/ nye ba'i nyon mongs khro ba dang khon 'dzin sogs byung ba thams cad dang du mi len pa dang kun nas mnar sems dang khro ba dang kho na 'dzin byung ba dang du mi len pa dang/ dge ba la mi 'jug pa'i le lo dang/ nyal ba glos 'bebs pa 'phres pa ma gus pa'i snyom las byung ba dang du

첫째, 몸과 재산에 탐착하는 자그만 인색함이라도 받아들이지 않는 것.

둘째, 계를 범하는 근거가 되는 번뇌와 수번뇌인 분노와 원한 등 생기하는 모든 것을 받아들이지 않는 것.

셋째, 깊숙이 적의와 분노, 원한이 생기하는 것을 받아들이지 않는 것.

넷째, 선을 실행하지 않는 해태懈怠와 잠자고 눕고 기대는 불경한 게으름에서 생겨난 것을 받아들이지 않는 것.

다섯째, 정려靜慮의 맛을 경험하는 것과 그 지地, sa에서 생겨난 번뇌나 혼침昏沈, 도거掉擧 등을 받아들이지 않도록 끊는 것.

요약하면 그 반대의 경우가 생기할 때 대치對治에 의지하고서 막아내고 그것들의 영향을 결코 받지 않는 것이다.

해운海雲은 이와 관련하여,

몸과 재산에 대해 탐착하면 몸과 재산을 보게 된다. 봄見이 있으면 완전히 보시하기가 어렵다. 그러므로 그것은 보시바라밀의 반대쪽인 것이다.…불선不善의 계를 받아들이지 않기 때문

---

mi len pa dang bsam gtan gyi ro myang ba dang de'i sa'i nyon mongs sam sems zhum pa dang rgod pa sogs byung ba dang du mi len par spong ba'o/ /mdor na mi mthun phyogs de dag byung res kyis gnyen po bsten nas 'gog cing de dag gi dbang du gtan nas mi gtong ba'o/.

에 지계바라밀이다. 모든 유정들에게 전혀 적의를 일으키지 않기 때문에 인욕바라밀이다. 수면의 안락과 관련된 것으로 해태懈怠에 의지하지 않기 때문에 정진바라밀이다. 지상보살地上菩薩[37]에게는 번뇌가 일어나지 않기 때문에 선정바라밀이다.[38]

라고 설명한다.

여섯째인 지혜의 점차漸次는 선善의 이덕利德, 선善의 인因, 선善의 과果를 전도되는 것과 전도되지 않은 것, 선법의 섭수를 장애하는 것인 다섯 가지를 여실하게 안 다음에 알지 못하는 다섯 가지와 그 장애를 끊는 것이다.[39]

육바라밀의 선근을 섭수하는 것은 모든 선을 빨리 섭수하는 것이다. 왜냐하면 세간·출세간의 모든 선이 여섯 가지에 섭수

---

37 'sam gtan gyi sa pa'는 지상보살(地上菩薩)로서 정력(定力)을 구비한 천(天)과 인(人)을 말한다. 藏漢大辭典(下) p.2900 참조.

38 BSN Yi.155b6-156a2: /lus dang longs spyod la lhag par zhen na lus dang longs spyod la lta bar 'gyur ro/ /lta ba yod na yongs su mi gtong ngo/ /de lta bas na de ni sbyin pa'i pha rol tu phyin pa'i mi mthun pa'i phyogs yin te/.../'chal ba'i tshul khrims kyi gzhi dang du ma blangs pas ni tshul khrims kyi pha rod tu phyin pa'o/ /sem can rnams la kun nas mnar sems mi skyed pas ni bzod pa'i pha rol tu phyin pa'o/ /gnyid log pa'i bde ba'i dbang du byas te le lo mi bsten pas ni brtson 'grus kyi pha rol tu phyin pa'o/ /bsam gtan gyi sa pa'i nyon mongs pa mi skyed pas ni bsam gtan gyi pha rol tu phyin pa'o/.

39 ShL Cha.17b6-7: /shes rab kyi nyer gnas ni/ dge ba'i phan yon dang dge ba'i rgyu dang dge ba'i 'bras bu la phyin ci log pa dang ma log pa dang dge ba sdud pa'i bar du gcod pa lnga ji lta ba bzhin du shes nas mi shes pa lnga dang bar du gcod pa spong ba'o/.

되지 않는 것이 없기 때문이며, 이 여섯 가지의 반대인 경우를 끊는다면 쉽게 섭수할 수 있게 되기 때문이다.[40]

요익유정계를 원만하게 하는 원인과 관련해서 열한 가지가 설해진다.[41]

첫째, '도움이 필요한 자들을 이롭게 하는 것de la grogs bya dgos pa'i don byed pa'이다. 이것은 '사업에 도움을 주는 것'과 '고통받는 자에게 도움을 주는 것', 두 가지로 나뉜다.[42]

둘째, '정리正理에 어리석은 이들을 이롭게 하는 것rigs pa la rmongs pa'i don byed pa'이다. 악행의 결과가 성숙하여 번뇌가 있는 자에게 법을 보여주는 것으로서 악행을 그만두도록 한다.[43]

셋째, '은인을 이롭게 하는 것phan 'dogs pa'i don byed pa'은 [상대를] 보면 공경하는 것으로서 "이곳으로 오세요. 잘 오셨습니다."라고 말하면서 기뻐하고 방석과 자리를 내어 환영하고 이득과

---

40 ShL Cha.18a2-3: dge ba thams cad sdud pa dang myur du sdud par 'gyur ba ste 'jig rten las 'das ma 'das kyi dge ba thams cad drug tu ma 'dus pa med pa'i phyir dang/ de drug gi mi mthun phyogs spangs na bde blag tu bsdu bar nus pa'i phyir ro/.

41 요익유정계를 원만하게 하는 원인은 ShL Cha.18a3-24a6에서 설해진다. 이하는 이 내용을 요약한 것이다.

42 ShL Cha.18a6: bya ba byed pa'i grogs byed pa dang/ sdug bsngal ba'i grogs byed pa'o/.

43 ShL Cha.19a2: nyes spyod kyi 'bras bu smin nas nyon mongs pa la ni chos bstan te nyes spyod las ldog pa len du 'jug pa'o/.

공경으로 은혜를 입은 것과 같거나 더 크게 은혜를 갚고 적게 해서는 안 된다. 그 사업에 있어서도 부탁하지 않았는데 도움을 주었다면 부탁했을 경우는 더 볼 필요도 없다. 그와 같이 신통으로 두렵게 하여 인섭하는 것까지[44] 이로움을 주는 나머지 모든 것들도 해야 한다.[45]

넷째, '두려움으로부터 보호하는 것'jigs pas nyen pa'i skyabs byed pa'은 사람이나 다른 것들에 대한 두려움으로부터 보호하는 것을 말한다.[46]

다섯째, '고통에 따른 괴로움의 고통을 없애는 것mya ngan gyis gzir pa'i mya ngan sel ba'이다. 여기에는 두 가지가 있는데, 친구를 여의는 고통과 재산을 여의는 고통이다.[47]

여섯째, '자구資具가 부족한 자에게 이로움을 주는 것yo byad

---

44 관련내용은 『瑜伽師地論』(T30) p.513a8-13: 如於事業如是 於苦 於如理說 於方便說 於濟怖畏 於衰惱處開解愁憂 於惠資具 於與依止 於隨心轉於顯實德令深歡悅 於懷親愛方便調伏 於現神通驚恐引攝.

45 ShL Cha.19b7-20a2: mthong ba na gus par byas te tshur byon legs par byon to zhes smra zhing dga' bar byed stan dang gnas sbyin pas bsu zhing rnyed bkur gyis phan btags pa de dang mnyam pa'am lhag pas phan 'dogs kyi chung ngus ni ma yin no/ /de'i bya ba la yang ma bcol bar grogs byed na bcol na lta ci smos/ de bzhin du rdzu 'phrul gyis skrag cing 'dun par bya ba'i bar gyi don byed pa lhag ma rnams kyang byed do/.

46 ShL Cha.20a1-5 참조.

47 ShL Cha.20a5-6: gnyen bshes dang bral ba'i mya ngan dang/ longs spyod dang bral ba'i mya ngan no/.

kyis phongs pa'i don byed pa'으로서 여섯 가지를 말한다. 가난한 자, 피곤한 자, 옷과 장신구가 없어 부끄러워하는 자, 자구가 없는 자, 나쁜 냄새가 나는 자, 거주지와 등불이 없는 자로 이러한 것 때문에 고통을 받는 자에게 보시하는 것을 말한다.[48]

일곱째, '의지할 곳을 원하는 자들을 이롭게 하는 것gnas la sten par 'dod pa rnams kyi don byed pa'에 두 가지가 있다. 1) '의요로 중생을 섭수하는 것'은 명성과 존경을 원하는 것이 아니라 오직 대비심을 먼저 하는 것으로 무염無染의 의요로써 먼저 의지처를 보시하는 것이다. 2) '가행加行으로 섭수하는 것'에 두 가지가 있다. 재물로 섭수하는 것과 법法으로 섭수하는 것이다.[49]

여덟째, '마음과 조화롭게 되고자 하는 자를 이롭게 하는 것 sems mthun pa 'dod pa'i don byed pa'이다. 요점만을 말하면 다음과 같다. 보살이 유정의 이로움을 따라 이루고자 할 때, 먼저 유정의 의요와 자성自性, 계界[50]를 알고 나서 유정과 함께 머물러야

---

48 ShL Cha.20b7-21a3 참조.

49 ShL Cha.21a3-5: bsam pa gang gis 'khor sdud pa ni/ grags pa dang rnyed bkur 'dod pa ma yin gyi snying brtse ba'i sems kho na sngon du btang ste zang zing med pa'i sems kyis thog mar gnas sbyin pa'o/ /sbyor ba gang gis sdud pa la gnyis/ zang zing gis sdud pa dang/ chos kyis sdud pa'o/.

50 BBh[H] #95: ...satvānāṃ bhāvaṃ ca jānāti prakṛtiṃ ca/; 『瑜伽師地論』(T30) p.513b12: 有情若體若性; 『菩薩地持經』(T30) p.911c17: 衆生自性及性; 『菩薩善戒經』 (T30) p.984b23: 衆生性界; BSS Wi.80a3: /...sems can rnams kyi bsam pa dang/ rang bzhin dang/ khams shes so/; 『보살정도』는 BSS를 따름.

하는 방식대로 그렇게 머물고, 모든 유정과 함께 이뤄야 하는 방식대로 그렇게 이루도록 한다. 그 가운데 의요는 의사意思로서 선·불선善不善과 진에瞋恚, 대자大慈의 그 어떤 의요이다. 자성은 믿고 따르는 것으로서 어느 승乘을 믿고 따를 것인가를 관찰하고, 믿고 따름과 수면睡眠인 계계界에 맞춰서 따른다.[51]

아홉째, '정행正行하는 자를 이롭게 하는 것yang dag par zhugs pa'i don byed pa'은 믿음·계戒·청문聽聞·보시布施·지혜智慧의 공덕을 지닌 자에게 그와 그것의 이야기로 칭송하는 것이다. 계와 보시는 원만한 몸과 재산의 인因으로서[52] 증상생인增上生因이다. 지혜는 결정승인決定勝因이다. 그것을 이끄는 것은 청문이다. 믿음은 그 두 가지에 들어가는 인因이다.[53]

---

51 ShL Cha.21b4-6: mdor bstan pa ni/ byang sems sems can gyi don dang mthun par byed pa na dang por sems can rnams kyi bsam pa dang rang bzhin dang khams shes par byas nas sems can gang dag dang ji ltar lhan cig gnas par bya ba de ltar gnas pa dang sems can gang dag la ji ltar bsgrub par bya ba de ltar sgrub par byed do/ /de la bsam pa ni/ sems pa ste dge mi dge dang zhe sdang dang byams pa gang gi bsam pa dang ldan pa'o/ /rang bzhin ni mos pa ste theg pa gang la mos pa brtags te mos pa de dang khams ni bag la nyal te de dag dang mthun par byed pa'o/.

52 해운은 계와 보시를 '선취(善趣, bde 'gro)의 몸과 재산의 '인(因)'이라고 하고 있다. BSN Yi.159b2: /mngon par mtho ba'i rgyu ni tshul khrims dang gtong ba ste/ bde 'gro'i lus dang longs spyod kyi rgyu yin pa'i phyir ro/.

53 ShL Cha.22b6-8: dad pa dang tshul khrims dang thos pa dang gtong ba dang shes rab kyi yon tan dang ldan pa la de dang de'i gtam gyis gzengs bstod pa'o/ /tshul khrims dang gtong pa ni lus dang longs spyod phun sum tshogs pa'i rgyu ste mngon mtho'i rgyu'o/ /shes rab ni nges legs kyi rgyu'o/ /de 'dren

열째, '삿된 행위를 하는 자를 이롭게 하는 것log par zhugs pa'i don byed pa'은 하 · 중 · 상下中上의 과실과 위범을 범한 자들의 경우 심란함과 진에가 없기 때문에, 그들에게 말로써 하 · 중 · 상 정도의 비난을 하는 것이다. 처벌하는 것도 그것과 비슷하다. 하 · 중의 과실의 경우는 그와 남들을 대비의 의요로써 다시 끌어들이기 위해 한두 달 또는 몇 년 정도 잠시 추방한다. 상품上品의 과실을 범한 경우에는 대비로써 그들이 복덕이 아닌 것들을 많이 섭수하지 않도록 하고 또한 남들을 이롭게 하기 위하여 더 이상 함께 하거나 즐기도록 하지 않으며, 살아 있는 동안 이곳으로 끌어들이지 않는 방식으로 추방한다. '복덕이 아닌 것'은 이치에 어긋난 믿음을 가지고 보시한 것을 누리거나 청정행 등을 받아들이는 것이다.[54] 덕광德光은 그 가운데 과실은 이치에 맞는 일

---

pa ni thos pa'o/ /dad pa ni de gnyis ka la 'jug pa'i rgyu'o/.

54 ShL[P] Cha.22b8-23a4, [K] Ka.26b1-4: nyes pa dang 'gal ba chung 'bring che gsum la bsam pa ma 'khrugs pa dang sdang ba med pas tshig gis smra dbab pa chung 'bring che gsum bya ste chad pas gcod pa yang de dang 'dra'o/ /*nyes pa chung 'bring la ni de dang gzhan dag la snying brtse ba'i bsam pas slar dgug pa'i phyir zla ba gcig gnyis sam lo 'ga' tsam re zhig bskrad par bya'o/ /nyes pa chen po la ni de dag la snying brtse bas de dag bsod nams ma yin pa mang du 'dzin par mi 'gyur ba dang gzhan la yang phan par 'dod pas phyin chad 'grogs pa dang longs spyad par mi bya ba dang/ ji srid 'tsho yi bar du tshur mi dgug pa'i tshul gyis bskrad do/ /bsod nams ma yin pa ni mi rigs par dad pas byin pa longs spyod pa dang tshangs pa mtshungs par spyod pa dag las phyag la sogs pa bdag gir byed pa'o/.

* [P] / / 누락; [K]에 따름.

을 하지 않는 것이며 위범은 이치에 어긋난 일을 하는 것이라고 설명한다.[55]

열한째, '신통으로써 조복할 유정에게 이로움을 주는 것rdzu 'phrul gyis skrag par bya ba'에 두 가지가 있다. '신통으로 두렵게 하는 것'과 '신통으로 의도대로 하는 것'으로, 두렵게 하는 것은 [유정을] 비통하게 하고서 악행을 버리도록 하기 위한 것이고, 의도대로 하는 것은 기뻐하고 좋아하게 하고 믿지 않는 자, 계를 범하는 자, 적게 청문하는 자, 인색한 자, 삿된 지혜들을 순서대로 믿음, 계, 청문, 보시, 지혜의 원만함에 안립하기 위해서이다.[56]

이미 지地, sa에 들어선 보살은 중생을 이롭도록 하는 것을 주된 것으로 하지만,[57] 아띠샤가 말하고 있듯이 진정한 이타는 신통을 구비하고서야 가능하고[58] 또한 자리를 이루지 못하고서 이

55 TshLS Ḥi.186a7-b1: /de la nyes pa ni bya ba'i rigs pa mi byed pa'o/ /'gal ba ni bya ba mi rigs ba byed pa'o/

56 ShL Cha.23a5-b5: /rdzu 'phrul gyis skrag par bya ba ni/ ...skyo bar byas nas nyes spyod spong du 'jug pa dang... /rdzu 'phrul gyis 'dun par bya ba ni/...'dun zhing mgu la dga' bar byas nas ma dad pa dang tshul khrims 'tshal ba dang thos pa nyung ngu dang ser sna can dang shes rab 'chal ba rnams rim pa bzhin du dad pa dang tshul khrims dang thos pa dang gtong ba dang shes rab phun sum tshogs pa la 'god pa'o/.

57 BYCh Gi.243b2-3: /sa la bzhugs pa la ni sems can gyi don bya ba nyid gtso bo yin pa'i phyir na/.

58 BLG Khi.239b5-6 참조: /ji ltar 'dab gshog ma skyes pa'i/ /bya ni mkha' la 'phur mi nus/ /de bzhin mngon shes stobs bral bas/ /sems can don byed nus pa min/(날개가 자라지 않은 새가 하늘을 날 수 없듯이, 신통력을 여의고서 유정

타를 이룬다는 것은 불가능하다.[59] 신통이 요익유정계의 원만인
으로 설명되는 이유는 바로 이러한 점 때문이다. 앞의 내용들을
볼 때, 삼취정계는 정해진 순서에 따라 지켜야 하는 것처럼 보이
지만 율의계를 받을 때 역시 요익유정계도 지켜야만 하는 것처
럼[60] '하나의 계'라는 범주 속에서 말해야 하는 것이다. 따라서
각 계의 원만인圓滿因으로 설명된 내용들은 삼취정계라는 전체적
인 관점에서 방편에 따른 설명으로 이해할 수 있겠다.

(2) 수계의 실천과 방법

계를 받기 위해서는 삼보에 귀의하는 것이 필요하다. 그리고
중생을 위하여 육바라밀을 수행하겠다는 결의가 요구된다. 용수
는 『발보리심의궤發菩提心儀軌』에서 무상정등보리가 바로 유정을
위하는 것과 관련된 것이고 이것이 바로 보살의 길임을 다음과
같이 말한다.

을 이롭게 할 수는 없다.)

59 BLGK Khi.272b3-4: /rang gi don yang mi grub na/ /gzhan don 'grub par ji
ltar rung/.

60 ShL Cha.24a3-4: /…sdom pa'i blangs pa'i dus nyid nas sems can don byed
la bslab dgos shing….

제[가 행하는] 보시에 노력하는 것과 계를 지키는 것, 인욕을 수습하는 것, 정진해 가는 것, 선정에 전념하는 것, 깊은 관찰의 지혜, 그리고 뛰어난 방편, 어떤 것이든지 이 모든 것들은 유정들을 위하고 그 이익과 안락을 위한 것으로 무상정등보리와 관련된 것입니다. 과거와 미래, 현재의 보살마하살들, 대비大悲를 지니신 분, 대승에 올바로 들어가신 분, 대지大地, sa chen po에 머무시는 분들의 뒤를 따릅니다. 성자시여, 저는 보살이오니 보살임을 인정해 주소서.[61]

『집학론』[62]과 『입보살행』[63]에서는 보살행을 갖추고 보리심을

---

61 BSKCh Gi.238b6-239a1: /de nas bdag sbyin pa stsol ba dang/ tshul khrims bsrung ba dang/ bzod pa bsgom pa dang/ brtson 'grus brtsam pa dang/ bsam gtan la mnyam par gzhag pa dang/ shes rab rnam par dpyod pa dang/ thabs mkhas pa la slob pa ci yang rung ste/ de dag thams cad sems can thams cad kyi don dang phan pa dang bde ba'i slad du/ bla na med pa yang dag par rdzogs pa'i byang chub las brtsams te/ 'das pa dang/ ma 'ongs pa dang/ da ltar byung ba'i byang chub sems dpa' chen po /snying rje chen po dang ldan pa/ theg pa chen po la yang dag par zhugs pa sa chen po la gnas pa rnams kyi rjes su mthun par 'jug go/ /'phags pa ngag bdag byang chub sems dpa' legs kyi/ byang chub sems dpa' legs par gzung du gsol/.

62 『대승집보살학론』(T32)의 '제2 호지정법계품(護持正法戒品)'부터 '제8 청정품(淸淨品)'은 육바라밀 가운데 특히 지계(持戒)의 내용이 중심이다. 보살은 계를 지킴으로써 중생을 이롭게 할 수 있으며 삼보에 의지하여 보리심을 키워나간다는 내용이 설해진다.

63 BPJ La.7b2-3: /ji ltar sngon gyi bde gshegs kyis/ /byang chub thugs ni bskyed pa dang/ /byang chub sems dpa'i bslab pa la/ /de dag rim bzhin gnas pa ltar/ /de bzhin 'gro la phan don du/ /byang chub sems ni bskyed bgyi zhing/ /de bzhin du ni bslab pa la'ang/ /rim pa bzhin du bslab par bgyi/(이전에 여래께서 보리심을 일으키고/ 보살학처에 차례대로 머무셨듯이/ 그와 같이 중생의 이로움을 위하여 보리심을 생기해야 하며/ 그와 같이 차례대로 학처(學處)를 행해

일으키는 것이 바로 율의를 수학하는 것이라고 말한다. 쫑카빠
는 「계품」에서 삼세三世의 보살들이 삼취정계를 배우겠다고 서
약하는 것은 바로 보살율의를 받는 것을 의미한다고 말한다.[64]

계를 받을 때는 스승이 있는 경우[有師儀軌]와 없는 경우[無師
儀軌]에 따른 의궤의 차이가 있다. 유사의궤有師儀軌는 받는 사람
뿐만 아니라 계를 주는 사람까지도 조건에 맞는가를 따지게 되
며, 모든 조건이 여법하게 갖춰졌을 때라야 계를 받을 수 있게
된다. 무사의궤無師儀軌는 여법한 조건을 충족시키는 스승이 없을
때 여래상 앞에서 받는 것이다. 그러나 이 경우도 역시 정해진
의궤에 따라 이뤄져야 한다.

1) 유사의궤有師儀軌

예비단계[sbyor ba]에서는 '간청하는 것[gsol ba gdab pa]', '자량을 완성
하는 것[tshogs sgrub pa]', '율의를 속히 주도록 재촉하는 것[sdom pa myur
du bskul ba]', '수승한 기쁨을 수습하는 것[mchog tu spro ba sgom pa]',
'장애에 대해 질문하는 것[bar chad dri ba]'이 있다.

야 한다.) '제3장 보리심 섭수'(BPJ La.6b4-8a2)에서 주로 관련내용이 말해지며,
인용된 부분은 보리심과 학처의 관계를 잘 나타낸다.

64 ShL Cha.28b2-3: /dus gsum gyi byang chub sems dpa' rnams kyi tshul khrims
gsum la slob par khas blangs pa nyid byang sems kyi sdom pa bzung ba yin
par gzhung 'dir gsungs la….

먼저 '간청하는 것'에는 '사람gang zag에 따른 차이'와 '의궤cho ga에 따른 차이'가 있으며, '사람에 따른 차이'에는 또 받는 사람 rten의 경우와 대상yul에 따른 차이가 있다. 이미 앞에서 살펴보 았듯이 보살학처인 삼취정계는 보리로의 서원을 세우고 원심을 일으킨 경우에만 받을 수 있다. 따라서 율의를 받기만 하고 보살 학처를 배우지 않겠다고 하는 자와 원심을 일으키지 않은 자에 게는 율의를 줄 수 없는 것이다.[65] 『섭결택분』에서는 이와 관련 하여 다음과 같이 말한다.

> 남이 알도록 하기 위해서이고 남을 따라서 하기 때문이라면, 그리고 남이 권하고 이끌어서 보살계를 받는 것이라면, 자신에 게 증상의요가 생기하여서 그것을 따라 관찰하고 자신에게 청 정한 믿음이 생겨 모든 유정들에 대해 연민의 마음에 머무르면 서 선법을 좋아하여 보살계를 받은 것이 아니라면, 이것은 진실 로 방호하는 것이 아니라고 말해야 한다. 또한 선법을 원만하게 수습하는 것도 아니며 그 결과의 승리를 얻을 수 있는 것도 아 니다. 그 반대인 것은 진실로 방호한다는 것이고 또한 그 결과 의 승리도 얻을 수 있다는 것임을 알아야만 한다.[66]

---

65 ShL Cha.29b1-2: /sdom pa bzung ba tsam byed kyi byang sems kyi bslab pa la slob 'dod med pa dang smon sems ma bskyed pa la ni sdom pa sbyin par mi bya'o/.

66 『瑜伽師地論』(T30) p.711c1-7: 若有爲令他了知故 隨順他故由他勸導受菩薩戒 非自所起增

대상yul에 따른 차이는 율의를 주는 자가 갖춰야 하는 자격을 말하며 보살의 서원을 세웠는지의 여부에 따른다. 구체적으로 말하면 원심을 일으킨 자, 같은 법을 지닌 자로서, 보살율의에 머무르며 대승에 대해 능통하고 학처를 받겠다고 드리는 말씀 등의 표현을 파악할 수 있고 그 의미를 이해할 수 있는 자로부터 받아야 한다고[67] 말하고 있다.

율의를 어떤 자에게서 받아서는 안 되는지에 대해서는 의요意樂와 가행加行의 측면에서 말한다.

의요의 측면을 「계품」에서는 '무신해無信解, 불능취입不能趣入, 불선사유不善思惟'[68]로 말하는데, 쫑카빠는 이 내용을 "믿음이 없는 것 즉, 율의에 대해 크게는 믿고 따르지 않는 것이고, 중간 정도로는 실행하지 않는 것이고, 작게는 고찰하지 않거나 노력하지 않는 것"[69]으로 설명한다. 바로 위에서 율의를 주는 자의 자격을

上意樂 隨觀隨察 自生淨信 於諸有情住憐愍心 愛樂善法受菩薩戒 當言 此非眞實防護 亦非圓滿修習善法 亦不能得彼果勝利 與此相違當知乃名眞實防護亦能獲得彼果勝利.

67 ShL Cha.30a2-3: /yul gyi khyad par ni/ sdom pa len pa'i yul la ji 'dra ba zhig dgos she na/ byang chub sems dpa' smon lam btab pa ste smon sems bskyed pa chos mthun pa pa ste byang sems kyi sdom pa la gnas pa theg pa chen po la mkhas pa bslab pa nod par gsol ba la sogs pa'i ngag gi rnam par rig byed kyi tshig 'bru 'dzin nus shing don go bar nus pa las blang ngo/.

68 『瑜伽師地論』(T30) p.515a25-26.

69 ShL Cha.30a4-5: /dad pa med pa ste sdom pa la cher ma mos shing 'bring du mi 'jug la chung dur mi rtog pa'am mi rtsol ba'o/.

고려해볼 때, 대승에 대한 믿음이 없고 율의를 힘써 실천하지 않으며 대승의 가르침을 잘 사유하지 않는 자라는 것을 알 수 있다.

가행의 측면에서는 육바라밀 수행에 위배되는 경우를 말한다.[70] 쫑카빠는 반야바라밀의 내용과 관련해서 악한 지혜'chal ba'i shes rab를 현행하는 경우kun tu spyod pa와 그 이유로 나눠서 설명한다. 현행하는 것은 진실을 스스로 알지 못하는 우둔함과 가르쳐도 알지 못하는 두려움이나 어리석음으로 마음이 저절로 위축되는 것이다. 악한 지혜를 갖게 되는 이유는 보살의 경전과 경전의 논의를 나쁘다거나 안 된다고 비방하는 것으로 구분하고 이런 자들에게서는 율의를 받을 수 없다고 말한다.

"지혜가 중요하기는 하지만 지혜 있는 총명한 자라고 해서 그들에게서 받을 수 있는 것은 아니다"[71]라고 강조하는 점은 율의에서 원심을 비롯한 보살의 의요가 기본이기 때문이다.

'의궤儀軌에 따른 차이'로는 '계를 받는 사람rten의 의궤에 따른 차이'와 '대상yul의 의궤에 따른 차이'가 있다.

먼저 계를 받는 자는 진실한 마음으로 계를 주는 스승의 두 발에 정례頂禮를 올리는 것으로 시작한다. 그리고 "선남자시여, 당신에게서 보살율의를 올바로 받을 수 있기를 바랍니다. 해가

---

70 『瑜伽師地論』(T30) p.515a26-b7; ShL Cha.30a5-b5 참조.
71 『瑜伽師地論』(T30) p.515a23-24 참조: 又諸菩薩不從一切唯聰慧者 求受菩薩所受淨戒.

되지 않는다면 저에 대한 애민哀愍으로 들어주시기를 바랍니다."
라고 간청한다.[72] 이렇게 하는 이유는 계를 주시는 분에 대해 존
경하는 마음이 없거나 계를 받고자 하는 간절한 마음이 없는 자
에게는 율의가 생겨나지 않기 때문이다.[73]

대상의 의궤에 따른 경우는 율의를 받는 자에게 보살율의의
공덕과 학처의 경중輕重를 알도록 하고, 율의를 받는 자에게 기
쁨이 일어나도록 하는 등 율의를 기꺼이 받을 수 있도록 분명히
알려주는 것을 말한다.

쫑카빠는 먼저 율의를 지키는 공덕에 대해『집학론』의 내용을
통해 다음과 같이 말한다.

『적정결정신변경寂靜決定神變經』[74]에서는 "문수사리여! 어떤
이가 갠지즈강의 모래 수만큼이나 많은 부처들 가운데, 또 각각
의 부처님마다 갠지즈강의 모래만큼이나 많은 불국토를 자재왕

---

72 ShL Cha.30b6-8: ...thog mar yul de'i rkang pa gnyis la gtugs pa'i phyag bya
   ste.../de nas bdag rigs kyi bu khyod las byang chub sems dpa'i tshul khrims
   kyi sdom pa yang dag par blang ba nod par 'tshal gyis de la gnod pa ma
   mchis na bdag la thugs brtse ba'i slad du cung zad cig gsan cing stsal ba'i
   rigs so/.
73 ShL Cha.30b7-31a1: ...ma gus pa la sdom pa mi skye ba'i phyir ro/...sdom
   pa len mi 'dod pa la mi skye ba'i phyir ro/.
74 Ḥphags-pa rab-tu-shi-ba rnam-par-ñes-paḥi cho-ḥphrul-gyi tiṅ-ñe-ḥdsiṅ
   shes-bya-ba theg-pa chen-poḥi mdo(P.No.797, D.No.129), 해당하는 한역경전
   은『寂照神變三摩地經』(T15)이다.

대마니보自在王大摩尼寶, nor bu rin po che dbang gi rgyal po로 가득 채워서 공양하고, 그처럼 공양하여 갠지즈강의 모래 수만큼의 겁동안 공양을 올린다. 문수사리여! 다른 어떤 이가 이러한 법을 듣고서 전념하여 이처럼 마음으로 분명하게 알고 이러한 법을 배워야겠다고 하여 배우고자 한다면, 그가 설령 배우지 않았다고 하더라도 공덕은 아주 많이 생긴다. 보살이 자재왕대마니보를 보시하는 공덕은 그 정도 되지 못한다."[75]

그리고 어떤 고난이 있더라도 물러서지 말 것을 다음과 같이 말한다.

문수사리여, 다음과 같다. 예를 들면, 삼천대천세계의 미진의 수만큼이나 많은 유정들 가운데 각 유정들이 섬부주를 지배하

---

[75] SKT Khi.12a3-6: /rab tu zhi ba'i rnam par nges pa'i cho 'phrul gyi mdo las/ 'jam dpal gang gis, gang g'a'i klung gi bye ma snyed kyi sangs rgyas rnams las/ sangs rgyas re re la yang gang g'a'i klung gi bye ma snyed kyi sangs rgyas kyi zhing nor bu rin po che dbang gi rgyal pos rab tu bkang ste dbul ba phul la de ltar 'bul bas gang g'a'i klung gi bye ma snyed kyi bskal par dbul ba phul ba bas/ 'jam dpal byang chub sems dpa' gzhan gang gis rnam pa 'di lta bu'i chos 'di thos nas phyogs gcig tu song ste 'di ltar sems kyis mngon par rtog cing/ 'di lta bu'i chos la bslab par bya'o zhes slob par 'dod na/ des ma bslabs su zin kyang bsod nams ches mang du bskyed de/ byang chub sems dpa' nor bu rin po che dbang gi rgyal po sbyin pa'i bsod nams ni de lta bu ma yin no zhes ji skad du gsungs pa bzhin no/; 한역에서 해당부분은 『大乘集菩薩學論』(T32) p.79a2-8 참조. 寂靜決定神變經云 復次文殊師利 若菩薩於殑伽沙數等諸佛 是諸佛所有殑伽沙數佛刹 復於如是殑伽沙數劫 以自在王摩尼寶滿中持用布施 若諸菩薩於如是法相聞已 一心思惟 我當修學 文殊師利 比前無學所有福報未 若施此樂欲學地菩薩其福甚多.

는 왕으로 되니, 그들 모두는 다음과 같이 "우리는 대승을 받고 견지하고 읽고 모두 이해하는 자의 살을 매일 다섯 양^{兩, srang}씩 손톱으로 자를 것이고 그렇게 되어 목숨을 잃게 된다."라는 말에 대해, 문수사리여, 그 보살은 무섭고 두려워하지 않아 무서워하지 않게 된다. 심지어 두려운 마음이 전혀 일지 않고 위축되지 않으며 두려워하지 않으며 의심하지 않는다. 또한 법을 온전히 수지하는데 노력하니, 독송과 염송을 하는데 노력하는 보살은, 문수사리여, 마음이 용맹하며 보시에 용맹하며 지계에 용맹하며 인욕에 용맹하며 정진에 용맹하며 선정에 용맹하며 지혜에 용맹하며 사마타에 용맹하다고 한다. 문수사리여, 만약 그 보살이 살인자들에 대해 화내지 아니하고 거칠고 진에의 마음을 일으키지 않는다면, 문사사리여, 그 보살은 브라만과 같고 제석천과 같은 흔들리지 않는 자이다.[76]

---

[76] SKT Khi.12a7-b4: ...'jam dpal 'di lta ste dper na/ stong gsum gyi stong chen po'i 'jig rten gyi khams kyi rdul phra rab kyi rdul snyed kyi sems can de dag las/ sems can re re nas 'dzam bu'i gling la dbang pa'i rgyal por 'gyur te/ de dag thams cad kyis tshig 'di skad ces/ bdag cag gis gang theg pa chen po len pa dang/ 'dzin pa dang/ klog pa dang/ kun chub par byed pa de'i sha las nyi ma re re zhing yang srang lnga lnga sen mos gcad par bya ste/ de tshul de lta bus srog dang dbral lo zhes smra ba la/ 'jam dpal gal te byang chub sems dpa' de de skad smra bas mi skrag mi dngang dngang bar mi 'gyur te/ tha na skrag pa'i sems gcig kyang mi skyed zhum pa med gang ba med the tshom med la phyir zhing chos yongs su gzung ba la brtson te/ klog pa dang kha ton byed pa la brtson par 'gyur ba'i byang chub sems dpa' de ni/ 'jam dpal byang chub sems dpa' sbyin pa la dpa' ba/ tshul khrims la dpa' ba/ bzod pa la dpa' ba/ brtson 'grus la dpa' ba/ bsam gtan la dpa' ba/ shes rab la dpa' ba/ ting nge 'dzin la dpa' ba zhes bya'o/ /'jam dpal gal te byang chub sems dpa' de gsod pa'i mi de dag la mi khro zhing tha ba dang zhe

이와 같이 보살이 모든 두려움을 극복할 수 있는 이유는 바로 보살계가 자각에 따른 것이기 때문이다.

『월등삼매경』에서는 아무리 오랫동안 부처님께 온갖 공양을 올린다고 해도 말법에 학처를 지키는 것이 그 어떤 복덕보다도 수승하다고 말한다.[77] 그리고 『해혜경海慧經』에서는 계를 지키기 위해 노력하지 않는 경우를 경계하여 다음과 같이 말한다.

해혜海慧여, 다음과 같다. 예를 들면, 왕이나 왕의 대신이 마을의 모든 중생들에게 먹을 것을 보시한다고 청하고서는 그렇지 않다고 하여 먹을 것과 마실 것을 주지 않는다면, 그는 그들 모든 중생을 속인 것이니, 그들 또한 먹을 것과 마실 것을 얻지 못하여 비웃으며 돌아간다. 이처럼 해혜여, 보살이 아직 초탈하지 못한 자를 초탈하게 하고, 아직 벗어나지 못한 자를 벗어나게 하며, 아직 위안을 얻지 못한 자를 안위하며, 아직 열반을 얻지 못한 자를 반열반하도록 하기 위하여, 모든 유정에 대해 안

sdang gi sems mi skyed na/ 'jam dpal byang chub sems dpa' de ni tshangs pa dang mtshungs pa/ dbang po dang mtshungs pa mi g.yo ba yin no...; 한역에서 해당부분은 『大乘集菩薩學論』(T32) p.79a10-21: 文殊師利 假使敎化三千大千世界微塵等衆生 一一衆生得閻浮王 若以諸音聲讚歎受持讀誦如說修行大乘經者 於一日夜斷割身肉指爪乃至命終 一心奉行 文殊師利 緣是菩薩布施心無怯弱 不驚不怖不畏 畢竟一心發親近想無悔無疑亦無分別 於此最上正法攝受相應 意樂讀誦如說修行 文殊師利 是菩薩心勇猛故 則布施勇猛 持戒勇猛 精進勇猛 禪定勇猛 智慧勇猛 一切三摩地勇猛 文殊師利 是菩薩設使於惡人輩 亦復不生瞋心厭心及餘過失 文殊師利 是菩薩如釋梵王等無所動.

77 『月燈三昧經』(T15) p.602c15-17 참조: 至於恒沙多億劫 若於正法衰末世 如是佛法欲滅時 於一日夜能護法 如是功德勝於彼.

식을 주는 것과 다문多聞과 그와 다른 선법인 보리분법菩提分法에 힘쓰지 않는다면, 그 보살은 말한 대로 한 것이 아니므로 천신天神을 포함하여 세간을 속이는 것이다. 그처럼 과거 부처님들을 본 천신들이 그를 본다면 비웃으며 피하고 힐난한다. 공시供施를 하겠다고 서약하고서 실행하는 시주施主는 드물다. 해혜여, 그러므로 보살은 천·인·아수라를 포함하는 세간을 속이게 되는 그런 말을 해서는 안 된다.[78]

──────────────

78 BGSh Pu.101a5-b5: /blo gros rgya mtso 'di lta ste dper na/ rgyal po'am rgyal po'i blon pos grong khyer gyi skye bo thams cad la sang zen sbyin no zhes mgron du bos la yal bar dor te/ bza' ba dang btung ba ma sbyar na des skye ba'i tshogs de thams cad bslus pa yin te/ de dag kyang bza' ba dang/ btung pa'i zas ma thob pas 'phya zhing slar 'ong ba de bzhin du/ blo gros rgya mtsho byang chub sems dpas ma rgal ba bsgral ba dang/ ma grol pa dgrol ba dang/ dbugs ma phyin pa dbugs dbyung ba dang/ yongs su mya ngan las ma 'das pa yongs su mya ngan las bzla ba'i phyir sems can thams cad dbugs phyung la mang du thos pa dang/ de las gzhan pa'i dge ba byang chub kyi phyogs kyi chos rnams la yang brtson par mi byed na/ byang chub sems dpa' de ni ji skad smras pa de bzhin byed ba ma yin te/ lha dang bcas pa'i 'jig rten la slu ba yin no/ /de lta bu de sngon sangs rgyas mthong ba'i lha rnams kyis mthong na 'phya zhing gzhogs 'phyas byed la rnam par smod de/ gang dag mchod sbyin bya bar dam bcas pa nyams 'og tu chud par byed pa'i mchod sbyin gyi bdag po de dag ni dkon no/.../blo gros rgya mtsho byang chub sems dpas gang gis lha dang mi dang lha ma yin du bcas pa'i 'jig rten slu bar 'gyur ba'i tshig brjod par mi bya'o/; 한역에서 해당부분은 『佛說海意菩薩所問淨印法門經』(T8) p.515a5-14: 海意 又復如說不能行者 譬如世間若王若臣普召國中一切人民 欲餉美膳悉令飽滿而不備辦所須飲食 虛誑國中一切人民 是諸人衆旣誤所食 各於異處求以食之 心懷恚恨呵責而出 海意 菩薩亦復如是 願爲一切衆生未度者令度 未解脫者令得解脫 未安隱者令得安隱 未涅槃者令至涅槃 而彼菩薩雖有是願而不勤修多聞 亦不積集諸善菩提分法 此卽是爲如說不能行 彼菩薩者 虛誑天人世間 賢聖呵毁亦復嫌棄.

쫑카빠는 경의 내용을 빌어서 보살율의를 받은 자가 계를 지키지 못하면 모든 불·보살과 중생을 상대로 거짓을 행하는 것이라고 말한다. 왜냐하면, 보살율의는 수행자가 스스로 서약하고서 받은 것이기 때문이다. 따라서 아띠샤는 수계할 때, "선남자여, 그대는 들으라.…발심을 굳건히 하고 서원을 견고하게 해야 한다. 남과 경쟁하기 위해서는 아닌가? 남이 강제로 받도록 한 것은 아닌가?"[79]라고 물었던 것이다.

'자량을 완성하는 것'에서는 보살율의의 특징이 언급된다. 보살율의는 별해탈과 달리 불·보살에 대한 공양을 먼저 올려야 한다.[80] 쫑카빠는 여기에서 이뤄지는 의례의 순서와 내용을 요약하여 다음과 같이 소개한다.

요약하면, 장소를 정결하게 하고 장엄하고서 도사導師, ston pa 의 상을 선두로 많은 [보살]상을 진열한다. 시방의 부처와 불자

---

79 SDR Gi.246b4-6: /rigs kyi bu khyod nyon cig/…de las khyod kyis sems bskyed pa brtan pa dang yi dam brtan par bya'o/ /gzhan dang 'gran pa'i ched du ma yin nam/ gzhan gyi nan gyis len du bcug pa ma yin nam zhes 'dri'o/.

80 ShL Cha.33a8-b1 참조: …so sor thar pa ni tshogs rnams 'dus pa tsam la gus par byas pas 'thob par 'gyur gyi sdom pa 'di ni de las ches khyad par du 'phags pa'i phyir sangs rgyas dang byang chub sems dpa' thams cad la mchod pa bya ba sngon du btang bas thob par 'gyur bas na… (별해탈은 오직 승중(僧衆)에 대해 존경함으로써 얻을 수 있지만, 이 [보살]율의는 그보다 훨씬 수승하기 때문에 모든 불·보살들에 대한 공양을 먼저 올림으로써 얻을 수 있게 되기 때문에….)

들을 실제로 대하듯이 하고 그들의 공덕을 기억하고 사전에 믿음을 굳게 한다. 스승을 사자좌에 오르도록 아뢰고 의궤에서 설한 것처럼 부처라는 상想을 일으키며 많은 좋은 꽃과 훈향熏香, 향香, 등燈 등을 진열한다. 경배와 찬탄을 먼저 하고서 만달라와 공양물을 각각 삼보와 스승에게 올리고, 스승은 제자의 마음을 잘 이끌어 올리도록 한다.[81]

'율의를 속히 주도록 재촉하는 것'은 보살율의를 빨리 주시기를 스승께 간청하는 것[82]을 말한다. 그리고 '수승한 기쁨을 수습하는 것'은 계를 받는 자가 "이제 나는 오래지 않아 무상無上 · 무진無盡 · 무량無量한 위대한 복덕장福德藏을 얻게 될 것이다."[83]라는 마음을 일으키는 것이다. '장애에 대해 질문하는 것'은 보리의 원을 세웠는지 묻고 답하는 과정을 말한다. 이것은 보살종성菩薩

---

81 ShL Cha.33b5-8: /mdor na sa phyogs byi dor legs par bya zhing legs par brgyan par byas nas ston pa'i skus thog drangs pa'i rten mang du bsham/ phyogs bcu'i rgyal ba sras bcas rnams mngon sum pa lta bur dmigs te de dag gi yon tan dran pa sngon du 'gro ba can gyi dad pa drag po pya/ bla ma seng ge'i khri la bzhugs par gsol ba la cho ga nas gsungs pa ltar sangs rgyas kyi 'du shes bya/ me tog dang bdug pa dang spos dang mar me la sogs pa bzang la mang ba mdzes par bsham/ phyag dang bstod pa sngon du 'gro bas maN+Dala dang mchod pa rnams so sor dkon mchog dang bla ma la bla mas slob ma'i blo legs par khrid cing dbul du gzhug go.

82 SDR Gi.247a1: slob dpon gyis byang chub sems dpa'i tshul khrims kyi sdom pa yang dag par blangs pa bdag la myur du stsal du gsol zhes···.

83 ShL Cha.34a6: ...bdag gis ring por mi thogs par bsod nams kyi gter chen po bla na med pa zad mi shes shing dpag tu med pa thob par 'gyur ro···.

種姓의 힘을 일깨우고 원심을 견고하게 하기 위한 것[84]으로서 스스로 재확인하고 용기를 내는 것이다.

정식의궤dngos gzhi'i cho ga에서는 삼취정계가 과거의 모든 보살이 갖추었고 미래의 모든 보살이 갖춰야만 하고 현재의 모든 보살이 갖추고 있는 학처라는 것을 알린다. 그리고 이 청정한 계를 받을 것인가에 대한 물음과 답변이 이어진다.[85]

종결의궤mjug gi cho ga에서는 '알아주기를 청하는 것mkhyen par gsol ba', '공덕을 찬탄하는 것phan yon gyis gzengs bstod pa', '보답의 공양을 올리는 것gtang rag mchod pa', '경솔하게 율의를 알리지 않는 것sdom pa gya tshom du mi bsgrags pa'이 이뤄진다.

'알아주기를 청하는 것'은 시방에 계신 모든 불·보살들의 발에 정례를 올리고 보살율의를 받았다는 것에 대해 인정해줄 것을 청하는 것이다.[86]

'공덕을 찬탄하는 것'은 시방의 불·보살이 수계자가 보살율의를 받았음을 기억해주고 좋은 생각을 가져줌으로써 그 보살의 모든 선법은 더욱 증가하고 쇠퇴하지 않는다는 것을 말한다. 보살율의는 특히 다음 네 가지 점에서 수승하다고 인정된다.

---

84 ShL Cha.34a8-b1: ...rigs kyi nus pa legs par sad pa dang smon sems brtan pa la bya'o/.

85 이에 대해서는 『瑜伽師地論』(T30) p.514c5-14 참조.

86 구체적인 의궤와 내용에 대해서는 ShL Cha.35a2-b1 참조.

첫째, 더 높은 것이 없기 때문에 무상無上이다.

둘째, 무량한 복덕의 과果를 모으기 때문에 무량하게 모인 복덕이 있다.

셋째, '모든 유정에게 이익과 안락'이라는 증상의요를 생기하기 때문에 최선最善의 마음의 의요가 생기한다.

넷째, 모든 유정에게 있어서 삼문三門의 악행이 이뤄지는 모든 것에 대한 대치對治로 된다.[87]

'보답의 공양을 올리는 것'은 스승과 제자가 앞의 의궤들을 마치고서 다시 시방의 모든 불·보살들에게 정례를 올리는 것이다.

마지막으로 '경솔하게 율의를 알리지 않는 것'은 대상이 신수信受하지 않는 유정이거나 법기法器임을 헤아리지 않고서 함부로 의궤의 의미를 알도록 해서는 안 된다는 것이다. 왜냐하면 그들이 들으면 믿지 않고 알지 못하는 큰 장애에 가려서, "나쁘다, 안 된다, 의미가 없다."라고 왜곡하기 때문이며, 율의에 머무는 보살이 무량하게 쌓인 복덕을 지니는 만큼 되는 것처럼, 그것에 대해 왜곡하는 자, 그는 왜곡하는 악언惡言과 그것에 대해 마음으

---

87 ShL Cha.35b7-8: bzhi ni ches gong mar gyur pa med pas bla na med pa dang bsod nams kyi 'bras bu dpag tu med pa bsdus pas na bsod nams kyi phung po dpag tu med pa dang ldan pa dang/ sems can thams cad la phan bde'i lhag pa'i bsam pas bskyed pas na sems kyi bsam pa mchog tu dge bas bskyed pa dang sems can thams cad la sgo gsum gyi nyes spyod 'jug pa thams cad kyi gnyen por gyur pa'o/.

로 집착하는 악견惡見과 상상想, 'du shes에 의해 현행하는 악한 사유, 그것들을 완전히 버릴 때까지 무량한 복덕 아닌 것이 모이는 것이 바로 그만큼 있게 되기 때문이다.[88]

『보살율의이십菩薩律儀二十』에서는 의궤의 내용을 다음과 같이 요약하여 말한다.

불佛과 불자佛子들을 공경하여 경배하고 최대의 공양을 올립니다.
모든 방향과 시간[89]에 계신 보살들의 계.
모든 복덕의 저장고, 그것을 뛰어난 의요로
율의에 머물며 뛰어나고 능력있는 스승으로부터 받아야 한다.

그때 그것에 있는 선함 때문에, 불과 불자들은
선한 마음으로 항상 사랑하는 아들처럼 생각하시게 된다.[90]

....

88 ShL Cha.36a4-7: /de ci'i phyir zhe na/ de dag gis thos na ma mos shing mi shes pa'i sgrib pa chen pos bsgribs pas ngan no ma rung ngo don med do zhes skur ba 'debs pa'i phyir te/ de la skur ba 'debs pa de ni sdom pa la gnas pa'i byang chub sems dpa' bsod nams kyi phung po dpag tu med pa ji tsam dang ldan par 'gyur ba tsam du de ni skur pa 'debs pa'i sdig pa'i tshig dang/ de la yid kyis zhen pa'i sdig pa'i lta ba dang 'du shes kyis kun tu spyod pa'i sdig pa'i kun tu rtog pa de dag ji srid du thams cad kyi thams cad du ma spangs kyi bar du bsod nams ma yin pa'i phung po dpag tu med pa de tsam kho na dang ldan par 'gyur ro….

89 시방삼세를 말함.

90 BDN Hi.166b1-3: /sangs rgyas sras dang bcas pa la/ /gus pas phyag 'tshal

여기에서 제1연의 첫 구는 예비단계, 제2연까지는 계와 받는 자의 의요, 계를 받게 되는 그 대상yul, 그리고 제3연은 공덕을 찬탄하는 것으로서 종결의궤를 나타낸다.[91]

2) 무사의궤無師儀軌

보살율의를 받을 때에는 이미 앞에서 살펴보았듯이, 율의를 줄 수 있는 일정한 자격이 있어야 한다. 스승이 대승의 율의를 지키는 자이고 대승에 대한 지혜가 있어야 하며 각 의궤의 의미와 내용에 대해서도 충분히 이해하고 있어야 한다. 무사의궤는 바로 이런 자격을 갖춘 스승이 없는 경우, 율의를 받는 자 스스로 여래상 앞에서 보살율의를 받는 것을 말한다. 의궤의 내용은 대체로 유사의궤와 비슷하다.[92]

『보살율의이십난어석』에서는,

---

ci nus mchod/ /phyogs dus kun na bzhugs pa yi/ /byang chub sems dpa' rnams kyi khrims/ /bsod nams kun gyi gter gyur gang/ /de ni bsam pa dam pa yis/ /bla ma sdom pa gnas shing mkhas/ /nus dang ldan la blang bar bya/ /de tshe de la dge ba'i phyir/ /rgyal ba sras dang bcas rnams kyis/ /dge ba'i thugs kyis rtag par yang/ /bu sdug 'dra bar dgongs par 'gyur/.

91 BDN에는 각 연이 사구(四句)로 되어 있으나 본 논문에서는 번역시 연결을 위하여 두개의 구를 하나로 하였다. 해당내용은 ShL Cha.36b3-4: ...de tshig rkang dang po gnyis ni sbyor ba'i cho ga'i mtshon byed do/ /de nas drug ni blang bya dang len pa'i bsam pa dang blang ba'i yul ston pa yin la/ de nas rkang pa bzhi ni phan yon gyis gzengs bstod pa ste mjug chog gi mtshon byed do/.
92 이와 관련된 내용은 ShL Cha.36b4-37a2 참조.

그렇지 않은 다른 [받은 율의가] 쇠락하게 되어 환정還淨하려
　　는 자와 존경하지 않으면서 율의를 받으려는 자들은 그릇이 되
　　지 않기 때문에 그렇[게 스스로 받지 못한다.[93]

　고 설명하고 있는데, 쫑카빠는 이 내용을 언급하는 부분에서
"'먼저 받은 것이 쇠락하였기 때문에 환정하는 자 그리고 존경하
지 않으면서 율의를 받는 자는 무사의궤가 가능하지 않기 때문
에 유사의궤에 의지해야만 한다.'고 말한 부분 가운데 뒷부분은
스승이 있더라도 그를 존경하지 않기 때문에 스스로 받는 것이
라면 옳다."[94]라고 말한다. 그런데 이것은 견해의 차이가 아니라
다른 내용에 대한 설명으로 봐야 한다. 왜냐하면, 보리현이나 쫑
카빠 모두 스승의 자격에 대한 논의에서 「계품」과 다른 견해를
말하고 있지는 않기 때문이다. 계사戒師가 율의를 줄 만한 자격
이 있는데도 받는 자가 존경하는 마음이 없다면 율의 자체가 생
기지 않는다. 보리현의 주석서 내용을 볼 때, 그는 율의를 받는
자가 자격이 있는 스승에 대한 존경심을 지니지 못한 경우로 보

93 BDNK Hi.198a1: /de las gzhan pa nyams par 'gyur ba las slar gso bar byed
　　pa dang/ ma gus pas sdom pa len pa dag ni snod ma yin pa'i phyir de lta
　　ma yin te/.

94 ShL Cha.37a4-5: /'grel pa gsar ma las sngar blangs pa nyams nas slar gso ba
　　dang ma gus pas sdom pa len na bla ma med pa'i cho gas mi rung bas bla
　　ma yod pa'i cho ga la brten dgos par 'chad pa'i phyi ma bla ma yod kyang
　　de la ma gus nas rang gis len pa yin na bden yang/.

고 있다. 그러나 쫑카빠는 설령 스승이 있더라도 율의를 줄 자격을 갖추고 있지 않기 때문에 스스로 받아도 된다고 말하고 있는 것이다.

『입보살행』에서는 계를 받고난 뒤의 마음가짐에 대해서 다음과 같이 말한다.

> 금생의 내 삶에 과果가 있네.
> 또한 인간의 몸을 잘 얻었네.
> 오늘 불가佛家에 태어나
> 이제 불자佛子가 되었네.
>
> 이제는 내가 무엇이든지
> 종성種姓에 맞는 일을 해야 하며,
> 허물없는 청정한 이 종성에 대해
> 혼탁하지 않도록 그처럼 해야 한다.[95]

쫑카빠는 이 내용을 "이 율의를 얻으면 삶의 의미가 있고 인간의 몸을 얻은 정수를 받으며, 또한 불자 속으로 들어간다고 말씀

---

95 BPJ La.7b3-5: /deng du bdag tshe 'bras bu yod/ /mi yi srid pa legs par thob/ /di ring sangs rgyas rigs su skyes/ /sangs rgyas sras su bdag deng gyur/ /da ni bdag gis ci nas kyang/ /rigs dang mthun pa'i las brtsams te/ /skyon med btsun pa'i rigs 'di la/ /rnyog par mi 'gyur de ltar bya/.

하신 것 같다."라고 설명하고 '이제는 내가 무엇을 대하여도 범하는 더러움으로 오염되지 않도록 해야겠다.'는 생각을 일으킨다[96]고 하였다.

수계의 의궤와 관련해서 율의를 주는 스승에 대해서는 이미 앞에서 살펴보았듯이 엄격한 자격을 요구한다. 그리고 여법한 자격을 갖춘 스승이 없는 경우에 한하여, 무사의궤에 따라 스스로 율의를 받는 것이 허용된다. 그러나 쫑카빠는 "과실이 아주 많은 자가 아니라면 조금 지녔다고 해도 받아야 한다."[97]라는 다른 주석서의 내용을 소개하고 있다는 점에서 되도록이면 유사의 궤에 따를 것을 권하고 있다.

2. 보살계 수지의 방법

「계품」에서는 보살이 어떻게 보살계를 수지해야 하는가에 대해 다음과 같이 말한다.

---

96 ShL Cha.37b3-6: …sdom pa 'di thob na tshe don yod pa dang mi'i lus thob pa'i snying po blangs shing sangs rgyas kyi sras kyi gseb tu yang de tshud do zhes gsungs pa ltar bsams la…da ni ci la thug kyang ltung ba'i rnyog bas ma gos par bya'o snyam pa'i bsam pa bskyed do/.

97 ShL Cha.30b5-6: …skyon de dag ches che ba dang mi ldan na cung zad dang ldan yang nod par bya'o zhes 'chad do/.

이것은 보살이 해야만 하는 올바른 것인가, 이것은 보살이 해서는 안 되는 올바르지 않은 것인가. 이미 사유를 다 한 뒤에 해야 할 올바른 것을 이루기 위해 부지런히 수학해야만 한다. 또한 보살의 수트라장Sūtra-piṭaka과 해석 즉, 보살의 경장과 논장을 오로지 힘써 청문해야 하니, 그 듣는 것을 따라 부지런히 수학해야 한다. [98]

이것은 경장과 논장에서 설해진 많은 보살학처를 이루기 위해 청문한 그대로 수학해야 한다는 것[99]을 의미한다. 『집학론』에서 "바라제목차와 율의계를 지키기 위해서는 무상정등각의 보리심을 속히 내고 대승경전을 독송해야 한다"[100]고 하고 있듯이, 쫑카빠 역시 선지식을 버리지 않으면서 항상 경전들을 봐야 하며, 이런 방편을 통해 보살율의를 지켜야 한다는 점을 인용하고 있다. 또한 보살학처에 머무는 수행을 위주로 하는 선지식을 버리지 않는 것이 보살율의를 지키는 가장 수승한 것이며 일반적으

---

98 『瑜伽師地論』(T30) p.515a18-22: 此是菩薩正所應作 此非菩薩正所應作 旣思惟已然後爲成正所作業 當勤修學 又應專勵聽聞菩薩素怛纜藏及以解釋 卽此菩薩素怛纜藏摩怛履迦 隨其所聞當勤修學.

99 ShL Cha.38a1-2: /byang sems kyi sde snod dam sde snod kyi ma mo bsdus pa 'di las kyang mnyan te mdo sde de dang de dag tu byang sems kyi bslab pa'i gzhi stong phrag du ma gsungs pa dag bsgrub pa'i phyir de kho na bzhin du bslab par bya'o/.

100 『大乘集菩薩學論』(T32) p.87c8-10: 汝何堅持守護波羅提木叉及律儀戒 應速發阿耨多羅三藐三菩提心 讀誦大乘經典.

로 대승의 귀한 경전들, 특히 「보살지」와 『집학론』을 청문해야 한다[101]고 하였다. 여기에서 강조되는 점은 「계품」에 대한 이해이다. 이에 대한 이해가 없을 때 보살학처에 대해 아주 어리석게 되어, 대승이라는 것은 단지 이름일 뿐이고 어리석은 이들을 속일 수 있을 뿐이며 대승의 광대한 경전들에 대해 분명한 수행을 얻은 지자知者는 좋아하지 않는다[102]고 하고 있다.

『보살정도』에서는 『율의이십주律儀二十註』의 내용을 인용하여,

보살율의를 범하는 종류로 두 가지가 있는데, 타승처법에 포섭되는 경우와 악작법惡作法에 포섭되는 경우이다. 비구율의처럼 다섯 가지 죄가 있는 것은 아니다.[103]

101 ShL Cha.38a2-4: dge ba'i bshes gnyen mi gtang zhing/ /mdo sde rnams la rtag bltabas/ /zhes thabs de dag gi sgo nas bsrung bar gsungs te byang sems kyi bslab pa'i gnas la goms pa gtso bor byed pa'i bshes gnyen mi gtong ba ni srung thabs kyi mchog yin la/ gzhan yang spyir na mdo sde rin po che rnams dang khyad par du byangs dang bslab btus rnams mnyan dgos la/.
102 ShL Cha.38a4-5 참조: de tsam ma nus na'ang tshul khrims kyi le'u tsam re nges par mnyan na byang sems kyi bslab bya la ches shin tu mongs par 'gyur bas de'i theg pa chen po ni ming tsam ste byis pa rnams 'drid par nus kyi theg pa chen po'i gzhung chen po rnams la nyams len gyi nges pa rnyed pa'i mkhas pa su zhig dga' bar 'gyur/.
103 ShL Cha.39b8-40a2: gang gi phyir byang chub sems dpa'i sdom pa la nyes pa'i ris gnyis su zad par 'byung ste pham pa'i gnas lta bu'i chos su gtegs pa dang nyes byas kyi chos su gtogs pa'o/ /dge slong gi sdom pa las nyis pa'i ris lnga 'byung ba lta bu ni ma yin no/.

고 말하고 있는데, 『보살율의이십』과 다른 주석서에서도 모두 타승처법과 악작법, 두 가지로 말하고 있다.

(1) 타승처법他勝處法

1) 자찬훼타自讚毀他

「계품」에서는 네 가지로 타승처법을 말하며, 그 첫 번째가 '자찬훼타'이다.

> 보살이 계의 율의에 머무는 데는 네 가지의 타승처법이 있다. 어떤 것들이 네 가지인가. 모든 보살이 이로움과 존경을 탐하고 구하여 스스로를 칭찬하고 남을 훼멸하는 것이 첫 번째 타승처법이다.[104]

여기에서는 다시 세 가지로 나눠서 살펴볼 수 있다.[105]

---

104 『瑜伽師地論』(T30) p.515b21-23: 如是菩薩住戒律儀 有其四種他勝處法 何等爲四 若諸菩薩爲欲貪求利養恭敬 自讚毀他 是名第一他勝處法.

105 ShL Cha.40b2-41a1: /dang po yul ni/ 'di dag la brten pa'i pham 'dra yin pas rang las rgyud tha dad pa smra shes shing don go ba rang dang rigs mthun pa'i 'gro ba cig dgos te gsal bar ma byung yang don gyis 'thob bo/ /brjod bya ni, rang gi yon tan dang gzhan gyi skyon yin te de yang bdag la bstod pa dang gzhan yon tan can 'gro ba rnams kyis bkur ba'i gnas la smod pa'o/ /kun slong la bzhi/ chags yul rnyed bkur gyi tshad/ yul can chags pa'i tshad/ rnyed bkur 'thob pa'i yul gyi khyad par kun slong la rnyed bkur gnyis ka

첫째, 대상이다. 이것들에 의지해야 바라이가 되기 때문에 자상속自相續과 달라야 하며, 말하고 그 의미를 이해하는 자신과 동류同類인 중생이 필요하다. 즉, 분명하지는 않더라도 의미를 통해 알 수 있어야 한다.

둘째, 말하는 내용이다. 자신의 공덕과 남의 잘못을 말한다. 자신을 칭찬하고 공덕을 갖추고 있는 다른 사람인, 중생들의 존경처尊敬處를 욕하는 것이다.

셋째, 동기이다. 여기에 다시 네 가지가 있다.

i) 탐착하는 대상과 이득, 공경의 정도: 이득은 의복과 먹을 것, 머물 곳, 탈 것 등 어떤 것이든지 얻는 것이다. 공경은 자리[座]와 방석 등으로 공경하는 것이다.

ii) 대상에 대한 탐착 정도: 삼보에 공양하고 궁핍한 자를 불쌍

---

la chags pa dgos mi dgos brtag pa'o/ /rnyed bkur gyi tshad la rnyed pa ni/ gos dang zas dang gnas khang dang bzhon pa la sogs pa'i rnyed pa gang yang rung ba'o/ /bkur sti ni khri dang stan la sogs pas bkur bar byed pa'o/ /yul can chags pa ni/ dkon mchog mchod pa dang dman pa la snying brtse bas phongs pa gsal ba la sogs pa'i phyir rnyed bkur don du gnyer ba tsam min gyi rnyed bkur la rang gi ngo bo'i sgo nas sred pa ste lhag par zhen pa'o/ /yul gyi khyad par ni/ rnyed pa la rang dang nor mi gcig pa dgos te/ de lta ma yin na bdag bstod gzhan smod don med pas so/ /bkur sti ni rang gi 'khor la yang don du gnyer bas nor so so pa mi dgos so/ /kun slong la gnyis ka dgos mi dgos ni bstod smad ka nyis ka la rnyed bkur gang rung la chags pa zhig nges par dgos kyi gnyis ka tshogs pa ma dgos so/ /de lta bu'i kun slong gis bstod smad gang rung smras pa pha rol pos don go ba ni pham 'dra dang po'o/.

히 여겨 빈곤함을 없애는 등, 이를 위하여 오직 이득과 공양을 추구하는 것이 아니고 이득과 공경을 자기 본성의 측면에서 원하는 것으로서, 증상增上의 탐착이다.

iii) 이득과 공경을 얻는 대상에 따른 차이: 이득의 경우, 자신과 재물이 동일해서는 안 된다. 그렇지 않으면, 자신을 칭찬하고 남을 업신여기는 것은 의미가 없기 때문이다. 공경하는 것은 자기 쪽에게 있어서도 추구하는 것이기 때문에 재물과 별개로 다를 필요는 없다.

iv) 동기에 있어서 이득과 공경, 두 가지에 탐착할 필요가 있는지의 여부에 대한 관찰: [자신에 대한] 칭찬과 [남에 대한] 훼멸 두 가지의 경우, 이득과 공경 어떤 것에든지 탐착하는 것이 반드시 필요한 것이지 두 가지가 함께 필요한 것은 아니다. 그러한 동기로써 칭찬과 훼멸 어떤 것이든지 말한 것을 상대가 아는 것은 첫 번째 타승처법과 같은 것이다.

쫑카빠는 『보살율의이십난어석』에서 "'남'이란 공덕을 지닌 중생들이 공경하는 곳을 말하는 것"이라고 하였으며, 해운Samudra 이라는 저자의 저서에서도 '남'을 공덕을 지닌 자로 말하고 있다[106]고 소개한다. 이득과 공경에 탐착하는 것은 『보살율의이십

---

106 ShL Cha.41a1-2 참조: /sdom pa nyi shu pa'i 'grel pa gsar ma las gzhan ni yon tan dang ldan pa 'gro ba rnams kyis bkur ba'i gnas la bshad cing/ sa

난어석』에서 "얻으려고 했기 때문에 이득인 것이며 [구체적으로는] 옷과 먹을 것 등이다. 공경은 모시는 것으로서 그것들에 대한 탐착이 그것에 대해 증상增上된 애착인 것이다."[107]라고 설명하고 있다.

뤼청呂澂은 성문계에서 음淫을 제일 먼저 조목條目으로 넣어 탐욕을 생사유전의 근본으로 보고 있는 것과 같이, 대승계 역시 자찬훼타를 제일 먼저 넣어 탐욕에서 출발하고는 있지만, 그 의미를 확대하여 탐욕으로 구하는 것이 일체 염오된 행위의 근원으로 보고 있다.[108]

『보살지해설』에서도 성문과의 비교를 통해 "성문은 음탐함으로 자신과 남을 경시함으로써 기회가 없게 되듯이, 보살 또한 이득과 공경을 탐하여 자신과 남을 경시한다면 타승처로 된다. 따라서 이 계는 가장 심밀하면서도 광대하기 때문에 그와 같이 남도 알도록 해야 한다."[109]라고 설명하고, 성문의 바라이와 같은

---

mu dras byas zer ba las kyang gzhan yon tan can la bshad pa snga ma dang mthun no/.

107 BDNK Hi.200b1-2: /rnyed par byed pas na rnyed pa ste/ gos dang zas la sogs pa'o/ /bkur sti ni legs par rim gro byed pa ste de dag la lhag par chags pa ni de la lhag par zhen pa'o/.

108 呂澂(1991a) p.1012.

109 BSN Yi.162b1-2: /nyan thos ji ltar 'khrig pa'i 'dod chags kyis bdag dang gzhan sun phyung bas skal ba med par 'gyur ba de bzhin du byang chub sems dpa' yang rnyed pa dang bkur sti la brkam pas bdag dang gzhan sun phyung na

성격임을 말하고 있다.

2) 간린재법慳吝財法

두 번째 타승처법은 이미 자신이 갖고 있는 재물과 법에 대한 내용으로서, 「계품」에서는 다음과 같이 정의하고 있다.

모든 보살이 현재 자산과 재물을 갖고는 있으나 그 성품이 재물을 아끼기 때문에, 고통이 있고 빈곤하며 의지할 데가 없고 믿을 곳이 없는 올바르게 재물을 구하는 자가 눈앞에 왔는데도, 가엾고 불쌍한 마음을 일으키지 않고 베풀어 보시하지 않는다. 올바로 법을 구하는 자가 눈앞에 왔는데도 성품이 법에 인색하기 때문에 비록 지금 법을 지니고 있다고 해도 보시하지 않는다. 이것을 두 번째 타승처법이라고 한다.[110]

이 내용은 구하는 자, 구하는 물건, 구하는 대상, 어떤 의요로 보시하지 않는가 하는 네 가지로 나눠서 설명된다.

첫째, 구하는 자는 재물 등이 없는 괴로운 자, 먹을 것이 없는

---

pham par 'gyur ro/ /de bas na tshul khrims 'di ches zab pa dang rgya che ba yin te/ de bzhin du gzhan la yang shes par bya'o/.

110 『瑜伽師地論』(T30) p.515b24-27: 若諸菩薩現有資財性慳財故 有苦有貧無依無怙正求財者 來現在前 不起哀憐而修惠捨 正求法者來現在前 性慳法故 雖現有法而不給施 是名第二他勝處法.

빈곤한 자, 수호자처럼 양육해주는 보호자가 없는 자, 친구나 이로움을 줄 의지처가 없는 자를 말한다고 어떤 해석에서는 말한다. 간단히 말하면 두 자산에 빈곤한 것이며 보살 이외에는 그것을 없앨 수 있는 자가 현재 달리 없는 것이다. 더구나 [그는] 진심으로 구하고자 자기 근처로 바로 오는 것이다.[111]

둘째, 구하는 물건은 무기 등 적합하지 않은 것과 독 등 옳지 않은 것이 아니며, 더구나 해를 끼치는 것이 아니다.[112]

셋째, 구하는 대상은 『보살율의이난어석』에서 "보시할 물건이 있고 법을 확신한다고 할지라도……."라고 설하였듯이 자신에게 있는 것이다.[113]

넷째, 의요가 인색함에 제복制伏되어 보시하지 않기로 결정하는 것이다. 경론에서는 물건을 보시하지 않는 것에 대해서 마음

---

111 ShL Cha.41a7-b2: /de la slong ba po ni/ nor la sogs pa dang mi ldan pa'i sdug bsngal ba dang zas dang mi ldan pa'i bkren pa dang/ jo bo lta bu gso bar byed pa'i mgon med pa dang gnyen bshes sam phan 'dogs nus pa'i rten med pa zhes 'grel pa kha cig tu bshad do/ /mdor na longs spyod de gnyis kyis phongs shing/ de sel ba yang byang sems las gzhan da lta med pa'o/ /de yang bsam pa thag pa nas slong zhing don du gnyer ba'i phyir rang gi drung du legs par 'ongs pa'o/.

112 ShL Cha.41b2-3: /bslang bya'i rdzas ni mchen la sogs pa mi 'phrod pa dang dug la sogs pa mi rung ba min pa ste/ de yang gnod pa dang 'brel ba'i che na'o/.

113 ShL Cha.41b3: /bslang sa'i yul ni/ 'grel pa gsar mar sbyin par bya ba'i dngos po yod pa dang chos rnam par nges pa yin yang/ zhes gsungs pa ltar rang la yod pa'o/; 인용된 부분은 BDNK Hi.201a2.

이 모질다고 하고 법을 보시하지 않는 것에 대해서 인색하다고 언급하지만, 『보살율의이십난어석』과 해운Samudra이라는 저자의 논서에서는 법과 재물 두 가지에 인색하기 때문에 보시하지 않는 것으로 말하고 있다. 또한 『보살율의이십』에서 그와 같이[114] 밀의를 취한 것은 잘한 것이다. 일부 티벳인이 "자신이 보시하지 않겠다고 결정한 것으로는 충분하지 않으며 구걸하는 자의 바람을 끊어버리는 것이 있어야 한다."고 하는 것은 범어 문헌에서도 나오지 않으며 의미로도 성립하지 않는다.[115]

『보살지해설』에서는 성문과 비교하여 "성문이 탐욕으로 남의 재물을 도둑질하면 바라이죄가 되며, 보살은 자신에게 재물이 있으면서도 재물에 인색하여 고통받는 자에게 보시하지 않거나 법을 나누지 않으면 타승처로 된다."[116]라고 하였다.

---

114 BDN Hi.166b4의 내용을 말함: /sdug bsngal mgon med gyur pa la/ /ser snas chos nor mi ster dang/ (괴롭고 보호해주는 자가 없는 자에게 인색하여 법과 재물을 주지 않으며).

115 ShL Cha.41b4-6: /bsam pa ni ser sna'i 'jungs pas zil gyis gnon nas mi ster bar thag bcad pa'o/ /gzhung las zang zing mi ster ba la snying sra ba dang/ chos mi ster ba la ser sna sbyar yang 'grel pa gsar ma dang/ sa mu dras byas zer ba gnyis ka las chos dang zang zing gnyis ka ser snas mi ster ba la bshad cing/ sdom pa nyi shu pa las kyang/ de ltar dgongs pa blangs pa legs so/ /bod kha cig rang gis mi ster bar thag bcad pas mi chog gi slong ba po re ba chad pa dgos zer ba ni rgya gzhung gang nas kyang mi 'byung zhing don gyis thob pa yang min no/.

116 BSN Yi.162b2-3: /nyan thos ni brkam chags kyis gzhan gyi nor brkus na pham par 'gyur la/ byang chub sems dpa' ni bdag la nor yod bzhin du zang zing

위에서 살펴본 내용에 따르면, 두 번째 타승처법에 어긋나는 경우는 보살에게 재물이 있거나 법이 있어야 하며, 상대가 올바로 구하고 있음에도 베풀지 않는 경우, 상대가 구하는 것이 재물이나 법인 경우, 그 마음이 인색하여 보시하지 않는 경우임을 알 수 있으며, 이 가운데 어느 하나라도 어긋나지 않는다면 타승처법에 해당되지 않는다.

3) 분뇌유정忿惱有情

「계품」에서는 세 번째 타승처의 내용을 다음과 같이 말한다.

> 모든 보살이 이러한 분노에 얽힌 것을 장양하면, 그 인연으로 오직 거친 말을 내는 것에 그치지 않는다. 분노에 가려졌기 때문에 손발과 흙덩이, 돌, 칼, 몽둥이를 가지고 유정들을 때리고 손상을 입히고 해치며 괴롭힌다. 속으로는 맹렬한 분노와 원한의 마음을 품기 때문에, 어긋나고 범하는 것이 있다. 남이 와서 사죄를 하더라도 받지 않으며 참지 않으며 맺힌 원한을 버리지 않는다.[117]

---

la ser sna byed pas slong ba po nyam thag pa la ma byin nam/ chos kyi bgo bsha' ma byas na pham par 'gyur ro/.

[117] 『瑜伽師地論』(T30) p.515b28-c3: 若諸菩薩長養如是種類忿纏 由是因緣不唯發起麤言便息 由忿蔽故加以手足塊石刀杖 捶打傷害損惱有情 內懷猛利忿恨意樂 有所違犯他來諫謝不受不忍不捨怨結 是名第三他勝處法.

이는 두 가지 점 즉, 때리는 것에 대한 의요와 가행의 측면에서 고찰할 수 있다.

첫째, 보살이 남에게 화를 내고 거친 말을 하고 또한 그것만으로 화를 버리지 못하고 증대시키며 그것에 제복制伏되는 것이다.

둘째, 그 세력에 휩싸여 신체 또는 몸으로 던지거나 몸과 연관된 것으로 남을 때리는 것과 감옥에 넣는 등 남에게 상해를 입히고 채찍질하고 묶는 것 등 해를 끼치는 것이다.[118]

『보살율의이십난어석』에서는 "'남'이라고 하는 자들에 대해 분노에 휩싸여 다른 유정을 때리는 것"[119]이라고 설명하고 있는데, 이상의 표현에서 그 대상이 유정에 속하는 어떤 것인지는 분명하지 않지만 자신과 같은 중생의 의미로 이해할 필요가 있겠다. 왜냐하면, 거친 말의 대상으로 나타나고 『집학론』에서도 계를 범한 자를 때리는 것에 대해 근본죄인 것으로 설하기 때문이다.[120]

---

118 ShL Cha.42a1-3: /dang po ni/ byang sems gzhan la khros nas tshig rtsub po smra zhing de tsam gyis kyang khro ba mi gtong bar 'phel bar byed cing des zil gyis non pa'o/ /gnyis pa ni/ de'i dbang gis lus dngos sam des 'phangs pa'am de dang 'drel bas gzhan la rdeg pa dang go rar 'jug pa sogs kyis rnam par 'tshe ba dang lcag gis bzhu ba dang 'ching ba sogs kyis mtho 'tsham par byed pa'o.

119 BDNK Hi.201b2: /gzhan gyis zhes bya ba la sogs pa la kong kro ba'i kun nas dkris pas srog chags gzhan la 'tshog pa ste/.

120 ShL Cha.42a3-4: /'di'i yul sems can la 'gro ba gang yin mi gsal kyang rang

사죄를 받아들이지 않는 것에 네 가지가 있다.

첫째, '사죄하는 자'는 『보살율의이십난어석』과 최승자最勝子가 "해를 끼치고서 끼친 것에 대해 사죄를 해도"[121]라고 말하고 있 듯이 먼저 보살에게 해를 끼친 자가 지금 마음 깊숙이 사죄하고 자 하는 것이다.

둘째, '사죄하는 방법'은 때에 맞춰 법에 맞게 용서를 구하는 것이다.

셋째, '동기'는 앞서 해를 끼친 것에 대해 증대된 분노의 마음 만을 갖는 것이다.

넷째, '사죄를 받지 않는 본질'은 말을 듣지 않으면서 참지 못 하고 마음에서 분노를 버리지 못한 것이다.[122]

『보살지해설』에서는 "성문의 경우 살인을 함으로써 타승처로 되지만, 보살은 모든 유정을 핍박하는 마음을 내어 손이나 흙덩

---

dang ris mthun pa'i 'gro ba don go ba dgos pa 'dra ste/ tshig rtsub mo smra ba'i ngag gi tha snyad kyi yul du snang ba dang/ bslab btus las kyang/ tshul khrims 'chal ba la brdeg pa la rtsa ltung du gsungs pa'i phyir ro/.

121 BDNK Hi.201b3.

122 ShL Cha.42a5-8: /byed pa po ni/ 'grel pa gsar ma dang dzin su tras/ gnod pa byed pas gnod pa'i nyes pa shad kyis sbyangs kyang zhes 'byung ba ltar sngar byang sems la gnod pa byas pa da lta bsam pa thag pa nas shad sbyang byed 'dod pa'o/ /tshul ni dus dang mthun pa dang chos dang mthun pas bzod gsol gyi brda sprod pa'o/ /kun slong ni/ sngar gyi gnod pa la khros pa'i bsam pa bdo ba zhe la bzung ba'i kho na 'dzin no/ /ngo bo ni/ ngag mi nyan zhing bzod pa khas mi len la bsam pas khro ba mi gtong ba'o/.

이 등으로 괴롭힌 것에 대해 사죄하고 참회하는데도 듣지 않으면 타승처로 된다"[123]라고 설명하고 있다. 보살의 세 번째 타승처의 내용은 성문계의 살생계와 같다고 할 수 있지만, 살인은 사람의 생명을 뺏는 유형의 것이고 분노는 유정을 버리는 무형인 것이다.[124] 보살이 중생을 버린다는 것은 이미 자비의 마음이 잃게 되는 것으로서 바로 중생을 죽이는 것과 같은 중죄를 범하는 것임을 알 수 있다.

　4) 사설방법似說謗法

「계품」에서는 네 번째 타승처법의 내용에 대해 다음과 같이 정의하고 있다.

　　　만약 모든 보살이 보살장을 비방하고 정법이 아닌 그 유사한 것을 좋아하고 널리 말하며 나타내 보이고 건립하고, 유사한 법에 있어서 자신이 믿고 알거나 남을 따라 변하면 이것을 네 번째 타승처법이라고 한다.[125]

---

123 BSN Yi.162b3-4: /nyan thos ni mi bsad pas pham par 'gyur la/ byang chub sems dpa' ni sems can thams cad la kun nas mnar sems kyi sems bskyed nas lag pa'am bong ba la sogs pas gnod pa bskyed nas gnod pa byed byed pas gnod pa'i nyes pa shad kyi sbyangs shing nyes pa bshags pa las kyang mi nyan na pham par 'gyur ro/.

124 呂澂(1991a) p.1012.

여기에서는 두 가지로 나눠서 이해할 수 있다.

첫째, '대승을 비방하는 것'에 그 근거와 비방하는 방법 두 가지가 있다. 그 가운데 비방하는 것의 근거는 전체적인 것으로서 두 가지 깊고 광대한 보살장을 나타내는 것이다. 비방하는 방법은 다음과 같이 비방하는 것이다.

둘째, 상사법相似法을 가르치는 것에도 두 가지가 있는데, 그 가운데 '가르치는 것'은 다른 해석에서 분명하게 나와 있지 않으며, 해운Samudra의 저작으로 알려진 것에서는 독일승獨一乘, 小乘의 가르침이거나 외도의 가르침을 말한다. 그러나 정법과 유사하다고 하더라도 대승과 유사한 것은 아니므로 모든 흑법黑法을 따르는 것이다. '가르치는 방법'은 자신이 그것을 좋아하면서 남에게 가르치고 그 견해를 다른 이들이 따르도록 하는 것이다.[126]

---

125 『瑜伽師地論』(T30) p.515c3-6: 若諸菩薩謗菩薩藏 愛樂宣說開示建立像似正法 於像似法或自信解或隨他轉 是名第四他勝處法 如是名爲菩薩四種他勝處法.

126 ShL[P] Cha.42b1-4, [K] Ka.50a4-b1: /'di la gnyis las/ theg chen spong ba la gzhi dang spong tshul gnyis so/ /de la skur pa gdab par bya ba'i gzhi ni/ byang sems kyi sde snod zab pa dang rgya che ba gnyis ka ston pa tshogs pa'i spyi'o/ /spong tshul ni 'og nas 'byung ba ltar skur pa 'debs pa'o/ /ltar snang ston pa la yang gnyis las bstan par bya rgyun ni/ gzhan rnams las gsal bar ma byung la/ sa mu dras byas zer ba las nyi tshe ba'i bstan pa 'am phyi rol pa'i bstan pa la bshad/* 'on kyang dam chos ltar snang du 'dug gi theg chen ltar snang du mi 'dug pas nag po bstan pa dang rjes su mthun pa thams cad la bya'o/ /ston pa'i tshul ni rang nyid de la dga' bzhin du gzhan la ston zhing de'i lta ba la gzhan 'dzud pa'o/.

* [P] bshad/; [K] bshad de/.

『보살지해설』에서는 다음과 같이 말한다.

　　성문은 있지 않으면서도 얻었다고 하는 법을 널리 알림으로
써 타승처로 된다. 보살은 있는 것을 보여주지 않으며 정법을
비방[127]하며 정법이 아닌 것을 가르치기 때문에 타승처로 된
다.[128]

『보살율의이십』에서는,

　　맹렬한 번뇌로부터 생겨난 것으로
　　율의를 훼멸시키는
　　그 네 가지 죄는
　　타승처와 같은 것이라고 생각하네.

　　이득과 공경을 탐하여
　　자신은 칭찬하고 남은 비난하네.
　　고통은 있고 보호자는 없게 되며

---

127 비방한다(skur ba 'debs pa)는 것은 남에게 공덕이 있는 이들을 없다고 하고 좋은
　　사람들을 악하다고 거짓말하여 비방하는 말. 『藏漢大辭典(上)』, p.127 참조.

128 BSN Yi.162b4-5: /nyan thos ni med bzhin du thob pa'i chos bsgrags pas pham
　　par 'gyur ro/ /byang chub sems dpa' ni yod pa mi ston pa dang/ dam pa'i
　　chos la skur pa 'debs pa dang/ dam pa'i chos ma yin pa ston pas pham par
　　'gyur ro/.

인색하여 법과 재물을 보시하지 않네.

남이 사죄하여도 듣지 않으며
분노로 남을 때리며,
대승을 비방하고
정법과 유사한 것을 가르치네.[129]

라고 요약하고 있는데, 이 가운데 '맹렬한 번뇌'는 상품전上品纏
을 말하며, 보살율의를 갖춘 자가 죄를 짓는 경우를 말한다.[130]

위에서 말한 네 가지 타승처들은 성문에서의 바라이와 같은
중죄인 것으로 설명된다. 이러한 점들은 다른 해석들에서도 별
해탈이 타승처와 수량, 동기가 비슷하기 때문에 인정되고 있
다.[131]

보리현은 자찬훼타自讚毁他를 율의계 가운데 현재의 이익과 공
경에 집착하지 않는 것에서 쇠퇴하는 것,[132] 간린재법慳吝財法은

---

129 BDN Hi.166b3-5: nyon mongs drag las byung ba yis/ /sdom pa zhig par gang
gyur pa/ /de yi nyes pa bzhi po ni/ /pham pa 'dra bar dgongs pa yin/ /rnyed
dang bkur sti chags pa yis/ /bdag bstod gzhan la smod pa dang/ /sdug bsngal
mgon med gyur pa la/ /ser snas chos nor mi ster dang/ /gzhan gyis bshags
kyang mi nyan par/ /khros nas gzhan la 'tshog pa dang/ /theg pa chen po
spong byed cing/ /dam chos 'drar snang ston pa'o.

130 ShL Cha42b6-7: /nyon mongs drag po ni kun dkris chen po'o.

131 ShL Cha43a4: 'grel pa gzhan rnams kyang so thar gyis pham pa dang grangs
dang kun slong 'dra ba pham pa dang 'dra ba'i don du 'dod par snang ngo/.

섭선법과 요익유정계로 보시바라밀을 이루는 것에서 쇠퇴하는 것,[133] 분뇌유정忿惱有情은 율의계와 섭선법계에 있어서 남이 범한 죄를 용서하는 것에서 쇠퇴하는 것,[134] 사설방법似說謗法은 섭선법계로 섭수되는 청정계에 대한 악견을 버리는 것 등에서 쇠퇴하는 것[135]으로 사타승처四他勝處[136]를 삼취정계와의 관련성에서 설명하고 있다.

(2) 악작법惡作法

1) 육바라밀을 장애하는 경우

① 보시에 위범되는 경우

보시와 관련해서는 '재물보시의 수승함에서 쇠퇴하는 것zang zing gi sbyin pa'i gtso bo nyams pa', '인색에 대한 대치가 쇠퇴하는

---

132 BDNK Hi.200b4: …sdom pa'i tshul khrims las da ltar ba'i rnyed pa dang bkur sti la ma chags pa las nyams pa'i phyir….

133 BDNK Hi.201a3: …dge ba'i chos sdud pa dang/ sems can gyi don bya ba'i tshul khrims dag gis sbyin pa'i pha rol tu phyin pa sgrub pa las nyams pa'i phyir….

134 BDNK Hi.201b4: …sdom pa'i tshul khrims dang/ dge ba'i chos sdud pa'i tshul khrims dag la gzhan gyis nyes pa bzod par byed pa las nyam pa'i phyir….

135 BDNK Hi.202a2: …dge ba'i chos sdud pa'i thul khrims kyis bsdus pa'i rnam par dag pa'i tshul khrims kyi lta ba ngan pa spong ba la sogs pa'i phyir….

136 이들 사타승처법은 십선계의 탐·진·치를 조금 구체적으로 설명한 것으로 된다. 勝又俊敎(1988) p.24 참조.

것ser[137] sna'i gnyen po nyams pa', '무외시無畏施에 어긋나는 것mi 'jigs pa'i sbyin pa'i rjes su mi mthun pa', '다른 사람이 보시할 여건을 만들지 않는 것gzhan gyi sbyin pa'i rkyen mi byed pa', '법 보시에 어긋나는 것chos kyi sbyin pa dang 'gal ba'인 다섯 가지 위범이 설명된다.

먼저 '재물보시의 수승함에서 쇠퇴하는 것'은 『보살율의이십』에서 '삼보三寶를 삼문三門으로 공경하지 않는 것dkon mchog gsum la gsum mi mchod'이라고 하고 있다. 귀의한 자는 날마다 삼보에 공양을 올리지 않으면 위범하는 것이 되는데, 쫑카빠는 이것을 대상, 행위, 시간으로 나눠서 설명한다.

'공양 대상'으로서 '불佛'은 여래 혹은 불탑이다. '법法'은 정법 혹은 법의 경권經卷들로서 보살의 경장經藏이나 그 본모本母이다. '승僧'은 승가이기도 하며 시방의 대지大地에 든 보살승가이다. 그 가운데 여래는 실제 붓다이고 불탑은 몸의 형상이다. 법은 증득한 법으로 멸도滅道이며, 경권經卷은 교법으로서 경과 논서, 둘을 말한다. 보살장이라고 말하는 것은 대승의 법을 필요로 한다. 승僧은 승가를 나타내는 의미이며 '대지大地, sa chen po'에 든 자를 말하는 경우라면 성 보살聖菩薩이다.[138]

---

137 ShL[P] Cha.64a7 sar; [K] Ka.77a2 ser.

138 ShL Cha.63a6-b2: ...mchod pa'i yul sangs rgyas ni/ de bzhin gshegs pa'am de'i mchod rten no/ /chos ni chos sam chos kyi glegs bam du byas pa byang sems kyi mdo sde'i sde snod dam sde snod de'i ma mo'o/ /dge 'dun ni dge

'공양 행위'는 공양 대상들에 대해 공양을 올리는 것으로서, 삼
보 어느 쪽에든 [신·구·의] 세 가지 공양을 올리는 것[139]을 말
한다. 『보살율의이십난어석』에서는 '자신에게 있는 꽃 등 모든
것들로 공양을 올리며, 몸으로 한 번이라도 예경을 올리는 것까
지'[140]라고 하였으며, 해운도 "낮이든 밤이든 선행을 하는 것과
공양을 올리는 등 다른 것을 할 수 없다면 작게는 몸으로 예경
을 올리는 것이다."[141]라고 말하였기 때문에 적다고 할지라도 반
드시 공양을 올려야 위범하지 않게 되는 것이다.

'공양 시간'은 위에서 말한 공양을 올리지 않고서 하루 낮과

'dun la yang rung ste phyogs bcu dag nas chen por chud pa'i byang sems
kyi dge 'dun no/ /de la de bzhin gshegs pa ni dngos yin la mchod rten ni
sku'i gzugs brnyan no/ /chos ni rtogs pa'i chos 'gog lam dang glegs bam du
byas pa ni lung gi chos te de yang bka' dang dgongs 'grel gnyis so/ /byang
sems kyi sde snod ces gsungs pas theg pa chen po'i chos dgos so/ /dge 'dun
ni dge 'dun zhes pas bstan pa'i don sa chen por chud par bshad pas na byang
sems 'phags pa'o/.

139 ShL Cha.63b6: ...dkon mchog gsum gang rung gcig la yang gsum ga bya dgos
so/.

140 BDNK Hi.205a3: ...ci 'byor ba'i me tog la sogs pas mchod par bya ste/ tha
na lus kyis phyag gcig tsam 'tshal ba dang/.

141 ShL Cha.63b7-8: ...sa mu d+ras kyang/ nyin kyang rung mtshan kyang rung
dge ba spyod pa dang mchod pa la sogs pa gzhan ma nus na chung ngu
na lus kyis phyag bya zhing.....; 본문에서 인용된 내용을 BSN Yi.160a6-7에서
는 "/mchod pa zhes bya ba ni ci nus kyis me tog dang spos la sogs pa'i mchod
pa dang lus kyis kyang phyag byas nas zhes bya ba'i tha tshig go/"(공양이라는
것은 최대한 꽃과 향 등의 공양물을 올리는 것과 몸으로 경배를 올리는 것을
말한다)로 말하고 있어서 내용적으로는 서로 일치한다.

밤을 지났다면 죄가 된다. "'청정의락지淸淨意樂地'에 들어간 자에
게 위범은 없다."고 하지만 이 의미는 공양을 올리지 않아도 된
다는 의미가 아니라 청정의락인 환희지歡喜地를 얻은 자는 늘 삼
보에 대한 공양을 여의지 않기 때문에 위범하는 것이 그에게 생
기지 않는다는 것을 말하는 것이다.[142]

'인색에 대한 대치가 쇠퇴하는 것'은 『보살율의이십』에서 '원
하는 대로 이루는 것'dod pa' sems kyi rjes su 'jug'을 말한다. 큰 욕
심과 만족을 모르는 것, 이득과 공경에 탐착하는 것, 이 세 가지
혹은 네 가지 가운데 어느 것이든지 따라서 이루는 것이다.[143] 『보
살율의이십난어석』에서는 율의계일 경우의 이득과 공경에 탐착
하는 것을 용인하지 않고 적은 욕락과 지족知足인 것으로부터 쇠
퇴하는 것[144]으로 설명한다.

'무외시無畏施에 어긋나는 것'에는 어른을 공경하지 않는 '특별
한 경우yul gyi khyad par dang 'brel ba'와 물음에 답하지 않는 '일반

142 ShL Cha.64a1-3: /'dir bsam pa dag pa'i sar chud pa la nyes pa med de…bsam
pa dag pa'i sa rab tu dga' ba thob pas…rtag tu dkon mchog mchod pa dang
mi 'bral bas nyes byas 'di de la mi 'byung bar ston pa'o/.

143 ShL Cha.64a8-b1: …'dod pa che ba dang cho ga mi shes pa dang rnyed bkur
la chags pa gsum mam bzhi gang rung byung ba'i rjes su 'jug pa ste….

144 BDNK Hi.205a5-6 참조: …sdom pa'i tshul khrims kyis shin du bsdams pa'i
tshul khrims las rnyed pa dang bkur sti dang du mi len cing 'dod pa chung
ba dang/ chog shes pa las nyams pa'i phyir….

적인 경우yul gyi spyi dang 'brel ba'로 나눌 수 있다.

　'특별한 경우'는 '어른들을 존경하지 않는 것rgan ba rnams la gus mi byed'을 말한다. 보살이 자신보다 율의의 측면에서 더 어른이면서 덕이 있고 공경할 만한 신해信解의 공덕을 지닌 분, 이 두 측면에서 진실하게 말하는 것 등을 위하여 자신과 교법이 같은 공경할 만한 이를 보았을 때, 일어서서 자리를 내주지 않는 경우145가 이에 해당한다.

　'일반적인 경우'는 '묻는 자에게 대답하지 않는 것dris ba la lan mi 'debs pa'을 말한다. 상대가 기분을 좋게 하기 위해서 자신에게 진실하게 말하고 문병하는 등의 얘기를 나누고 기쁘게 하고 이전과 다른 내용의 부분들을 묻는 것에 대해 이치에 맞는 방법146으로 답하지 않는 경우147에 해당한다.

　『보살율의이십난어석』에서는 아주 어른인 분들에게 예의를 차

---

145 ShL Cha.64b4-5: rgan pa rnams la gus mi byed/ /ces pa ste byang chub sems dpa' rang las sdom pa'i sgo nas ches rgan zhing yid ches par bya ba'i yon tan dang ldan la de gnyis kyi sgo nas gsong por smra ba la sogs pa'i 'su gyur pa'i phyir bkur sti bya bar 'os pa rang dang chos mthun pa mthong na langs shing stan mi stob na nyes byas so/.

146 『菩薩律儀二十難語釋』에서는 '적합하게 답하는 것'으로 설명한다. BDNK Hi.205b.3: /lan 'debs pa ni rjes su mthun pa'i lan mi 'debs pa'o/.

147 ShL Cha.64b6-7: ...pha rol pos dga' bar bya ba'i phyir rang la gsong por smra zhing nad 'dri ba la sogs pa'i tshig kun tu smra la yang dag par dga' bar byed cing snga ma las don gzhan pa'i bye brag 'dri ba la rigs pa'i tshul gyis lan mi brjod na nyes byas so/.

리지 않는 것을 율의계에서 금지하는 계행戒行들에서 쇠퇴하는 것으로 보았고, 친절하게 답하지 않는 이에 대해서는 요익유정계로 남의 마음을 보호하는 것에서 쇠퇴하는 것[148]으로 구분해서 말하고 있다. 그러나 쫑카빠는 "보리현이 이 두 가지를 모두 요익유정계에 위반되는 것으로 보고 있다."[149]고 말하고 있다.

'다른 사람이 보시할 여건을 만들지 않는 것'에는 '초대에 응하지 않는 경우mgron du bos pa khas mi len pa'와 '주는 자구資具를 받지 않는 경우yo byad bstabs pa mi len pa'가 있다.

'초대에 응하지 않는 경우'는 '받아들이지 않는 것mgron pos bdag gir mi byed'으로서, 다른 출가자의 집이나 승가의 사원, 재가자의 집으로 음식이나 의복 등 용품을 위해 손님을 초대했는데, 교만과 적의敵意, 분노로 초대한 것을 받아들이지 않고 가지 않으면 염오의 위범이다. 게으름과 해태懈怠 때문에 가지 않으면 염오 없는 위범이다.[150]

---

148 BDNK Hi.205a7-b4 참조: /ches rgan pa la gus par mi byed pa ni sdom pa'i tshul khrims kyis shin du bsdams pa'i tshul khrims las spyod pa dag las nyams pa'i phyir…kun du smra bar mi byed pa dang/ slar yang dag par dga' bar mi byed pa la yang blta bar bya ste/ sems can gyi don bya ba'i tshul khrims kyis gzhan gyi sems srung ba las nyams pa'i phyir….

149 BDNK Hi.205b4: /sems can gyi don bya ba'i tshul khrims kyis gzhan gyi sems bsrung ba las nyams pa'i phyir….

150 ShL Cha.65a8-b2: mgron du bos pa khas mi len pa ni/ mgron pos bdag gir mi byed cing/ zhes pa ste gzhan dag rab byung gi gang zag gi khyim mam

'주는 자구를 받지 않는 경우'는 '금 등을 받지 않는 것gser la sogs pa len mi byed'으로, 보시자인 어떤 다른 사람이라도 금, 은, 진주, 유리琉璃 등 갖가지 보석들을 가지고 열심히 보시하는데, 적의와 분노로 받지 않고 버린다면 유정을 버리는 것이기 때문에 염오染汚이며, 게으름과 해태로 받지 않는다면 염오가 아닌 위범이다.[151]

『보살율의이십난어석』에서는 이 두 과실이 요익유정계 가운데 복덕의 업을 도우는 것에서 쇠퇴하는 것[152]이라고 설명한다.

'법 보시에 어긋나는 것'은 '법을 구하는 자에게 보시하지 않는 것chos 'dod pa la sbyin mi byed'을 말한다. 법을 구하는 이들에게 두 마음 혹은 자성이 질투인 경우로 그것들의 영향을 받아 법 보시를 하지 않으면 염오이며, 다른 마음으로는 범하면 염오가

---

dge 'dun gyi gtsug lag khang dam khyim pa'i khyim du bas skam dang gos la sogs pa'i yo byad la mgron du bos pa las nga rgyal kun nas mnar sems khong khros bos pa bdag gir mi byed cing mi 'gro na nyon mongs can gyi nyes byas so/ /snyom las dang le lo'i dbang gis mi 'gro na nyon mongs can ma yin pa'i nyes pa'o/.

151 ShL Cha.65b6-8: /yo byad bstabs pa mi len pa ni/ gser la sogs pa len mi byed/ ces pa ste sbyin bdag gzhan gang yang rung ba las gser dngul mu tig be DUr+ya la sogs pa nor gyi rnam grangs sna tshogs pa rnams 'thob cing nan gyis sbyin pa'i dus kyis bstabs pa las mnar sems dang khong khros mi len zhing spong na sems can yal bar 'dor ba'i phyir nyon mongs can dang/ snyom las dang le los mi len na nyon mongs can ma yin pa'i nyes pa'o/.

152 BDNK Hi.206a5: ...sems can gyi don bya ba'i tshul khrims kyi bsod nams kyi grogs su 'gro ba las nyams pa'i phyir⋯.

아니다.[153] 『보살율의이십난어석』에서는 섭선법과 요익유정계의 보시바라밀에서 쇠퇴하는 것[154]으로 설명한다.

② 지계에 위범되는 경우

여기에서는 '남을 위주로 하는 것에 위범gzhan gtso bor gyur ba dang 'gal ba', '자신을 위주로 하는 것에 위범rang gtso bor gyur ba dang 'gal ba', '남과 자신 모두에 관련된 것에 위범gnyis ka cha mnyam pa dang 'gal ba'인 경우로 나눠 설명한다.

'남을 위주로 하는 것에 위범'인 경우는 '남을 위주로 하는 계에 위범gzhan gtso bor gyur pa'i tshul khrims dang 'gal ba dngos'인 것과 '별해탈의 성죄性罪를 포함한 학처의 차별so thar gyi rang bzhin gyi bcas pa la slob pa'i khyad par bstan pa'로 나뉜다.

다시 '남을 위주로 하는 계에 위범'인 경우는 '특히 가여운 대상을 버리는 것lhag par brtse ba'i yul 'dor ba', '공통인 학처를 배우지 않는 것bcas pa thun mong ba la mi slob pa', '공통이 아닌 학처를 배우는 것thun mong ma yin pa la slob pa'이 있다.

----

153 ShL Cha.66a6-7: …chos kyi sbyin pa dang 'gal ba ni/ chos 'dod pa la sbyin mi byed/ ces pa ste gzhan chos 'dod pa rnams la sems gnyis sam rang bzhin gyis phrag dog can yin yang rung ste de dag gi dbang gis chos mi sbyin na nyon mongs can no/ /sems gzhan gyis ni nyon mongs can min pa'o/.

154 BDNK Hi.206b1: …dge ba sdud pa dang/ sems can gyi don bya ba dag gis sbyin pa'i pha rol tu phyin pa las nyams pa'i phyir…

먼저 '특히 가여운 대상을 버리는 것'은 '계를 범하는 자들을 버리는 것tshul khrims 'chal rnams yal bar 'dor'을 말한다. 그 대상은 바로 포악한 유정과 계를 범하는 모든 자들을 말하는데, 이들을 이 두 가지 이유 때문에 두 마음(적의와 분노)을 가지고 버리거나 무시한다면 염오이고, 다른 두 마음(게으름과 해태)으로 버리고 잊고서 무시하는 것이라면 염오가 아니게 된다.[155]

'공통인 학처를 배우지 않는 것'은 '상대의 믿음을 위해 배우지 않는 것pha rol dad phyir slob mi byed'을 말한다. 세존이 정한 학처인 차죄遮罪도 성죄性罪와 마찬가지로 지켜야 하며, 이것들에 대해 배우지 않으면 성문과 마찬가지로 별해탈에 어긋날 뿐만 아니라 보살율의에도 어긋나는 위범이 있게 된다.[156] 『보살율의이십난어석』에서는 "계를 지닌 자의 경우 믿음이 없고 공경하지 않으면서 배우지 않는 것은 염오인 위범으로 된다. 해태 등과 같은 것에 의한 것은 염오가 아니다."[157]라고 말한다. 이 악작에 대

---

155 ShL Cha.66b8-67a1 참조: sems can ma rungs pa dang tshul khrims 'chal pa rnams de gnyis yin pa rgyu mtshan du byas nas sems gnyis kyis yal bar 'dor ram khyad du gsod na nyon mongs can no/ /sems gzhan gnyis kyis yal bar bor ba dang brjed pas khyad du gsod na nyon mongs can min pa'o.

156 ShL Cha.67a8: /de dag la nyan thos ltar bslab dgos pa las ma bslabs na so thar dang 'gal ba'i nyes pa 'byung bar ma zad byang sems kyi sdom pa dang 'gal ba'i nyes byas shig kyang 'byung ngo/.

157 BDNK Hi.207a2: ...bslab pa'i gzhi bcas pa de rnams la/ ma dad pa dang ma gus pas mi slob pa ni nyon mongs pa can gyis nyis par 'gyur ro/ /le lo la

해 『보살율의이십난어석』에서는 출가보살에게 말하는 것처럼 파악되는데,[158] 쫑카빠는 재가보살에게도 별해탈과 공통인 차죄인 것이 많이 보인다[159]고 보충하고 있다.

'공통이 아닌 학처를 배우는 것'은 '유정의 이익을 위해 하는 것이 적은 것sems can don la bya ba chung'을 말한다. 보살은 성문과 달리 이타를 위해 백천百千의 의복이라도 친척이 아닌 바라문과 재가자로부터 구할 수 있다. 왜냐하면 보살의 경우는 성문과 달리 [이타가] 적은 일과 적은 행위, 작은 마음가짐에 머무는 것과 관련한 차죄들에 대해서 배우지 않기 때문이다.[160]

세존이 차죄를 정한 이유에는 두 가지가 있다. 첫째는 다른 사람의 마음을 위하여 정한 것이다. 『보살율의이십난어석』에서 "보살은 다른 사람을 위하여 특히 더 배워야하며, 출가자인 경우는 자신의 학처들을 확실히 지켜야만 한다."[161]라고 설하고 있듯

<hr />

sogs pas ni nyon mongs pa can ma yin no/.

158 BDNK Hi.207a3ff의 관련 내용에서 출가자와 보살만을 예로 들어 언급하고 있다.

159 ShL Cha.67b3: ...byang sems khyim pa la yang so thar dang thun mong ba'i bcas rkyang mang po snang ngo/.

160 ShL Cha.68a1-8 참조: /byang sems kyis ni gzhan don du gos brgya dang stong yang nye dur mi 'od pa'i bram ze dang khyim pa las btsal bar bya...de dag la sogs pa don dang bya ba nyung zhing snying las chung ngur gnas pa las brtsams pa'i bcas pa rnams la nyan thos dang 'dra bar mi slob bo/.

161 BDNK Hi.207a3: byang chub sems das ni gzhan rnams kyi las la ches lhag par bya ba yin pa dang/ rab tu byung bar gyur bas ni rang gi bslab pa rnams nges par bsrung dgos pa'i phyir ro/.

이, 성문보다도 더욱 마음을 지켜야만 한다. 둘째는 [이타가] 적은 일 등 때문에 제정한 것은 이타를 위해서는 그것을 넘어서야만 하기 때문에 성문처럼 지킬 필요는 없게 되는 것이다.[162]

'별해탈의 성죄를 포함한 학처의 차별'은 '비심悲心을 갖추면 불선不善은 없음snying brtser bcas na mi dge med'을 말한다.

살생 등 신·구의 일곱 가지(殺生, 不與取, 欲邪行, 妄語, 離間語, 粗惡語, 綺語)는 별해탈 가운데서는 성죄이지만 보살이 능통한 방편으로 행하면 위범도 아니며 많은 복덕을 증장시키는 것이 된다.[163] 그런데 사음邪淫에 대하여 "출가보살이 성문의 가르침이 훼멸되지 않도록 따라서 보호하기 때문에 범행梵行이 아닌 모든 수행을 해서는 안 된다."라고 하여 재가보살인 경우로만 한정하고 있다.[164] 출가보살의 범행은 이타를 완성하는 가장 수승

---

162 ShL Cha.68a2-4: bcas rkyang la gnyis las gzhan gyi sems srung ba'i phyir du bcas pa la ni 'grel pa gsar ma las/ byang chub sems dpa' ni gzhan rnams kyi la ches lhag par bslab par bya ba yin pa dang/ rab tu byung bar gyur pas ni rang gi bslab pa rnams nges par bsrung dgos pa'i phyir ro/ /zhes gsungs pa ltar nyan thos las kyang lhag par srung sems dam dgos la/ don nyung ba sogs kyi phyir du bcas pa ni gzhan don du de las 'da' dgos pas nyan thos ltar mi srung ba'i phyir….

163 ShL[P] Cha.69a7-8; [K] Ka.83a1-2 참조: /so thar la rang bzhin gyi kha na ma tho ba'i bcas par bstan pa la byang sems kyis thabs la mkhas pas spyad na nyes pa yang med la bsod nams mang po 'phel ba <u>yod do/ de</u>* yang khang zhe na srog gcod sogs lus ngag gi bdun la'o/.

* [P] yang dang yang; [K] yod do/ de, [K]에 따라 정정.

164 BSN Yi.169b6: /rang bzhin gyi kha na ma tho ba dang bcas pa la ni byang

한 것이기 때문에 그것을 버리는 것에 이타가 더 많이 있는 것은 아니다.[165] 그렇다면 살생 등에 대해서는 어떻게 되는가? 『집학론』에는 "아직 지地를 얻지 못한, 육바라밀을 수행하는 자를 의미하는 것이지 다른 사람을 의미하는 것은 아니다."라고 나와 있으나, 티벳어역에서는 '지地를 얻은 자sa thob ba'로 나와 있다.[166] 쫑카빠는 이미 지地, sa를 얻었다면 육바라밀의 수행이 필요하다는 점을 나타낼 의미가 없기 때문에 전자의 경우가 옳다고 보는 견해에 동의하고 있다.[167] 여기에서 지地를 얻기 위해서는 반드시 육바라밀의 수행이 전제되어야 한다는 것을 알 수 있다. 그는 "아직 지地를 얻지 못한 자이지만 단지 육바라밀을 수습하는 자인 경우만으로는 충분하지 않고 수 겁 동안 수도하여 방편에 능통하고 대자비를 지닌 보살이어야 한다."[168]라고 강조

chub sems dpa' khyim pa rnams kho na 'jug par rig par bya ste/.

165 ShL Cha.70a3: …spyir tsangs spyod nyid gzhan don sgrub pa'i mchog yin pas de btang ba la gzhan gyi don lhag po med….

166 범어 원전에서는 'alabdhabhūmeśca ṣadpāramitāsu caritavata iyaṃ cintā netarasyeti….' (SS 94.11)로 되어 있어서 '지(地)를 얻지 않은' 경우로 말하고 있으며 한역에서도 '然非得地六度妙行'(『大乘集菩薩學論』(T32) p.108b19-20)으로 번역하고 있다. 그러나 티벳어역은 'sa thob ba'(SKT Khi.94b1)로 되어 있다. 『보살정도』에서는 SS에 대한 구역(舊譯)의 경우는 'sa ma thob ba'로, 신역(新譯)은 'sa thob ba'로 되어 있다고 밝히는 점에서 SKT는 신역임을 알 수 있다. ShL Cha.70a6-7 참조.

167 ShL Cha.70a6-7 참조: …kha cig sa thob pa yin na phyin drug la spyod pa dgos par ston pa'i tshig don med pas 'gyur rnying pa ltar legs par 'dod pa 'thad dam snyam mo/.

168 ShL Cha.70a7-8: …sa ma thob pa'i phyin drug la spyod pa tsam gyis mi chog

하고 있다. 이러한 점은 성죄性罪의 허용이 진정한 이타를 위한 경우에만 허용되는 것이기 때문에 여법하게 율의를 수지할 수 있는 자만이 진정한 보리심을 행할 수 있다고 보고 있기 때문이다.

'자신을 위주로 하는 것에 위범'에는 '[청정한] 생활이 쇠락하는 것'tsho ba nyams pa', '의궤가 쇠락하는 것cho ga nyams pa', '삼유三有에 애착하는 것srid ba'i ro la brkam pa'이 있다.

먼저 '[청정한] 생활이 쇠락하는 것'은 '삿된 생활을 받아들이는 것'tsho ba log pa dang du len'을 말한다. 이것은 궤사詭詐 등의 다섯 가지 삿된 생활[邪命][169]을 말하는데, 『보행왕정론寶行王正論』에서는 이 다섯 가지에 대해 다음과 같이 말한다.

> 궤사詭詐는 이익과 공경을 위하여 모든 감관根을 막는 것이다.
>
> 허담虛談은 이익과 공경을 위하여 달콤한 말을 앞에 하는 것이다.
>
> 현상現相은 획득하기 위하여 남의 물건을 칭찬하는 것이다.

---

gi bskal pa du mar lam la goms pa thabs la mkhas pa dang snying rje chen po dang ldan pa'i byang sems dgos so/.

169 비구의 다섯 가지 삿된 생활(dge slong gi log 'tsho lnga'i nang gses shig)을 말한다. 다른 논서에서 오사명(五邪命) 내용은 『大智度論』(T25) p.203a18-22 참조: 一者若行者爲利養故詐現異相奇特 二者爲利養故自說功德 三者爲利養故占相吉凶爲人說 四者爲利養故高聲現威令人畏敬 五者爲利養故稱說所得供養以動人心.

방편연구方便硏究는 얻기 위하여 분명하게 다른 사람을 비난하는 것이다.

이리구리以利求利는 먼저 획득한 것에 대해 칭찬하는 것이다.[170]

삿된 생활은 바로 이 가운데 어떤 것이든지 생기한 것을 받아들여서 그것을 부끄러워하거나 꺼려하지 않으며, 대치로써 없애려 하지 않는 것이다.[171]

'의궤가 쇠락하는 것'은 '들떠서 크게 웃는 것 등'phyr nas rab tu rgod la sogs'을 말한다. 탐욕의 부분에 포함되는 적정하지 못한 마음으로서 크게 웃는 것이다. 그것에 사로잡혀 좋아하고 말이 우는 것과 같이 놀고 시끄럽게 떠들고 산만하며 다른 사람도 들떠웃게 만들고자 하면 염오의 위범이다. 그러나 잊고서 그것들을 하면 염오가 아니다.[172]

---

170 GTR Ñe.148a7-8: /tshul 'chos rnyed dang bkur sti'i phyir/ /dbang po sdom par byed pa ste/ /kha gsag rnyid dang bkur sti'i phyir/ /tshig 'jam sngar ni smra ba'o/ /gzhogs slongs de ni thob bya'i phyir/ /gzhan gyis rdzas la bsngags byed pa/ /thob kyis 'jal brnyad pa'i phyir/ /mngon sum gzhan la smod byed pa/ /myed pas rnyed pa rnams 'dod pa/ /sngar thob pa la bsngags byed pa'o/; 한역에서 해당내용은『寶行王正論』(T32) p.503a4-13: 爲求利養讚 故守攝六根 能隱貪欲意 此惑名貢高 爲得利供養 於他起愛語 此惑緣世法 說此名謝言 爲欲得彼物 若讚美此財 說名爲現相 能示自心故 爲欲得所求 現前非撥他 說名爲訶責 能伏彼令順 由施欲求利 或讚彼先德 說名利求利 此五邪命攝.

171 ShL Cha.72b8-73a1: gang rung byung ba rnams dang du len zhing de dag gis ngo tsha zhing 'dzem par mi byed….

'삼유三有에 애착하는 것'은 '윤회할 것만을 생각하는 것'khor ba gcig bu bgrod par sems'이다. 『대승장엄경론』에서 다음과 같이,

머리에 유정이란 큰 짐을 진
수승한 보살이 천천히 가는 것은 아름답지 않네.
나와 남, 여럿을 결박하여 잘 묶고
백배의 노력을 해야 한다네.[173]

라고 말하고 있듯이, 보살은 자신이 번뇌로부터 해탈하고 또 다른 사람들을 해탈할 수 있도록 해야 하기 때문에[174] 더욱 노력을 기울여야 하는 것이다.

'남과 자신 모두와 관련된 것에 위범'인 경우는 '자신에 대한 명예를 지키기 않는 것rang gi bsngags pa mi srung ba', '이타를 위한

---

172 ShL Cha.73a5-7: 'dod chags kyi char gtogs pa'i sems rnam par ma zhi ba ni rgod pa ste zhes yongs su zin pas ma zhi zhing de la dga' ba dang rta ba gang du rgod pa dang rtse zhing ca co 'don la g.yeng ba dang/ gzhan la yang rgod du gzhus par 'dod na nyon mongs can gyi nyes pa'o / /brjed pas de dag byed na nyon mongs can min pa'o/.

173 DGS Phi.142b7-143a1: mgo la sems can khur chen khyer ba yi/ /sems can mchog ni dal gyis 'gro mi mdzes/ /bdag gzhan sna tshogs 'ching bas rab bcings pa/ /brtson pa brgya 'gyur du ni bya ba'i rigs/; 한역에서 해당내용은 『大乘莊嚴經論』(T31) p.597b11-12: 荷負衆生擔 懈怠醜非勝 爲解自他縛 精進應百倍.

174 ShL Cha.73b7-8 참조: ...sems kun nas nyon mongs pa med pa la goms par bya ba sgrub dgos te/ rang nyon mongs de dag las ma grol bas gzhan de dag las sgrol bar mi nus pa'i phyir ro/.

맹렬한 가행을 두려워하는 것gzhan don gyi sbyor ba rtsub mos sgrag
pa'이 있다.

'자신에 대한 명예를 지키지 않는 것'은 '악명惡名을 버리지 않
는 것grags pa ma yin mi spong ba'을 말한다. 자신의 말이 엄숙하지
않거나 존귀하지 않게 되는 악취와 험담과 악언惡言이 있게 되는
근거가 자신에게 있어서 사실인데도 진실을 지키지 않고 없애지
않는다면 염오이며, 근거 없고 사실이지 않음에도 진실을 지키
지 않고 없애지 않는다면 염오가 아닌 위범이다.[175]

'이타를 위한 맹렬한 가행을 두려워하는 것'은 '번뇌가 있어도
고치지 않는 것nyon mongs bcas kyang 'chos mi byed'을 말한다. 『보살
율의이십난어석』에서는 이 가운데 "'...있어도'라는 말의 의미는
부드러운 가행에 의한 것도 말하는 것"이라고 하고, "맹렬한 것
만이 아니라 부드러운 방법에 의해서도 고치지 않는다면"[176]이라
고 설명하고 있다. 쫑카빠는 이 내용에 대해 "번뇌가 있거나 큰
과실이 있는 상대를 고칠 수 있음에도 고치지 않는다면"[177] 염오

---

175 ShL Cha.74a7-b1: ...rang gi tshig mi gtsan pa 'am mi btsun par gyur pa'i dri
ngas dang mi snyan pa dang gtam ngan 'byung ba'i gzhi rang la yod pa'i bden
pa'i dngos po mi bsrung zhing mi sel na nyon mongs can dang gzhi med
pa mi bden pa'i dngos po mi bsrung zhing mi sel na nyon mongs can min
pa'i nyes pa'o/.

176 BDNK Hi.210b3-5: ...'jam pa'i sbyor bas kyang zhes bya ba ni kyang gi sgra'i
don to/...'jam pa dang drag pa'i thabs dag gis ston par mi byed cing….

인 것이라고 보충하여 설명하고 있다.

『보살율의이십난어석』에서는 순서대로 이 두 악작을 '섭선법계를 기억하고 잘 알면서 행동하는 것에서 쇠퇴하는 것, 그리고 자신의 잘못을 잘 알면서 분명히 살피고 그렇게 분명히 살핀 뒤에도 버리는 것에서 쇠퇴하는 것'[178]으로 말한다.

③ 인욕忍辱에 위범되는 경우

여기에서는 '인욕의 원인에 머물지 않는 것bzod pa'i rgyu la mi gnas pa', '진심瞋心의 상속을 막지 않는 것khro ba'i rgyun mi 'gog pa', '대치對治에 머물지 않는 것gnyen po la mi gnas pa'이 설명된다.

'인욕의 원인에 머물지 않는 것'은 '욕에 대해 욕으로 답하는 것 등gshe la lan du gshe la sogs'을 말한다. 상대가 욕하고 미워하고 때리고 놀리는 것에 대해 그러한 행위로 대응하지 않는 것으로서 사문의 사법四法을 말한다.[179]

'진심瞋心의 상속을 막지 않는 것'에는 '스스로 막지 않는 것rang

---

177 ShL Cha.74b8-75a1: /des na pha rol nyon mongs pa'am nyes pa chen po dang bcas pa 'chos nus kyang mi 'chos na⋯.

178 BDNK Hi.210a7: …dge ba'i chos sdud pa'i tshul khrims kyi dran pa dang shes bzhin du spyod pa las nyams pa dang/ bdag gi 'khrul pa rnams yongs su shes shing nges par mthong ba dang/ nges par mthong nas kyang spong ba las nyams pa'i phyir⋯.

179 『瑜伽師地論』(T30) 518b18-19.

gis mi 'gog pa'과 '다른 사람의 진에심을 막지 않는 것gzhan gyi mi 'gog pa'이 있다.

'스스로 막지 않는 것'은 '분노한 자들을 버리는 것khros pa rnams yal bar 'dor'으로서, 내가 남을 침해하거나 남이 그렇게 의심하는 것에 대해 사과하지 않는 경우를 말한다. '다른 사람의 진에심을 막지 않는 것'은 '상대가 사과하여 참회하는 것을 거부하는 것pha rol shad kyis 'chags pa spong'으로서 상대가 사과하는데도 악의를 갖고 사과를 받아들이지 않는 경우를 말한다.[180]

'대치對治에 머물지 않는 것'은 '분노하는 마음을 따라 이루는 것khros pa'i sems kyi rjes su 'jug'으로서 분노에 대한 대치가 이뤄지지 못하는 것에 대한 위범을 말한다. 보리현은 보살이 남에 대해 생겨난 분노의 의요를 받아들이고 집지하고 실행한다면 염오인 위범으로 되고, 그것을 버리고자 하여도 굴복되어 나타나는 경우에는 위범이 없는 것[181]으로 본다.

---

180 ShL Cha.75a6-b4 참조.

181 BDNK Hi.211b2-3: /byang chub sems dpa' gzhan dag la khro ba'i bsam pa byung ba dang du len par byed/ 'dzin par byed rjes su 'jug par byed na nyon mongs pa can gyi nyes par 'gyur ro/ /de spang bar 'dod kyang zil gyis non pas mngon du rgyu ba la ni nyes pa med do/.

④ 정진精進에 위범되는 경우

여기에는 '가행加行이 열등한 것sbyor ba dman pa', '가행이 없는 것 sbyor ba med pa', '악한 행위에 탐착하는 것bya ba ngan pa la chags pa'이 있다.

'가행이 열등한 것'은 '공양 받기 위해 주위 사람들을 모으는 것 bsnyen bkur 'dod phyir 'khor rnams sdud', '가행이 없는 것'은 '해태 등 을 없애지 않는 것le lo la sogs sel mi byed', '악한 행위에 탐착하는 것'은 '탐착으로 쓸데없는 말에 의지하는 것chags pas bre mo'i gtam la sten'을 말한다.

『보살율의이십난어석』에서는 이 세 가지 악작을 요익유정계에 서 여법하게 무리를 모으는 것과 섭선법계에서 정진바라밀, 율 의계 가운데 번잡한 곳에서 쓸데없는 말을 용납하지 않는 것에 서 쇠퇴하는 것[182]으로 설명하고 있다.

⑤ 정려靜慮에 위범되는 경우

여기에는 '예비단계의 과실sbyor ba'i nyes pa', '정식단계의 과실

---

182 BDNK Hi.211b3-212a2 참조: tshogs sdud par byed pa ni sems can gyi don bya ba'i tshul khrims kyi chos bzhin du tshogs yongs su sdud pa las nyams pa'i phyir…dge ba'i chos sdud pa'i tshul khrims kyi pha rol tu phyin pa las nyams pa'i phyir…sdom pa'i tshul khrims kyis 'du 'dzi'i nang na gnas kyang gtam ngan pa dang du mi len pa las nyams pa'i phyir nyes byas kyi gnas lta bu'i chos so/.

dngos gzhi'i nyes pa', '마무리단계의 과실rjes kyi nyes pa'이 있다.

'예비단계의 과실'은 '사마타를 추구하지 않는 것ting nge 'dzin gyi don mi tshol'이다.

'정식단계의 과실'은 '정려의 장애를 버리지 않는 것bsam gtan sgrib pa spong mi byed'이다. 論논에서는 정려를 막는 장애로 '탐욕貪欲, 진에瞋恚, 혼침수면惛沈睡眠, 도거악작掉擧惡作, 의疑',[183] 다섯 가지 장애[五蓋]를 말한다.

'마무리 단계의 과실'은 '정려의 맛에 대해 공덕을 찾는 것bsam gtan ro la yon tan lta'이다. 『보살율의이십』과 『보살율의이십난어석』에서는 보살이 정려의 맛을 보고서 정려의 맛을 공덕으로 보는 경우를 위범으로 보고 있다.[184] 쫑카빠는 "사마타가 생기했다고

---

183 『瑜伽師地論』(T30), p.329b11-12; p.519a10-12.

184 BDN Hi.180a1: byang chub sems dpa' bsam gtan gyi ro myong bar byed cing/ bsam gtan gyi ro myang ba la yang yon tan du lta na nyes pa dang bcas shing 'gal ba dang bcas par 'gyur te/; BDNK Hi.212b2-3: /byang chub sems dpa' bsam gtan gyi bde ba'i ro myong bar byed cing/ de la yon tan du lta bar byed na nyon mongs pa can gyi nyes par 'gyur ro/; 다른 「계품」 주석서인 TshLG Hi.213b5-6과 BSN Yi.171a7에서도 "/ting nge 'dzin thob na yang bsam gtan tsam gyis chog par 'dzin pa nyes par 'gyur ba ni yon tan du lta zhes bya bas ston to/(사마타를 얻었다고 해도 정려만으로 만족하는 것이 위범으로 된다는 것은 공덕으로 봤기 때문에 나타낸 것이다.)"라고 말한다. 그런데 쫑카빠는 정확한 근거를 밝히고 있지는 않지만 "주석서들에서 사마타를 얻은 것에 만족함을 아는 위범이라고 말하는 것은 맞지 않다.(ShL Cha.78a5: 'grel pa dag nas ting nge 'dzin gyi chog shes byas pa'i nyes par 'chad de 'grig par mi snang ngo/)"라고 하였는데 ShL에서 자주 인용되고 있는 주석서들에서는 '공덕으로 보는 경우'까지를 포함하여 위범으로 된다고 보고 있다.

하더라도 그 상속에 머무는 것과 더 올라가는 것에 네 가지 번뇌, 즉 맛을 경험하는 것, 증상增上의 교만, 증상의 무명無明, 증상의 견해가 있다."[185]라고 보충하여 설명하고 있다.

이 세 가지 악작에 대해서는 『보살율의이십난어석』에서 순서대로 율의계 가운데 사마타를 이루는 것에서 쇠퇴하는 것, 악한 심사尋伺를 사유하지 않고 섭선법 가운데 등지等至, snyoms 'jug에서의 번뇌를 받아들이지 않는 것에서 쇠퇴하는 것, 섭선법 가운데 등지의 맛을 경험하는 것을 받아들이지 않는 것에서 쇠퇴하는 것[186]으로 구분한다.

⑥ 반야에 위범되는 경우
여기에는 '열등한 대상과의 관계yul dman pa dang 'brel ba'와 '수

---

185 ShL[P] Cha.78a5-6, [K] Ka.93b5-6: /ting nge 'dzin ni skyes kyang de'i rgyun gnas pa dang khyad par du 'gro ba la bar* chad ni nyon mongs can bzhi ste ro myang can dang nga rgyal shas che ba dang ma rig pa shas che ba dang lta ba shas che ba ste bzhi'o/.
   * [P] bar 없음; [K]에 따름.

186 BDNK Hi.212a3-b2 참조: /ting nge 'dzin gyi don mi tshol ba ni sdom pa'i tshul khrims kyi ting nge 'dzin mngon par bsgrub pa la brtson pa las nyams pa'i phyir.../ting nge 'dzin la sbyor ba'i sgrib pa dang du len pa ni sdom pa'i tshul khrims kyi rtog pa ngan pa dang du mi len pa las nyams pa dang/ dge ba chos sdud pa'i tshul khrims kyi snyoms par 'jug pa'i nyon mongs pa dang du len par mi byed pa las nyams pa'i phyir.../bsam gtan gyi bde ba nyams su myong bar byed cing de la yon tan du lta ba ni dge ba chos sdud pa'i tshul khrims kyi snyoms par 'jug pa'i ro myang ba dang du mi len pa las nyams pa'i phyir nyes byas kyi gnas lta bu'i chos so/.

승한 대상과의 관계mchog dang 'brel ba'가 있다.

먼저 '열등한 대상과의 관계'에는 '소승을 여의는 것theg dman spong ba', '줄곧 그것에 대해 노력하는 위범mtha' gcig tu de la brtson pa'i nyes pa', '외도의 논서에만 줄곧 노력하는 것mu stegs kyi gzhung la mtha' gcig tu brtson par byed pa', '좋아하면서 외도의 논서를 배우는 위범dga' bzhin du mu stegs kyi gzhung la brtson pa'i nyes pa'이 있다.

'소승을 여의는 것'은 '성문승을 여의도록 하는 것nyan thos theg pa spong bar byed'을 말한다. 「계품」에서 성문의 가르침도 강조하고 있듯이,[187] 쫑카빠도 "[이 계를] 정한 이유는 법에 대한 이해가 적은 대승인 자들에게는 별해탈을 포함한 학처가 필요 없다고 말하는, 법이 결핍되는 업의 장애를 짓는 큰 함정을 막는 수승한 가르침이다."[188]라고 설명하고 있다.

'줄곧 그것에 대해 노력하는 위범'은 '자신의 방법대로 노력하는 것rang tshul yod bzhin de la brtson'으로, 성문승의 가르침에만 노력하는 위범을 말한다.

'외도의 논서에만 줄곧 노력하는 것'은 '자신의 논서에 대해서

---

187 『瑜伽師地論』(T30) p.519a20-21: 菩薩尙於外道書論精勤硏究 況於佛語(보살은 외도의 논서에 있는 의론도 열심히 연구해야 하는데 하물며 부처님의 말씀에 있어서랴.)

188 ShL Cha.78b3-4: /bcas pa 'di ni chos rgyus chung ba rnams thag chen pa la so thar gyi bcas pa la slob pa sogs mi dgos so zhes chos kyis phongs par 'gyur ba'i las kyi sgrib pa sog pa'i g.yang sa chen po 'gegs pa'i gdams pa mchog go.

는] 노력하지 않고 외도의 논서에 대해서는 노력하는 것brtson min phyi rol bstan bcos brtson'을 말한다.

'좋아하면서 외도의 논서를 배우는 위범'은 '[외도의 논서를 배우는데] 노력하면서 좋아하는 것brtson par byas kyang de la dga''을 말한다.

이 네 가지 악작 가운데, 첫째는 섭선법 내용 가운데 삿된 견해를 끊는 것에서 쇠퇴하는 것, 그리고 둘째와 셋째는 섭선법인 것으로서 문聞·사思 가행加行에서 쇠퇴하는 것[189]으로 『보살율의 이십난어석』에서는 해석하고 있다. 그리고 네 번째에 대해서는 명확하지 않다.

'수승한 대상과의 관계'에는 '지혜의 대상을 여의는 것shes rab kyi yul spong ba', '과果를 잘못 이루는 것'bras bu la log par sgrub pa', '지혜의 원인으로부터 쇠퇴하는 것shes rab kyi rgyu las nyams pa'이 있다.

먼저 '지혜의 대상을 여의는 것'은 '대승을 여의도록 하는 것 theg pa chen po spong bar byed'을 말한다. 비록 신해信解하지 않는

---

189 BDNK Hi.212b3-7 참조: nyon thos kyi theg pa lhag par spong bar byed pa ni dge ba'i chos sdud pa'i thsul khrims kyis bsdus pa'i rnam par dag pa'i tshul khrims kyi log par lta ba rnam par spang pa las nyams pa'i phyir.../byang chub sems dpa'i sde snod la mi slob par nyan thos kyi theg pa la brtson pa ni dge ba chos sdud pa'i tshul khrims kyis thos pa dang bsam pa la mngon par sbyor ba las nyams pa'i phyir nyes bas kyi gnas lta bu'i chos so/.

다고 하더라도 이것 자체로 위범이 되지는 않는다. 이와 관련해서는 『대승장엄경론』에서,

> 잘못된 마음의 자성이 악해서
> 올바르지 않은데, 몸마저 올바르지 않다면,
> 의심이 가는 법에 대해 말할 필요도 없네.
> 그러므로 평등함은 훌륭한 것이니 위범이 없네.[190]

라고 하였고 『보만론寶鬘論』에서도,

> 여래의 모든 밀의密意는
> 쉽게 알 수 있는 것이 아니기에,
> 일승 · 삼승을 말씀하셨다.
> 평등함으로 자신을 지켜야 하네.
> 평등에 의해서는 죄가 되지 않으며,
> 분노에 의해서는 죄가 될 뿐, 선善으로 되지 않는다.[191]

---

190 DGS Phi.134a4-5: /yid kyi nyes pa rang bzhin gdug pa ste/ /mi rigs pa yi gzugs la'ang mi rigs na/ /the tshom za ba'i chos la smos ci dgos/ /de phyir btang snyoms bzhag legs nyes pa med/; 한역에서 해당내용은 『大乘莊嚴經論』 p.592c27-28: 惡意自性惡　不善不應起　況移於善處　應捨大過故.

191 GTR Ñe.147a5-6: /de bzhin gshegs dgongs gsungs pa rnams/ /shes par sla min de yi phyir/ /theg gcig theg pa gsum gsungs pas/ /btang snyoms kyis ni bdag bsrung bya/ /btang snyoms kyis ni sdig mi 'gyur/ /sdang bas sdig 'gyur dge mi 'gyur/; 한역에서 해당내용은 『寶行王正論』 p.502b06-8: 佛不了義說

라고 말하고 있다. 따라서 대승을 신해하지 않는 것은 위범이 아니지만 비방하는 경우는 위범이 되는 것이다.

'과果를 잘못 이루는 것'은 '자신을 찬탄하고 남을 비난하는 것 bdag la bstod cing gzhan la smod'을 말한다. 위범을 하는 경우와 관련해서, 『보살계품광주菩薩戒品廣註』에서는 '자신을 애호愛好하는 마음'[192]인 경우로 말하고, 『율의이십주律儀二十註』에서는 '보살이 염애染愛와 분노의 마음'으로 행하는 경우,[193] 『보살율의이십난어석』에서는 '보살이 스스로 진리라고 생각하는 교만에 들뜬 마음으로 자신에 탐착하고 남에 대해서는 분노로 모욕을 주고 질책하며 자신을 찬탄하고 남은 비난하는 경우'[194]로 말한다. 이에 대해 쫑카빠는 '염애zang zing dang bcas pa'i sems'란 『보살율의이십난어석』에서 말하는 '교만에 들뜬 마음rlom sems'을 의미하며, '교만nga rgyal'을 의미한다고 설명한다. 그리고 『보살계품광주』의 '자신을 애호하는 마음'으로 설명되는 것과 의미는 비슷하다[195]고 설명하

非下人易解 一三乘說中 護自體莫傷 若捨無非福 若憎惡無善.

192 TshLG Ḥi.214b1-2: …bdag la gces par 'dzin pa'i sems….

193 DNG Ḥi.181a1: /byang chub sems dpa' zang zing dang bcas pa'i sems dang khong khro ba'i sems kyis….

194 BDNK Ḥi.213b4-5: /byang chub sems dpa' rang bzhin gyis dam pa yin pa'i rmom sems kyis bdag la chags pa dang/ gzhan la khong khro bas brnyas pa dang bcas pa dang/ gshes ba dang bcas pas bdag la stod par byed cing gzhan la smod par byed na….

195 ShL Cha.80a7: …zang zing dang bcas pa'i sems ni 'gral pa gsar ma…rlom

고 있다. 『보살율의이십난어석』에서는 '자신을 찬탄하고 남을 비난하는 것'에 대해 섭선법계의 율의를 범하는 원인인 번뇌와 수번뇌를 용납하지 않는 것에서 쇠퇴하기 때문[196]이라고 설명한다.

'지혜의 원인으로부터 쇠퇴하는 것'에는 '청문聽聞에 참여하지 않는 것thos pa la mi 'jug pa'과 '청문의 대상에 대해 잘못 행하는 것thos pa'i yul la log par sgrub pa'이 있다.

먼저 '청문에 참여하지 않는 것'은 '법을 위해 [들으러] 가지 않는 것chos kyi don du 'gro mi byed'을 말한다. 이것은 법이 설해지는 경우와 법에 대한 담론을 결택할 때 가지 않는 경우를 말한다.[197]

'청문의 대상에 대해 잘못 행하는 것'은 '그를 비난하고 글자에 의지하는 것de la smod dang yi ge rten'[198]을 말한다. 이 위범은 말뿐만 아니라 마음속에서 스승을 비난하는 것과 글자 자체에만 의지할 뿐 그 의미는 중시하지 않는 경우[199]를 말한다.

---

sems sam snyems pa'i sems la 'chad de nga rgyal lo/ /dzi na su tras bdag la gces par 'dzin pa'i sems la bshad de don 'dra'o/.

196 BDNK Hi.213b4: …dge ba'i chos sdud pa'i tshul khrims 'chal ba'i rgyu'i nyon mongs pa dang nye ba'i nyon mongs pa dang du mi len pa las nyams pa'i phyir….

197 ShL Cha.80b2 참조: gzhan la chos sgrogs shing 'chad pa dang chos kyi 'bel ba'i gtam gtan la 'bebs na….

198 ShL[P] Cha.80b7, [K] Ka.97a1에는 'de la smod dang mi dge rten'으로 되어 있으나, BDN Hi.167a3에는 'de la smod dang yi ge rten'로 되어 있다. 내용상 글자에만 의지하는 경우를 위범으로 보고 설명하고 있기 때문에 후자를 따르는 것이 옳다.

『보살율의이십난어석』에서는 위의 세 위범을 순서대로, 악한 견해를 끊음과 들은 것에 대한 가행, 섭선법 가운데 스승을 모시는 것에서 쇠퇴하는 것[200]으로 설명한다.

2) 사섭법을 장애하는 경우

① 일반적인 대상

일반적인 대상의 경우는 '이로움을 주지 않는 것don ma sgrub pa'과 '해를 끼치는 것을 없애지 않는 것gnod pa mi sel ba'이 있다.

'이로움을 주지 않는 것'은 '필요한 친구가 되지 않는 것dgos pa'i grogs su 'gro mi byed'으로 '도움을 주지 않는 것'을 의미한다. 가까이 있는데도 도움을 주지 않는 것은 '중생을 이롭게 하는 일에 도움을 주는 것에서 쇠퇴하는 것'[201]이다.

---

199 ShL Cha.80b7-8 참조: chos smra ba'i gang zag la bsams bzhin du khyad du gsod pa ste snying nas dge ba'i bshes gnyen dang ston pa'i 'du shes mi skyed pa dang lus kyis bkur sti mi byed la sma 'bebs pas 'phya zhing tshig rtsub po smra pas bsting bar byed pa dang tshig 'bru legs pa la ched cher byed pas de la rten gyi don la ched cher mi byed pas de la mi rton na nyon mongs can gyi nyes pa ste/.

200 BDNK Hi.213a7-214a4: lta ba ngan pa spong ba las nyams pa'i phyir...dge ba chos sdud pa'i tshul khrims kyi thos pa la mngon par sbyor ba las nyams pa'i phyir...dge ba chos sdud pa'i tshul khrims kyis bla ma la rim gro byed pa las nyams pa'i phyir...dge ba chos sdud pa'i tshul khrims kyis bla ma la rim gro byed pa las nyams pa'i phyir nyes byas kyi gnas lta bu'i chos so/

201 BDNK Hi.214a6-7: ...nye bar gnas pa la gzhan gyi grogs mi byed pa ni sems can gyi don bya ba rnams kyi grogs byed pa las nyams pa'i phyir….

「계품」에서는 돕지 않을 때 위범이 되는 여덟 가지 일을 제시하고 있는데, '할 수 있는 일로서 해야만 하는 일, 도로 위에서 오고 가는 일, 올바른 말과 일에 있어서 가행하는 일, 소유한 재산을 지키는 일, 소송을 화합하는 일, 연회나 복덕을 짓는 일'[202]이다. 이 가운데 '올바른 말[正說]'[203]을 초룽빠Gro lung pa는 '각 지방의 말을 알지 못하는 자에게 그것을 가르치는 일'로 설명한다[204]고 쫑카빠는 소개하고 있다.

'해를 끼치는 것을 없애지 않는 것'에는 '괴로움을 없애지 않는 것sdug bsngal mi sel ba', '그 [괴로움의] 원인을 없애지 않는 것de'i rgyu mi sel ba'이 있다.

먼저 '괴로움을 없애지 않는 것'에는 '개별적인 괴로움을 없애지 않는 것sdug bsngal gyi bye brag mi sel ba'으로서 '병자를 돌보지 않는 것nad pa'i rim gro bya ba spong'과 '일반적인 괴로움을 없애지 않는sdug bsngal spyi sel ba', '괴로움을 없애려고 하지 않는 것sdug bsngal sel bar mi byed pa'이 있다.

'괴로움의 원인을 없애지 않는 것'은 '방일放逸의 모든 종류를

---

202 『瑜伽師地論』(T30) p.519c13-16: 謂於能辨所應作事 或於道路若往若來 或於正說 事業加行 或於掌護所有財寶 或於和好乖離諍訟 或於吉會 或於福業.

203 범어는 'samyag-vyavahāra'(BBh[H] #263)이며 티벳어譯은 'yang tag pa'i tha snyad'(BSS Wi.94b5)로 되어 있다.

204 ShL Cha.81a6-7: ...yang dag pa'i tha snyad ni yul so so'i skad kyi tha snyad mi shes pa la de slob par gro lung pas bshad do/.

가르치지 않는 것bag med rnams la rigs mi ston'을 말한다. 이것은 금생과 다음의 이익을 위하여 도리에 맞지 않게 행하는 유정을 보면, [적의와 분노의] 두 마음을 가지고 잘못이 없는 올바른 도리와 적합한 방법으로 가르치지 않는다면 염오이고, 다른 두 마음[인 게으름과 해태]으로 한다면 염오가 아닌 것으로 된다.[205]

② 개별적인 대상

개별적인 대상의 경우는 '이로움을 주지 않는 것phan mi 'dogs pa'과 '제압하지 않는 것tshar mi gcod pa'o'이 있다.

'이로움을 주지 않는 것'에는 '은혜 있는 자에게 삿되게 하는 것phan btags pa la log par sgrub pa', '마음이 괴로운 자에게 삿되게 하는 것yid mi bde ba la log par sgrub pa', '가난한 자에게 삿되게 하는 것bkren pa la log par sgrub pa', '자신의 권속들에게 삿되게 하는 것rang gi 'khor la log par sgrub pa', '따라야할 일에 대해 삿되게 하는 것mthun par bya ba la log par sgrub pa', '공덕있는 자에게 삿되게 하는 것yon tan can la log par sgrub pa'이 있다.

먼저 '은혜 있는 자에게 삿되게 하는 것'은 '은혜를 은혜로 갚

---

205 ShL Cha.82a1-2: tshe 'di dang phyi ma'i don la tshul bzhin ma yin par zhugs pa'i sems can mthong na sems gnyis kyis skyon med pa'i rigs pa dang ji ltar 'tsam pa'i tshul bzhin mi ston na nyon mongs can dang sems gzhan gnyis kyis ni nyon mongs can min pa'o/.

지 않는 것byas la len du phan mi 'dogs'을 말한다. 은혜를 베푼 유정들에게 은혜를 갚으려고 하지 않음으로써 은혜에 보답하지 않고 은혜를 베푼 사람을 기억하지 않거나 생각하지 않음으로써 은혜를 느끼지 않는 것이다.

'마음이 괴로운 자에게 삿되게 하는 것'은 '남의 슬픔을 없애지 않는 것gzhan gyi mya ngan sel mi byed'을 말하는데, 그 대상은 친족과 재산을 여읨으로써 슬픔이 생긴 자[206]이다.

'가난한 자에게 삿되게 하는 것'은 '재물을 원하는 자에게 보시하지 않는 것nor 'dod pa la sbyin mi byed'을 말하며, 그 대상은 올바르게 음식물 등을 원하는 자로서 이치에 맞게 구하는 경우[207]이다.

'자신의 권속들에게 삿되게 하는 것'은 '따르는 자들을 이롭게 하지 않는 것'khor rnams kyi don mi byed'이다. 그들을 섭수하는 경우와 관련된 위범으로서, 교계敎誡를 교수敎授하지 않고 교도敎導하지 않으며 빈곤한 자들을 위하여 믿음 있는 바라문과 재가자들에게서 의복과 음식, 침구, 좌구坐具, 병 치유하는 약, 다른 자구資具들을 여법하게 구하지 않는 경우[208]를 말한다.

---

206 ShL Cha.82b1: gzhan nye du dang longs spyod dang bral ba las gyur pa'i mya ngan byang ba….

207 ShL Cha.82b3: zas skom sogs 'dod pa yang dag pa ste rigs pa dang ldan pa'i slong ba pos slong ba….

'따라야할 일에 대해 삿되게 하는 것'은 '남의 마음에 맞춰서 하지 않는 것gzhan gyi blo dang mthun mi 'jug'을 말한다.

'공덕있는 자에게 삿되게 하는 것'은 '공덕을 찬양하지 않는 것 yon tan bsngad pa brjod mi byed'을 말하며, 그 대상은 '남들의 올바른 공덕을 앞에서 설명한 것처럼 믿음 등을 찬탄하지 않고 잘 말한 것에 대해 잘 했다고 말해주지 않는 경우'209를 말한다.

'제압하지 않는 것'에는 '법이 아닌 행위를 조복하지 않는 것 chos min spyod pa dbang du mi byed pa', '가르침을 증오하는 자들을 조복하지 않는 것bstan pa la 'gras pa sogs dbang du mi byed pa'이 있다.

'법이 아닌 행위를 조복하지 않는 것'은 '여건에 맞춰서 조복하지 않는 것rkyen du 'tsam par tshar mi gcod'을 말하는데, 그 대상은 비난을 당하고 처벌을 받고 쫓겨나야 하는 유정210이다.

'가르침을 증오하는 자들을 조복하지 않는 것'은 '신통으로 위협하는 것 등을 하지 않는 것rdzu 'phrul sdig la sogs mi byed'이다.

---

208 ShL Cha.82b7-8: ...gdams ngag mi 'doms shing rjes su mi ston pa dang phongs pa de dag gi phyir du bram ze dang khyim bdag dad pa rnams las gos zas dang mal cha dang stan dang na ba'i gsos sman dang de las gzhan pa'i yo byad rnams chos bzhin du mi tshol na….

209 ShL Cha.83a8: gzhan dag gi yang dag pa'i yon tan sngar bshad pa ltar dad pa la sogs pa'i bsngags pa mi brjod pa dang legs par smras pa la legs so mi ster na….

210 ShL Cha.4-5: sems can smra dbab pa dang chad pas bcad pa dang bskrad par rigs pa rnams….

보살이 여러 가지 신통神通과 신력神力을 갖춘 경우, 두렵게 해야 할 자들을 두렵게 하고 섭수해야 할 자들을 섭수하고 [그들이] 가르침에 머물러 있다고 해도 율의를 지니고 있지 않다면, 믿음을 지닌 신자들을 끌지 못하여 그들을 버리도록 만들어 버리기 때문에, 신통으로써 두렵게 하지 않고 섭수하지 않는다면 염오가 아닌 위범[211]이 된다. 『율의이십주律儀二十註』와 『보살율의이십난어석』에서는 이 경우 '염오인 위범nyon mongs pa can gyi nyes pa'[212]으로 말하고 있는데, 쫑카빠는 이에 대해 글자가 잘못된 것으로 보고 있다.[213]

『보살율의이십』에서는 위범을 판단하는 기준과 관련하여 다음과 같이 말한다.

> 대비大悲와 대자大慈를 지니고 있기 때문이고,
> 선한 마음에는 위범이 없다[214]

---

211 ShL Cha.84a2-3: rdzu 'phrul dang mthu sna tshogs dang ldan na skrag par bya rigs pa skrag pa dang 'dun par bya rigs pa rnams 'dun par bya ba dang bstan pa la gnas kyang sdom pa dang mi ldan na dad pas byin pa mi 'ju bas dad pas byin pa spong du gzhug pa'i phyir rdzu 'phrul gyis skrag pa dang 'dun par mi byed na nyon mongs can min pa'i nyes pa'o/.

212 DNG 184a2; BDNK Hi.216b3.

213 ShL Cha.84a4: ...yi ge ma dag pa 'dra'o/.

214 BDN Hi.167a5: /snying rjer ldan zhing byams phyir dang/ /sems dge ba la nyes pa med/(제20송cd).

위 내용에 대해, 『보살율의이십난어석』에서는 이롭게 하고자
하고 유순하도록 하고 조복하고자 하기 때문에 현행한 것은 위
범이 되지 않는 것으로 해석하고 있다.[215] 쫑카빠 역시 이 구문
을 해석하면서, 모든 유정에 대한 대비심을 갖고서 유정을 자애
하는 것이기 때문에 이롭게 하거나 조복하고자 하는 것이라도
위범은 아닌 것[216]이라고 말한다.

게송의 '…(이)고'라는 말에 대해서 보리현은 "마음이 너무나
산란한 때, 심한 고통을 받았을 때, 잠잘 때, 보통 때와 다른 때,
버리려고 해도 강한 번뇌에 사로잡혔을 때와 같은 경우 등 이러
한 것들을 다시 함으로써 범하게 되더라도 위범으로 되지 않는
다는 것이 포함된 의미이다."[217]라고 설명하고 있다.

「계품」과 『보살정도』에서는 육바라밀과 사섭법을 장애하는
경우에 위범인가 아닌가에 대해 각각의 상황과 때에 따라서 구
별을 하고 있다. 또한 위범일지라도 염오인가 아닌가에 대해 '교

---

215 BDNK Hi.216b6-7: phan par 'dod pa dang/ dul bar 'dod pa dang gdul bar
bya bar 'dod pas 'da' bar byas pa ni nyes par mi 'gyur ro….

216 ShL Cha.84a6-7: …sems can la byams pa ste phan par 'dod pa dang gdul
bar 'dod pas byas kyang nyes pa med pa'o/.

217 BDNK Hi.216b7-217a1: …sems 'khrugs pa dang/ tshor bas nyen ba dang/
gnyid log pa dang/ tha mal pa ma yin pa dang/ spong bar 'dod kyang nyod
mongs pa drag pos kyun nas dkris pa la sogs pa dag gis slar yang 'jug pa
dag gis 'das pa las ni nyes pa me do shes bya ba ni bsdus pa'i don to/.

만과 적의, 분노'로 행한 경우인가, '게으름과 해태'로 인한 경우인가로 구분하고 있다. 이와 같이 어떤 의도를 갖고 행한 것인가를 중시하는 것은 보살계가 신·구·의 삼문三門을 청정하게 하기 위한 것이기 때문이다.

3. 범계犯戒와 참회懺悔

도키야釋舍는 『보살정도』의 특징을 다음과 같이 여덟 가지로 소개한다.

1) 「계품」의 사타승처법[波羅夷]를 8가지로 하고 있는 것
2) 이 타승처법의 설명에 『집학론』의 14타승처법十四他勝處法을 더하여 보여주고 있는 것
3) 다음으로, 보리현의 견해·무외생無畏生의 견해·티벳 스승 2인의 견해를 취하여 각각의 견해가 잘못되어 있다고 논파하는 것
4) 「계품」에서는 사십삼경계四十三輕戒를 들지만, 『석釋』에서는 사십오위범죄四十五違犯罪로 하는 것
5) 그런데 그 사십오위범죄를 섭선법계와 요익유정계로 나눠

구분하여 이해를 하고 있는 것

6) 따라서, 삼취정계의 이해가 「계품」에서 설시하는 것보다 광대한 것

7) 인용경전에 중관계에 속하는 논서가 많이 보이는 것

8) 『석釋』에만 회과행悔過行, vidūṣanāsamudācāra를 더하여 주석 하고 있는 것

이상의 내용에서 1)·2)·3)은 타승처법으로서의 근본죄根本罪 의 계상戒相, 4)·5)·6)은 계상자성戒相自性의 문제, 7)·8)은 환 정참회법還淨懺悔法에 대한 것으로 다시 구분할 수 있다.[218]

(1) 근본죄의 계상戒相

『허공장경虛空藏經』에서는 세존이 미륵보살에게 근본죄에 대해 다음과 같이 설명한다.

선남자여, 만약 관정 지위에 있는 찰리왕에게 자재력이 있는 데, 다섯 가지 근본죄를 범하게 되면, 이전에 수습한 것들은 모 두 타버리게 되어 안온한 곳을 잃어버리고 천·인의 즐거움을

---

218 이 구분은 釋舍幸紀(1981) p.264 주)29, 31, 33 참조.

멀리 여의어 악취에 떨어지게 된다.[219]

경에서는 찰제리(크샤트리아)와 대신大臣, 그리고 초행보살初行菩薩의 근본죄 내용을 설하며, 근본죄를 범하는 경우 이전에 쌓은 선근을 잃게 되며 악취에 빠지게 된다고 경계하고 있다. 이러한 근본죄의 내용은 부분적이기는 하지만 다음과 같이 요약할 수 있다.

1) 찰제리 왕의 5근본죄五根本罪
① 삼보의 재물을 훔치거나 시키는 것
② 정법을 비방하고 대승을 버리도록 하며 남도 그렇게 시키는 것
③ 출가자를 환속시키거나 해를 끼치는 것
④ 오무간죄五無間罪를 범하는 것
⑤ 인과를 비방하고 십악선도十惡業道를 행하거나 시키는 것

2) 대신의 5근본죄五根本罪
① 삼보의 재물을 훔치거나 시키는 것
② 마을이나 주거지를 파괴하거나 시키는 것

---

219 『虛空藏經』(T13) p.651c14-17: 善男子 若灌頂刹利王有自在力 犯五根本罪先所修習皆悉燒然 失安隱處遠人天樂墮於惡趣.

③ 정법을 비방하고 대승을 버리도록 하며 남 또한 그렇게 시키는 것

④ 출가자를 환속시키거나 해를 끼치는 것

⑤ 오무간죄五無間罪를 범하는 것

3) 초발심보살의 8근본죄八根本罪

① 지혜가 낮은 자에게 심밀한 공空을 설하여 그들이 두려워 보리심에서 물러나 성문승의 마음을 발하도록 하는 것

② 남에게 대승을 즐거워하거나 보리심을 얻지 못한다고 말하고 성문·벽지불의 마음을 내도록 하는 것

③ 남에게 바라제목차의 율의를 배우지 못하게 하고 대승만을 설하는 것

④ 욕망과 명예를 위해, 성문의 경전을 버리고 대승경전만을 수지하도록 하는 것

⑤ 기만과 양설兩舌로 명예와 이익, 공경을 위해 대승경전을 찬탄하고 스스로 교만하는 것

⑥ 재가·출가·초발심보살들 앞에서 스스로 대승경전을 이해하고 대승의 법을 장엄하였다고 하며 자신을 따라 그 법을 얻어야 한다고 말하는 것

⑦ 국왕이나 대신 등의 힘을 믿고서 악업을 도모하며 스스로

지혜롭다고 하고, 비구들의 재물을 탈취하여 국왕이나 대신에게
바치는 것

⑧ 정법과 상사법相似法, 경전의 계율과 의론을 바꿔 설하고
선정을 닦거나 경전을 읽는 것을 못하게 하는 것

쫑카빠는 버려야할 죄를 타승처법他勝處法, pham pa'i gnas ltung
ba'i chos과 악작법惡作法, nyes byas kyi chos 두 종류로 구분한다. 그
는 근본죄의 내용을 『집학론』에 따르면서도 「계품」의 4종타승
죄四種他勝罪를 포함하여 18근본죄十八根本罪로 하고 있다. 이 가운
데 대신의 5근본죄에서 두 번째 조목條目을 제외한 나머지의 경
우 찰제리왕의 5근본죄와 중복되고, 자찬훼타自讚毀他의 내용이
사타승처와 중복되지만 『선교방편경善巧方便經』의 '보리심을 버리
는 것'의 내용을 포함하여 모두 열여덟 조목이 된다.

쫑카빠는 「계품」의 4종타승처법을 의요意樂, bsam pa의 측면과
가행加行, sbyor ba의 측면으로 파악한다. 의요의 측면에서 타승처
법은 이익과 공경에 탐착하는 것, 재물에 인색한 것, 유정을 해
하는 마음, 법을 삿되게 이루는 어리석음을 말하는 것이다. 가행
의 측면에서 타승처법은 여덟 가지로 나뉘게 된다. 자신을 칭찬
하는 것, 남을 비방하는 것, 법을 베풀지 않는 것, 재물을 베풀지
않는 것, 유정을 때리는 것, 사과를 받지 않는 것, 정법을 버리는

것, 상사법을 가르치는 것이다.[220] 이 내용을 보면 『보살정도』에서 여덟 가지로 말하고 있는 것은 「계품」에서의 네 가지 타승처법과 다른 내용이 아니라, 그 내용을 의요와 가행의 측면에서 세부적으로 나눈 것임을 알 수 있다.

『보살정도』에서는 「계품」에서 설하지 않는 14타승처법을 더하고 있다. 이것은 『허공장경』을 인용하고 있는 『집학론』의 내용으로서 쫑카빠는 이에 대한 구체적인 설명을 더하고 있다. 14타승처법의 내용을 간략히 살펴보면, ① 삼보의 재물을 훔치는 것[不與取三寶物他勝], ② 정법을 비방하는 것[誹謗正法他勝], ③ 출가자를 비방하는 것[損害出家他勝], ④ 무간죄를 범하는 것[作無間罪他勝], ⑤ 삿된 견해를 지니는 것[持邪見他勝], ⑥ 거주지를 파괴하는 것[壞處所他勝], ⑦ 지혜가 낮은 자에게 심밀한 법을 설하는 것[對非法器者說甚深法他勝], ⑧ 대승의 법에 이르지 못하도록 가로막는 것[遮止大乘他勝], ⑨ 별해탈율의를 비방하는 것[謗別解脫他勝], ⑩ 성문승을 비방하는 것[謗聲聞乘他勝], ⑪

---

220 ShL Cha.43b2-4: /pham pa bzhir gsungs pa ni bsam pa'i ngos nas yin te 'di ltar rnyed bkur la chags pa dang longs spyod la ser sna byed pa dang sems can la gnod pa'i sems dang chos la log par sgrub pa'i rmongs pa'i pham pa bzhi yin la/ brgyad du byas pa na sbyor ba'i ngos nas yin te 'di ltar bdag la bstod pa dang gzhan la smod pa dang chos mi ster ba dang nor mi ster ba dang sems can la 'chog pa dang shad sbyang mi len pa dang dam pa'i chos spong ba dang chos ltar snang ston pa'i pham pa zhes bya ba yin pa'i phyir ro/.

자신은 칭찬하고 남은 비난하는 것[自讚毁他], ⑫ 자신은 대승의
법을 증득하고 있다고 망령되이 말하는 것[妄說上人法他勝], ⑬
권세를 믿고 삼보의 보물을 빼앗는 것[取三寶物他勝], ⑭ 정법이
아닌 악한 법을 내세우는 것[立惡制等他勝]이다.[221]

이 가운데, '⑥ 거주지를 파괴하는 것[壞處所他勝]'은 『허공장경』
에서 대신의 근본죄로 설해지는 내용 가운데 두 번째 내용이다.
'권세를 믿고 삼보의 보물을 빼앗는 것[取三寶物他勝]'은 국사國師
나 대신 등이 왕의 세력에 기대어 사문들에게 세금을 부과함으
로써 그들이 죄를 범하도록 하는 것을 말하는 것으로서, '삼보의
재물을 훔치는 것[不與取三寶物他勝]'과는 구별되는 것이다.[222]

근본죄의 내용에 대해서는 여러 논사가 다른 견해를 주장하고
있다. 『보살정도』에서는 보리현의 견해, 무외無畏, Abhaya의 견해,
티벳 학자의 두 가지 견해를 취하여 그 각각의 견해들을 소개하
고 논파하고 있는데, 그 내용을 살펴보면 다음과 같다.

① 보리현의 견해

쫑카빠는 보리현의 견해를 다음과 같이 두 가지로 말한다.

---

221 『大乘集菩薩學論』(T32) pp.87a15-88b16 참조.

222 ShL Cha.52a8-b1: /pham pa bcu gsum pa ni/ dkon mchog gi dkor len pa'i
pham pa'o/ /'di ni mdun na 'don dang blon po sogs kyis rgyal rigs rnams
la brten nas dge sbyong la nor gyi chad pas gcod la/.

첫째, 『허공장경』에서 설하고 있는 근본죄는 근본죄라고 할 수 없다는 점이다. 왜냐하면 획득한 그 율의들을 훼멸시키는 원인이 아니기 때문이다. 『허공장경』에서는 근본죄가 있다면, 대왕으로부터 관정을 받은 자는 이전의 모든 선근을 훼멸하는 것이며 천·인의 안락으로부터 악취로 떨어지게 되는 것으로 말한다.[223] 이러한 점은 율의를 받기 이전에 이룬 선근과 천·인의 모든 안락을 끊는 원인이라고 설하고 있기 때문에,[224] 결국 얻은 율의를 훼손하는 원인은 아니라고 하였다.

둘째, 근본죄로 성립하는 경우는 해악gnod byed이 있게 된다는 점이다. 이는 율의를 받은 경우 이 죄들은 율의를 훼멸하는 원인이 되기 때문에 타승他勝인 것이 된다. 그렇다면 「보살지」에서는 당연히 "율의를 지닌 보살의 경우, 이러한 타승을 범하는 것들 가운데 어떤 것이든지 있다면 율의를 범하는 것인데, 모든 것을 범한 경우는 말할 필요도 없다"고 말해야 하겠지만 하지 않았다는 점을 들고 있다. 그리고 찰제리刹帝利에게 5근본죄五根本罪, 초

---

223 앞의 주)219 참조.

224 ShL Cha.44b8-45a3 참조: /de la sgrub pa byed ni de rnams sdom pa thob pa'i 'jig rgyu ma yin pa'i phyir te mdo de nyid las/ rtsa ba'i ltung ba de dang ldan na rgyal rigs spyi bo nas dbang bskur ba sngon bskrun pa'i dge ba'i rtsa ba thams cad 'jig par byed cing lha dang mi yi bde ba rnams las pham par 'gyur ngan song du 'gro bar 'gyur ro/ /zhes sdom pa ma blangs pa'i sngar bskrun pa'i dge rtsa lha mi'i bde ba phun sum tshogs pa gcod pa'i rgyur gsungs pa'i phyir ro/.

행자初行者에게 8근본죄八根本罪를 말한 것처럼, 찰제리와 초행자의 율의의 차이를 구별하여 각각의 근본죄가 있다고 하는 것이 도리에 맞지만 이 점에 대한 언급이 없다는 점을 지적하고 있다.[225]

『보살율의이십』제5송은,

> 격렬한 번뇌上品纏로부터 생겨나 율의가 소멸된다.
> 그 네 가지 과실nyes pa은 타승처와 같음을 의미한다.[226]

라는 내용으로서, 위의 보리현의 견해는 바로 이 내용에 대한 설명부분이다.[227] 여기에서 보리현은 타승처법과 관련하여 『허공장경』의 근본죄를 언급하고 그 근본죄가 율의를 훼멸하는 원

---

225 ShL Cha.45a3-5 참조: /gnod byed ni gal te sdom pa blangs pa la yang ltung ba 'di rnams sdom pa 'jig pa'i rgyu yin pas pham pa yin na ni de'i che sdom ldan gyi byang sems la pham pa'i ltung ba 'di rnams las gang rung byung bas kyang sdom pa gtong na thams cad kyis lta ci smos zhes rgyu dang bcas par byang sems kyis sde snod kyi ma mo byang bar gsung dgos na ma gsungs pa'i phyir dang rgyal rigs la rtsa ltung lnga dang las dang po pa la brgyad gsungs pa ltar rgyal rigs la sogs pa'i sdom pa tha dad pa'i dbye bas de dag gi rtsa ltung so so ba yod na de rigs kyang cung zad kyang med pas zhes 'chad de/.

226 BDN Hi.166b3-4: /nyon mongs drag las byung ba yis/ /sdom pa zhig par gang gyur pa/ /de yi nyes pa bzhi po ni/ /pham pa 'dra bar dgongs pa yin/.

227 BDN의 제5송을 주석한 내용은 BDNK Hi.198b6-200b1이다. 쫑카빠가 다루고 있는 근본죄에 대한 보리현의 견해는 BDNK Hi.200a2ff..에 해당한다.

인은 아니라고 설명하고 있다.

② 무외논사無畏論師의 견해

무외는 『허공장경』의 근본죄와 「보살지」의 근본죄 내용이 같지는 않지만 서로 위배되는 것은 아니라고 말한다. 그리고 상·중·하上中下 뿌드갈라[補特伽羅]의 차이로 5·8·4의 근본죄를 각각 구분지어 설명하고 있다. 이는 찰제리의 5근본죄를 중中뿌드갈라, 초행자의 8근본죄는 하下뿌드갈라, 「보살지」에서의 4근본죄는 상上뿌드갈라로 구분지어 설명하는 것이다. 그러나 각각의 뿌드갈라에게도 다른 죄들은 여전히 성립한다고 하였다. 무외는 「보살지」에서의 4근본죄와 다른 근본죄들의 섭수 관계를 다음과 같이 나타낸다.

섭수되는 죄	섭수하는 죄
별해탈을 버리는 것(『허공장경』초행자 제3)	自讚毁他 (「菩薩地」第1)
성문승은 탐착 등을 버리지 않고 집착한다고 하는 것(『허공장경』초행자 제4)	
자신은 대승의 깊은 의미를 획득했다고 거짓으로 말하는 것(『허공장경』초행자 제6)	
명성과 존경을 위해 대승인 자신은 찬탄하고 남을 무시함(『허공장경』초행자 제5)	
삼보의 재물을 빼앗는 것(『허공장경』찰제리 제1)	慳財不施 (「菩薩地」第2)
승복僧服을 빼앗는 것(『허공장경』찰제리 제3)	
사문을 처벌하는 것(『허공장경』초행자 제7)	

섭수되는 죄	섭수하는 죄
정정正定을 이룬 자의 재산을 염송만 하는 자에게 보시하는 것(『허공장경』초행자 제8)	
승가의 분열시키는 것(『허공장경』찰제리 제4)	慳法不施 (「菩薩地」第2)
사마타를 버리도록 하는 것(『허공장경』초행자 제8)	
계를 범한 자를 때리는 것(『허공장경』찰제리 제3)	捶打有情 (「菩薩地」第3)
다른 사무간죄를 범하는 것(『허공장경』찰제리 제4)	
마을을 파괴하는 것(『허공장경』대신 제2)	
성문과 독각의 법을 버리는 것(『허공장경』찰제리 제2)	謗菩薩藏 (「菩薩地」第4)
수심修心이 아직 이뤄지지 않은 이에게 공空을 말하는 것(『허공장경』초행자 제1)	
보리심을 버리는 것(『선교방편경』)	
삿된 견해를 갖고서 자신과 남을 십불선업에 들게 하는 것(『허공장경』찰제리 제5)	宣說像似法 (「菩薩地」第4)
대보리로 나아간 이에게 소승을 수행하도록 하는 것(『허공장경』초행자 제2)	

③ 티벳인(A)의 견해

어떤 티벳인들은 교화할 대상[所化]에 비춰서 각 경전이 있는 것이기 때문에 그에 따라서 별개의 의궤를 따르는 것이라고 한다. 이는 『집학론』와 『입보살행』에서 설한 의궤를 받는다면 『허공장경』에서 설하는 근본죄의 내용들이 근본죄로 되는 것이고, 「보살지」에서 설한 의궤를 받는다면 「보살지」에서 설한 것들이 근본죄로 된다는 것이다.

④ 티벳인(B)의 견해

어떤 이들은 중관과 유식종의 차이에 따른 것이라고 주장하기도 한다.

이상의 네 가지 다른 견해에 대해 쫑카빠는 다음과 같이 각 견해들을 논파한다.

① 보리현의 견해에 대한 논파

쫑카빠는 보리현의 견해가 적천의 견해와 다르다는 점에서 옳지 않다고 주장한다. 이러한 점은 그 자신이 밝히고 있듯이 적천을 경의 내용을 해석하는데 표준으로 되는 큰 수레shing rta chen po 즉, 기준으로 삼고 있기 때문이다.[228]

그는 "찰제리와 초행자는 보살계를 갖추고 있는 것인가 아닌가, 그리고 갖추고 있다면, 찰제리의 경우는 5[근본죄], 초행자의 경우는 8[근본죄]로 정하는 것은 옳지 않다. 보살계를 갖추고 있지 않다면 범계犯戒를 제정하는 것은 합리적이지 않다"는 견해에 대하여,

---

228 ShL Cha.46a7-8: /de la 'grel ba gsar ma'i de ni 'thad par ma mthong ste mdo'i don 'grel pa la tshad mar gyur ba'i shing rta chen po zhi ba lha'i lugs dang 'gal bar snang ba'i phyir ro/.

"그 죄들이라고 죄명을 언급하여 가르침으로써 그 죄를 두려워하도록 하기 위함이었다. 그러므로 모두에게는 죄를 범하는 것으로 되기에 서로 끊어야 한다."라고 하였다. 그리고 "성죄性罪는 중대하기 때문에 율의를 아직 갖추지 않은 자들이라도 연분이 없고 선근이 끊어지게 되며, 율의를 갖춘 자들의 경우 그 죄가 더욱 크게 된다."[229]라고 하였다. 그러면 이러한 점에서 볼 때, 율의를 받기 전의 선근은 끊어지지만 율의를 끊지는 않는다고 말하는 것과는 완전히 모순되게 된다.[230]

라고 적천의 견해를 빌어 논파하고 있다.

그리고 근본죄로 된다면, 「보살지」에서 설해야 하는데도 설하고 있지 않은 이유에 대해서는 다음과 같이 논박한다.

근본죄가 아니라면 근본죄가 아니라고 「보살지」에서 의심을 없애야 한다. 왜냐하면 근본죄가 아닌 것을 근본죄라고 하고서 율의가 훼멸되지 않았는데도 훼멸되었다고 파악함으로써 지켜

---

229 SKT Khi.43a1-2.

230 ShL Cha.46b1-4: …gang la 'byung nye pa de dag la de'i ltung ba rang ming nas smos te bstan pas tes pa de la 'jigs pa bskyed pa'i phyir yin pas thams cad la ltung bar 'gyur bas phan tshun du sdang zhes gsungs pa dang ji ltar mi 'gal/ rang bzhin gyi kha na ma tho ba che bas na sdom pa ma blangs pa rnams kyi yang skal ba med pa dang dge rtsa chad par 'gyur na sdom ldan la ni ches 'gyur te zhes gsungs pas na sdom pa ma brangs pa'i gong gi dag rtsa gcod kyi sdom pa mi gcod ces gsungs pa dang shin tu yang 'gal lo/.

야할 경계를 알지 못하기 때문이다.[231]

위의 내용을 보면, 오히려 쫑카빠는 근본죄가 아닌 경우 근본
죄가 아니라고 규정이 되었을 것이라고 말한다. 이는 근본죄이
기 때문에 오히려 언급되지 않았다는 것이다. 그는 『허공장경』
에서 설하는 내용들이 「보살지」에서 설해지지 않았고, 또 여기
에서 설하는 악작을 『집학론』에서 설하지 않았다는 점을 거론하
고 있다. 이러한 점들은 여러 경론에서 모든 학처를 반드시 설해
야 하는 것은 아니기 때문에, 「보살지」와 『집학론』에서도 경을
살필 것을 설하고 있다[232]는 것이다.

결국 쫑카빠의 비판 내용을 볼 때, 그는 적천의 해석을 기준으
로 판단하고 있음을 알 수 있으며 계에 대한 이해에서도 『집학론』에
의거하여 『허공장경』과 「계품」의 내용들을 이해하고 있음을 알
수 있다. 그는 일체의 계·율의에는 차별이 없다는 태도를 취한
다. 따라서 『허공장경』에서 설해진 찰제리와 초행자의 근본죄

---

231 ShL Cha.46b5-6: …rtsa ltung ma yin na yang rtsa ltung ma yin no zhes byang
    sar dogs pa gcad dgos te rtsa ltung ma yin pa la rtsa ltung du gzung nas
    sdom pa ma zhig pa la yang zhig par 'dzin pas srung mtshams mi shes pa'i
    phyir ro/.

232 ShL Cha.46b5-8: /des na nam snying gi mad nas gsungs pa'i bcas pa rnams
    byang sar ma gsungs la 'di nas bshad pa'i nyes byas kyi bcas pa bslab btus
    su ma gsungs pas da dag tu bsab pa thams cad 'chad dgos pa'i nges pa med
    pas byang sa dang bslab btus gnyis kar mdo sde lta dgos par gsungs so/.

내용이 다른 것이 아님을 밝히고 있다. 근본죄는 결국 보살계의 의의를 훼손하기 때문에 그는 일체의 계가 그 계를 갖추는 대상에 따라 차별이 있을 수는 없다는 태도를 갖고 있는 것이다.[233]

② 무외논사의 견해에 대한 논파

무외논사가 『집학론』에서 설한 내용들을 근본죄라고 인정하는 점에 대해서는 긍정하고 있다. 그러나 「보살지」에서 설하는 4근본죄로써 섭수하려는 점에 대해서는 반박한다. 왜냐하면 이렇게 섭수하는 방법은 총상總相이 사상事相의 부분(別相)을 섭수하는 것으로서, 별상인 것들을 총상으로 나타내려는 잘못을 범하게 되기 때문이다.[234]

③ 티벳인(A)의 견해에 대한 논파

『집학론』에서는 율의를 구비한 자라면 각각의 율의로 확정하

---

233 王惠雯(1998) p.211.

234 ShL Cha.46b8-47a1 참조: /a b+h+yA kA ras bslab btus nas gsungs pa rnams rtsa ltung du bzhed pa legs kyang byang sar bshad pa'i bzhi pos bsdus par 'dod pa phal che ba la yid brtan mi rung bar snang ste/ 'di 'dra ba'i bsdus tshul la na mtshan nyid kyis khyab pa'i spyis mtshan gzhi'i dbye ba sdud pa yin na de gtan mi rung ba phal mo cher 'dus pa'i phyir ro/; 무외논사의 이 논법은 순환오류라는 비판받는다. 왜냐하면 「보살지」에서의 사타승처는 『집학론』의 열여덟 가지를 포함하지만 사타승처의 특성을 나타내는 것으로 인용되기 때문이다. Tatz(1986) p.286, no.260 참조.

는 것이 옳지 않다고 하고 있다. 왜냐하면 보살계는 각기 다른 종류의 것이 아니라 하나의 것으로서 그 대상에 따라 달리 구분되는 것이 아니기 때문이다.[235]

④ 티벳인(B)의 견해에 대한 논파

『경집론석經集論釋』에서 왕의 다섯 가지 죄는 근본죄가 아니며 초행자의 여덟 가지 죄는 근본죄인 것으로 말하고 또 용수논사와 무착의 교의가 다르다고 말하는 것들도 『집학론』에서 서로의 죄를 섞어서 말하는 것과 모순되기 때문에 버려야 한다.[236]

쫑카빠는 적천이 『허공장경』과 「보살지」의 내용, 둘을 합해서 설하는 것이 오직 이치에 합당하기 때문에 두 가지를 합하였다[237]고 말한다. 이러한 점은 바로 『집학론』의 게송에서 근본죄로 말하는 내용에서 찾을 수 있는데, 이를 내용별로 구분해보면 다음과 같다.[238]

---

235 ShL Cha.47a1-2 참조.

236 ShL Cha.47a2-4: /mdo kun las btus kyi 'grel par rgyal po'i ltung ba lnga rtsa ltung min zhing las dang po'i brgyad rtsa ltung mtshan nyid par bshad pa dang/ slob dpon klu sgrub dang thogs med kyi lugs mi 'dra bar bshad pa rnams kyang bslab btus su phan tshun gyi ltung ba rnams bsris nas bshad pa dang 'gal bas dor bar bya'o/.

237 ShL Cha.47a4-5: …slob dpon zhi ba lhas…khyad par du nam mkha'i snying po'i mdo dang byang sa'i don gnyis ka bsdus nas gsungs pa 'di kho na bzhin du 'thad pas lugs gnyis char bsre bar bya ste….

구분	罪의 내용	근거
1	삼보의 재물을 빼앗는 것	『虛空藏經』利帝利 第1
2	정법을 버리는 것	『虛空藏經』利帝利 第2
3	계를 범한 비구일지라도 가사袈裟를 빼앗고 때리는 것과 감옥에 가두는 것, 출가생활에서 쫓아내는 것	『虛空藏經』利帝利 第3

238 SKT Khi.43a5-b4 참조: dkon mchog gsum gyi dkor 'phrog pa/ /phas pham
pa yi ltung bar 'dod/ /dam pa'i chos ni spong byed pa/ /gnyis par thub pas
gsungs pa yin/ /tshul khrims 'chal pa'i dge slong la'ang/ /ngur smrig 'phrog
dang brdeg pa dang/ /btson rar 'jug par byed pa dang/ /rab tu byung las
'bebs pa dang/ /mtshams med lnga po byed pa dang/ /log par lta ba 'dzin
pa dang/ /grong la sogs pa 'jig pa la/ /rtsa ba'i ltung bar rgyal bas gsungs/
/blo sbyong ma byas sems can la/ /stong pa nyid ni brjod pa dang/ /sangs
rgyas nyid la zhugs pa dag/ /rdzogs pa'i byang chub bzlog pa dang/ /so sor
thar pa yongs spangs te/ /theg pa che la sbyor ba dang/ /slob pa'i theg pas
chags la sogs/ /spong bar 'gyur ba min zhes 'dzin/ /pha rol dag kyang 'dzin
'jug dang/ /rang gi yon tan brjod pa dang/ /rnyed pa dang ni bkur sti dang/
/tshigs bcad rgyu yis gzhan smod dang/ /bdag ni zab mo bzod pa'o zhes/
/log pa nyid ni smra ba dang/ /dge sbyong chad pas gcod 'jug dang/ /dkon
mchog gsum gyi sbyin byed dang/ /sbyin pa len par byed pa dang/ /zhi gnas
'dor bar byed pa dang/ /yang dag 'jog gi longs spyod rnams/ /kha ton byed
la sbyin pa rnams/ /de dag rtsa ba'i ltung ba ste/ /sems can dmyal ba chen
po'i rgyu/ /rmi lam 'phags pa nam snying po'i/ /mdun du 'dug ste bshags
par bya/ /byang chub sems ni yongs 'dor dang/ /chags dang ser sna mi bzod
pas/ /slong la sbyin par mi byed dang/ /bsgrims te dga'' bar byed pa na/ /sems
can la ni mi bzod dang/ /khros pas sems can rdeg pa dang/ /nyon mongs
pa dang gzhan mthun pas/ /chos ltar bcos pa brjod pa'o/; 한역에서 해당부분
은 『大乘集菩薩學論』(T32), p.89a6-20: 攝論釋云 破壞三寶物 或如芥子量 謗正法二罪 是
牟尼所說 設破戒比丘 由被袈裟服 或 不聽出家 捶考繫牢獄 造作五無間 又或執邪見 及破壞聚
落 此名根本罪 是勝尊所說 但樂談空性 實自無知覺 設住佛智中 不修正覺道 捨斯別解脫 希
入大乘果 又令諸學人 不斷於貪執樂向他人前稱揚自己德 由光於他人 廣獲其利養 或復邪妄
說 我得甚深忍 或責罰沙門 故取三寶物 由是取已 復捨奢摩他 或行法比丘 與所愛受用 是
名根本罪 因墮大地獄 又虛空藏菩薩住立佛前宣悔夢中捨菩提心偈云 有諸來乞者 慳貪而不施
碌然生忿怒 打撲諸衆生 清淨一心者 亦不爲恭敬 隨他染欲心 誹謗於正法.

구분	罪의 내용	근거
4	오무간죄를 짓는 것	『虛空藏經』刹帝利 第4
5	삿된 견해를 갖는 것	『虛空藏經』刹帝利 第5
1	마을을 훼멸시키는 것	『虛空藏經』大臣 第2
1	아직 수심修心이 이뤄지지 않은 유정에게 공성空性을 말하는 것	『虛空藏經』初行者 第1
2	이미 대보리로 들어간 이들이 이루려는 보리를 막는 것	『虛空藏經』初行者 第2
3	대승 수행을 위해 별해탈을 완전히 버리도록 하는 것	『虛空藏經』初行者 第3
4	학승學乘은 탐욕 등을 못 끊는다고 하는 것	『虛空藏經』初行者 第4
5	자신의 공덕을 찬양하고 이익과 공경 찬송 때문에 남을 비방하는 것	『虛空藏經』初行者 第5
6	"나는 심밀함을 얻었다"[239]고 거짓을 말하는 것	『虛空藏經』初行者 第6
7	사문에게 벌금을 부과하고 삼보에 보시한 것을 가로채는 것	『虛空藏經』初行者 第7
8	사마타를 버리게 하고 그들의 재산을 염송만 하는 자에게 보시하는 것	『虛空藏經』初行者 第8
1	보리심을 버리는 것	『善巧方便經』
1	탐욕과 인색함을 이기지 못해 구하는 자에게 주지 않는 것	「菩薩地」 第2
2	화가 나서 유정을 때리는 것	「菩薩地」 第3
3	어리석음과 남과 맞추고자 상사법相似法을 설하는 것	「菩薩地」 第4

---

239 이는 대승의 깊은 의미를 얻었다고 거짓으로 말하는 것을 의미한다.

쫑카빠는 『허공장경』 초행자 제8의 내용인 '사마타를 버리게 하고 그들의 재산을 염송만 하는 자에게 보시하는 것'을 설하고서 바로 이러한 것들은 근본죄로서 유정을 대지옥에 있게 하는 원인이기 때문에 꿈속에서 허공장보살 앞에 참회해야 한다[240]고 하였다. 이 점은 바로 이 게송의 내용이 『허공장경』의 근본죄의 내용을 포함하고 있다는 것을 의미한다. 게송의 내용에서는 「보살지」에서의 타승처법이 게송으로 읊어진다. 이러한 점에서 쫑카빠는 적천이 이미 『허공장경』과 「보살지」의 두 내용을 합하여 설하고 있으며, 중관과 유식의 내용을 함께 합하는 것은 합당하다고 말하고 있는 것이다.

위에서 살펴보았듯이 쫑카빠가 각 논사들의 견해를 논파한 내용을 보면, 그 역시 『허공장경』의 근본죄의 내용이 보살에게도 근본죄가 되는 것으로 말하고 있음을 알 수 있다. 『허공장경』에서는 성문의 다섯 근본죄(殺生, 偸盜, 淫洪, 妄語, 出佛身血)를 범한 경우를 찰제리 왕의 5근본죄, 대신의 5근본죄 다음에 말하고, 그 뒤에 초발심보살(初發心菩薩)의 8근본죄를 말한다. 그러나 적천의 『집학론』에서는 성문의 5근본죄를 같이 말하고 있지는 않으며 쫑카빠 역시 『집학론』의 내용에 따라 성문의 5근본죄

---

240 ShL Cha.48a1-2: /de dag rtsa ba'i ltung ba ste/ /sems can dmyal ba chen po'i rgyu/ /rmi lam 'phags pa nam snying po'i/ /mdun du 'dug ste bshags par bya/.

를 보살의 근본죄 내용에서 같이 말하고 있지는 않다. 이러한 점은 대승의 전적을 이해하는데 적천의 견해를 따른다고 이미 말한 점에서 찾을 수도 있겠지만, 성문계와 보살계의 내용을 동등하게 보고 있는 것은 아니라는 것을 의미한다.

(2) 계상자성戒相自性의 문제

앞에서 언급하였듯이 쫑카빠는 버려야할 죄를 타승처법他勝處法, pham pa'i gnas ltung ba'i chos과 악작법惡作法, nyes byas kyi chos 두 종류로 구분한다. 앞에서 타승처법에 대해서는 이미 살펴보았기 때문에 여기에서는 악작을 중심으로 살펴보자.

『보살정도』에서 「계품」과 다르게 악작의 내용을 말하고 있는 곳은 제3위범違犯, 제7위범, 제33위범 · 제34위범이다.[241]

① 「계품」의 제3위범
「계품」에서는 다음과 같이 말한다.

---

[241] 한역의 경우는 경계(輕戒)라고 하고 티벳어역인 경우는 악작(惡作) 또는 위범(違犯, nyes byes)으로 번역되고 있다.

만약 보살이 보살의 깨끗한 계의 율의에 머무르면서 여러 어른들과 덕이 있어서 공경할 만하고 법을 함께하는 분이 오는 것을 보면서도, 교만하여 싫어하고 미워하는 마음을 품고 성내며 화를 내는 마음을 품고 일어나서 맞이하지 않으며 윗자리를 내어주지 않는다면, 만약 다른 이가 와서 말하고 담론하며 위로하거나 청하여 묻는데도 교만하여 싫어하고 미워하는 마음을 품고 성내며 화를 내는 마음을 품고 올바른 도리에 맞게 말하거나 응대하지 않는다면, 이것을 범함이 있고 어기는 것이 있다고 하며···.[242]

쫑카빠는 이 내용을 대상yul에 따라 두 가지로 구분한다. 즉, 특수한 대상yul gyi khyad pa의 경우는 어른들을 존경하지 않는 것 不敬諸耆德(제3위범), 일반적인 대상yul gyi spyi인 경우는 물음에 답하지 않는 것 不正答他問(제4위범)으로 구분하여 각각 위범違犯이라고 하였다.[243] 「계품」에서는 보살의 일체 위범이 악작으로 섭수된다고 하고 있다. 따라서 한역의 「계품」에서 말하는 43경계輕戒란 것은 위범에 속하는 것이고 악작죄惡作罪인 것이다.

---

242 『瑜伽師地論』(T30) p.516a28-b4: 若諸菩薩安住菩薩淨戒律儀 見諸耆長有德可敬同法者來 憍慢所制懷嫌恨心懷恚惱心 不起承迎不推勝座 若有他來語言談論慶慰請問 憍慢所制懷嫌恨心懷恚惱心 不稱正理發言酬對 是名有犯有所違越.

243 ShL Cha.64b4-6: yul gyi khyad par dang 'brel pa ni/ rgan pa rnams la gus mi byed/...yul gyi spyi dang 'brel ba ni, dris pa la ni lan mi 'dabs/.

이와 같이 대상에 따른 구분은 『보살율의이십』의 구분에 따른 것으로 보이며,244 그 이외의 특별한 의미를 가지고 나누고 있지는 않다. 이러한 점에서 쫑카빠의 『보살정도』 저술의 태도와 관련지어 생각해볼 수 있겠다. 그는 『보살율의이십』의 구분을 따르면서 개합開合의 차이로 이러한 구분을 하고 있으며, 「계품」의 내용을 구체적으로 세분하여 그에 대한 해석을 내리고 있다.

② 「계품」의 제7위범

「계품」에서는 보살이 포악하게 계를 범한 유정을 싫어하고 미워하는 마음을 품고서 그들이 계율을 범했다는 이유로 방편을 버리고 이롭게 하지 않으려는 것, 그리고 게으름과 나태로 그들을 버리거나 잊는 것을 '제7경계 악인을 버려두는 것棄捨惡人'의 내용으로 한다.245 이 내용을 둔륜遁倫과 타이쉬太虛는 이를 '보시를 장애하는 위범'의 범주에 넣고 있다.246 그러나 『보살정도』에

244 『보살정도』에서는 각 계의 조항 처음에 『보살율의이십』의 해당내용을 넣어 구분하고 있다.

244 『보살정도』에서는 각 계의 조항 처음에 『보살율의이십』의 해당내용을 넣어 구분하고 있다.

245 『瑜伽師地論』(T30) p.516c25-517a6 참조: 若諸菩薩安住菩薩淨戒律儀 於諸暴惡犯戒有情 懷嫌恨心懷恚惱心由彼暴惡犯戒爲緣 方便棄捨不作饒益 是名有犯有所違越 是染違犯 若由嬾惰懈怠棄捨 由忘念故 不作饒益 是名有犯有所違越 非染違犯 何以故 非諸菩薩於淨持戒身語意業寂靜現行 諸有情所起憐愍心欲作饒益 如於暴惡犯戒有情於諸苦因而現轉者 無違犯者 謂心狂亂 或欲方便調彼伏彼 廣說如前 或爲將護多有情心 或護僧制方便棄捨不作饒益 皆無違犯.

246 『瑜伽論記』(T42) p.539a6-7: 第七於破戒者棄捨不作饒益者障無畏施; 太虛(1998) p.370.

166 대승 보살계의 사상과 실천

서는 지계의 위범 내용을 구분하면서,

> [지]계持戒의 위범에 세 가지가 있다. 남에게 중점을 두는 것利
> 他에 어긋난 경우, 자신에게 중점을 두는 것自利에 어긋난 경우,
> 둘 모두自他利에 어긋난 경우이다. 첫 번째의 경우에 두 가지가
> 있다. 남에게 중점을 두는 계와 완전히 어긋나는 경우를 분명히
> 하는 내용, 그리고 성죄를 다루는 별해탈의 차별을 보여주는 내
> 용이다. 첫 번째 경우의 세 가지 가운데 '특히 가련한 대상을 버
> 리는 것[棄捨犯戒者]'은…….[247]

이라고 하여, 위범의 일부에 포함시키고 있다. 『보살정도』에
서는 지계를 장애하는 위범이 이타(제8위범~제10위범), 자리(제
11위범~제13위범), 자리·이타(제14위범~제15위범)를 각각 장애
하는 것으로 구분하고 있다.[248]

---

247 ShL Cha.66b5-7: /tshul khrims kyi mi mthun phyogs la gsum gzhan gtso bor
gyur pa dang 'gal ba/ rang gtso bor gyur pa dang 'gal ba/ gnyis pa cha mnyam
pa dang 'gal ba'o/ /dang po la gnyis gzhan gtso bor gyur pa'i tshul khrims
dang 'gal ba dngos dang/ so thar gyi rang bzhin gyi bcas pa la slob pa'i khyad
par bstan pa'o/ /dang po la gsum las lhag par brtse ba'i yul 'dor ba ni/.

248 『菩薩律儀二十難語釋』에서는 이것이 율의계의 '선량함'으로부터 쇠퇴하기 때문에
위범이라고 한다. BDNK Hi.206b5: …sdom pa'i tshul khrims kyi des pa las
nyams pa'i phyir….

③ 제35위범·제36위범 구분의 문제

「계품」에서 제34경계는 '병자를 보고도 가서 도움을 주지 않는 것不往事病'으로 되어 있으나, 『보살정도』에서는 이 내용을 '병자를 도와주지 않는 것不供事病人'과 '중생의 고통을 없애 구하지 않는 것不救拔衆苦'으로 나누고 있다. 구체적으로 「계품」의 내용을 보면, '병자와 같이 고통이 있는 자에게 도움이 되며, 그 고통을 없애고자 하는 것도 역시 그러한 줄 알아야 한다'[249]는 부분에서 구분하고 있다. 이는 개합開合의 차이에 의한 것으로서 병에 따른 고통이라는 특수한 경우와 그 이외의 다른 고통에 의한 일반적인 차이로 구분하는 것이다.

사섭법을 장애하는 위범들의 경우, 둔륜은 동사同事, 애어愛語, 보시布施, 이행利行의 순서로 구분하고 있으나,[250] 쫑카빠는 제34위범~제37위범까지를 총경總境, 나머지를 별경別境으로 구분하여 설명하고 있다.[251]

---

249 『瑜伽師地論』(T30) p.520a8-10: 如於病者 於有苦者爲作助伴 欲除其苦當知亦爾.

250 『瑜伽論記』(T41) p.539c16-18: 自下有十一輕障於四攝攝有情戒 於中初一障同事 次一障愛語 次四障布施 後四障利行.

251 ShL Cha.81a4-5: /sems can don byed dang 'gal ba la gnyis/ don bya ba'i yul spyi dang 'brel ba dang/ bye brag dang 'brel pa'o/.

(3) 환정참회법還淨懺悔法

환정참회의 내용을 이해하기 위해서는 먼저 사계捨戒와 범계犯戒의 내용을 고찰해야 할 것이다. 「계품」에서는 이와 관련해서 세종류의 번뇌三品纏인 상품전上品纏 · 중품전中品纏 · 하품전下品纏의 내용이 설명된다.[252] 보살이 중품이나 하품전으로 네 가지 타승처법을 범했다고 하더라도 정계율의淨戒律儀를 버리는 것은 아니다. 그러나 상품전으로 범한 경우는 '사계捨戒'인 것으로 말하고 있다.[253]

『보살정도』에서는 사계, 즉 계를 버리는 것에 대해 다음과 같이 설명한다.

> 어떤 번뇌로 [범하면] 계를 버리는 것이 아니며 어떤 번뇌로 [범하면] 계를 버리는 것인가는 사타승처법을 하품전과 중품전으로 [범하면] 정계율의淨戒律儀를 버리는 것이 아니며, 상품전으로 범하면 버리는 것이다. 그 가운데 타승처법은 앞에서 말했듯이 의요의 측면에서 넷이고, 가행의 측면에서는 여덟인데, '이익과 공경에 탐착하는 것' 등이다. 이것은 여덟 가지로 나타내는데

---

252 『瑜伽師地論』(T30) p.515c10-28 참조.

253 『瑜伽師地論』(T30) p.515c10-12: 菩薩若用軟中品纏 毀犯四種他勝處法 不捨菩薩淨戒律儀 上品纏犯 卽名爲捨.

『집학론』에서 설하는 것根本罪도 상품전이 구비되지 않았을 때
는 타승처로 되지 않는다. 거기서 설하는 무간죄無間罪보다도 더
중죄인 대승을 버리는 것과 이익과 공경에 탐착하여 자신을 칭
찬하고 남을 업신여기는 것[自讚毁他]에 대해 여기에서는 상품
전이 구비되지 않으면 타승처로 되지 않는다고 설하고 있기 때
문에, 다른 것에도 그것이 필요하다는 점은 분명하다.[254]

그리고 "삿된 견해를 일으키고 보리심을 버리는 경우에는 상
품전이 구비되지 않았다고 하더라도 이미 범하는 것이 아닌가?"
하는 질문에 대해,

그러므로 『허공장경』에서 설하는 것根本罪이 상품전을 구비하
지 않은 것은 중품전이나 하품전인 것임을 알아야 한다.[255]

---

254 ShL Cha.54a5-b1: /kun dkris kyi dbye ba la kun dkris ji lta bus mi gtong la
ji lta bus gtong ba'i tshul ni/ pham pa'i gnas lta bu'i chos bzhi po 'di dag
gi kun nas dkris pa chung ngu dang 'bring gis ni tshul khrims kyi sdom pa
yang dag par blangs pa de btang bar mi 'gyur la kun dkris chen pos ni gtong
ngo/ /de la pham pa'i gnas lta bu ni sngar bshad pa'i bsam pa'i sgo nas bzhi
dang sbyor ba'i sgo nas brgyad du byas pa rnyed bkur la chags pa sogs so/
/'di brgyad mtshon byed yin te bslab btus su gsungs pa rnams la yang kun
dkris chen po ma tshang na pham par mi 'gyur te der gsungs pa'i mtshams
med las kyang kha na ma tho ba che ba'i theg chen spong ba dang rnyed
bkur la chags nas bdag bstod gzhan smod la 'dir kun dkris chen po ma tshang
na pham par mi 'gyur bar gsungs pa'i phyir gzhan la yang de dgos par gsal
lo/.

255 ShL Cha.54b2: /de na nam snying gi mdor gsungs, ,ba kun dkris chen po
ma chang ba rnams zag pa chung 'bring gang rung du shes par bya ste···.

고 답한다. 이 내용에 따르면, 계를 버리는 것은 상품전으로서 「계품」의 사타승처와 『허공장경』의 근본죄를 범하는 경우, 그리고 삿된 견해를 일으키고 보리심을 버리는 경우임을 알 수 있다.

상품의 번뇌上品纏는 '삭삭현행數數現行', '도무참괴都無慚愧', '심생 애락深生愛樂', '견시공덕見是功德'의 네 가지가 이뤄지는 경우를 말 한다. '삭삭현행數數現行'은 어떤 타승법이든지 행하고서 다시 또 행하고자 하는 것으로서, 앞에 한 것을 끊임없이 하는 것을 말한 다.[256] '도무참괴都無慚愧'는 「보살지」에서 설명되는 것처럼, 해서 는 안 되는 것임을 알고서 내적으로 부끄러워하는 것은 '참慚', 남을 두려워해서 부끄러움이 생기는 것은 '괴愧'로 설명된다.[257] '심생애락深生愛樂'에 대해 덕광德光, yon ton 'od은 "애愛, mgu ba는 마음 깊은 곳에서 기쁨이 생기는 것이고, 락樂, dga' ba은 가행의 측면에서 머무는 것"이라고 하였는데, 『보살정도』에서는 '애'는 악행nyes spyod을 좋아하는 것이고, '락'은 악행을 행하는 가행을

---

256 ShL Cha.54b6-7: ...pham par 'gro rgyu de rnams gang rung zhig spyad cing da dung de la phyi phyir ram slar yang spyod 'dod yod pa ni snga ma de rgyun ma chad pa'i don te......; 쫑카빠는 『보살율의이십난어석』의 설명을 인 용하여 나중에도 끊임없이 현행하기 때문에 조금의 참괴도 일어나지 않게 된다 고 하였다. ShL Cha.54b7-8 참조: ...'grel pa gsar ma las, nyon mongs drag pa ni zag pa rnams phyir zhing rgyun ma chad par kun tu spyod kyang ngo tsha shes pa dang khrel yod pa chung ngu tsam yang mi skyed pa dang/.

257 『瑜伽師地論』(T30) p.537b16-20: 云何名爲菩薩慚愧 當知慚愧略有二種 一者自性 二者依 處 言自性者 謂諸菩薩於罪現行 能正覺知我爲非法 內生羞恥 是名爲慚 卽於其中能正覺知 於 他敬畏外生羞恥 是名爲愧.

좋아하는 것으로 해석한다.[258] '견시공덕見是功德'은 악행을 허물로 보지 않고 공덕으로 보는 것을 의미한다.[259]

『보살정도』에서는 이들 번뇌에 대해 다음과 같이 설명하고 있다.

애락愛樂하여 후에 현행하고자 하는 것과 허물로 간주하지 않는 것不見過患, 이 두 가지는 후자인 번뇌가 크게 되는 것이 분명하다. 비록 전자가 있다고 해도 과환過患으로 본다면 부끄러움이 생기한다. 그러나 과환으로 보지도 않는다면 부끄러움이 생기하지 않기 때문이다. 또한 과환으로 보는 경우 참괴慚愧가 반드시 생기하지는 않는다고 해도, 과환으로 보지 않는다면 그 둘慚·愧은 당연히 생기하지 않게 된다. 그러므로 상품전上品纏의 모든 지분支分이 갖춰지지 않았을 때, 과환으로 본다면 나머지 것(세 가지)들이 모두 갖춰졌다고 하더라도 하품전下品纏임을 알아야 한다. 과환으로 보지 않는다면 중품전中品纏임을 알아야 한다. 과환으로 보지 않는다면 참괴는 없으며 참괴가 생겨난다면 과환으로 본다는 것은 분명하기에 그 둘을 별도로 간주하지 않는다.[260]

---

258 ShL Cha.55b4-6: …'di la slob dpon yon tan 'od kyis/ mgu ba ni bsam pa thag pa nas dga' ba skyed pa dang dga' ba sbyor ba'i sgo nas gnas pa la 'chad pa ltar mgu ba ni nyes spyod de la dga' ba yin la dga' ba ni nyes spyod de sgrub pa'i sbyor ba la dga' ba tsam la byas na dgongs pa mthun nam snyam mo/.

259 ShL Cha.55b7: de nyid la yon tan du lta ba ste 'di yi don bya ba de la nyes dmigs su mi lta ba….

위 내용에 따르면, 과환으로 보는 경우見過患라도 반드시 참괴의 마음이 생기하는 것은 아니다. 그러나 참괴의 마음이 생겨났다는 것은 과환으로 간주했음을 의미한다. 상품전은 네 가지 즉, 위에서 살펴보았던 '삭삭현항', '도무참괴', '심생애낙', '견시공덕'이 모두 있는 경우를 말한다. 과환으로 보지 않으면서見是功德 나머지 세 가지가 모두 갖춰지지 않은 경우는 중품전임을 알 수 있다. 그리고 과환으로 보는 경우 즉, '견시공덕'이 갖춰지지 않은 경우는 나머지 것들이 모두 있다고 하더라도 하품전임을 알 수 있다.

삼품전三品纏에 대해서는 분명한 이해를 필요로 한다. 왜냐하면 「계품」에서는 환정還淨과 관련하여 상품上品의 번뇌로 범한 경우에는 다시 받아야 하며, 중품中品의 번뇌로 범한 경우에는 세 사람이나 그 이상의 사람들에게 참회하고, 하품下品의 번뇌로

---

260 ShL Cha.60a3-7:...mgu zhing dga' ba dang phyi ma la spyod 'dod yod pa dang/ nyes dmigs su mi lta ba gnyis ni phyi ma nyon mongs che bar gsal te snga ma yod kyang nyes dmigs su lta na 'dzem pa skyes yod la nyes dmigs su ye mi lta na 'dzem pa skyes med pa'i phyir ro/ /de la nyos dmigs su lta ba la ngo tsha khrel yod dang ldan pas ma khyab kyang nyes dmigs su lta ba med na de gnyis mi skye bas khyab bo/ /des na kun dkris chen po'i yan lag ma tshang ba'i tshe nyes dmigs su lta ba 'dug na lhag ma thams cad tshang yang chung ngur shes par bya la nyas dmigs su lta ba mi 'dug na 'bring du shes par bya'o/ /nyes dmigs su lta ba med pa na ngo tsha khrel yod med la ngo tsha khrel yod byung na nyes dmigs su lta ba 'byung bar nges pas de gnyis zur du ma brtsis so/.

범한 경우에는 한 사람 혹은 만약 그러한 사람을 따르지 못할 경우에는 스스로 청정한 마음으로 참회해야 한다[261]고 구분지어 말하고 있기 때문이다. 쫑카빠는 참회와 관련하여 다음과 같이 말을 더하고 있다.

> 보살율의를 구족하지 않고 별해탈만을 구족한 이로는 비구·비구니를 필요로 한다. 왜냐하면 사미 등은 별해탈을 범한 것을 참회하는 대상對悔境으로 적합하지 않기 때문이다. 참회하는 자가 출가자라면 참회하는 대상은 출가자라야 하며, 재가보살은 옳지 않다고 생각한다.[262]

여기에서 보면 쫑카빠는 참회자가 대승의 재가자인 경우와 출가자인 경우 그 참회의 대상을 다르게 구분하고 있음을 알 수 있다. 『보살정도』에서는 『집학론』을 빌어 『허공장경』의 '보살이 오무간죄 등을 범하는 경우, 삼십오불三十五佛에게 주야로 전념하여 중죄를 참회해야 한다'는 내용을 인용하고 있고, 또 『입보살행』

---

261 『瑜伽師地論』(T30) p.521a22-b5 참조.
262 ShL Cha.85a8-b1: /de yang byang sems kyi sdom pa dang mi ldan pa'i so thar gyi sdom ldan ni dge slong pha ma dgos te/ dge tshul sogs ni so thar gyi yang ltung ba bshags pa'i yul du mi rung bas so/ /'chags pa'i rten rab byung yin na bshags yul rab byung yod na byang sems khyim pa la yang mi rung ngam snyam mo/.

의 '주야로 세 번, 삼취三聚[263]를 염송하고 부처와 보리심에 의지하여 다른 위범을 없앤다'[264]는 구문을 인용하고 있다.[265] 중관류의 이러한 참회 방식은 「계품」의 참회 방식과 구별되는 점이다. 도키야釋舍는 이것과 적천의 14타승처법의 내용이 설명된 점, 중관의 전적을 통한 해설이 많다는 점에서 『보살정도』가 중관과 유식의 내용을 융합하여 설명하고 있다[266]고 지적하고 있다.

---

263 삼취(三聚)는 죄악참회(罪惡懺悔), 복덕수희(福德隨喜), 보리회향(菩提廻向)을 말한다. BPJK La.105b5: phung po gsum po rnams ni sdig pa bshags pa dang/ bsod nams la rjes su yi rang ba dang/ byang chub tu bsngo ba rnams kyis mdor bsdus pa'i phung po gsum pa rab tu gdon par bya'o/.

264 BPJ La.14a3: /nyin dang mtshan mo lan gsum du/ /phung po gsum pa gdon bya zhing/ /rgyal dang byang chub sems bsten pas/ /ltung ba'i lhag ma des zhi bya/.

265 이에 해당하는 부분은 ShL Cha.87b-88b8.

266 釋舍幸紀(1981) p.254.

| 제3장 |
보살계와 보살도의 관계

1. 보살계 성격

(1) 보살계 특징

「계품」에서는 보살계의 아홉 가지 성상性相[1] 가운데 하나인 자성계自性戒가 갖추는 공덕에 대해 다음과 같이 말한다.

> 무엇이 보살의 제 성품의 계율인가. 요약해서 말하자면, 네
> 가지 공덕을 갖추고 있으며, 이것을 보살의 제 성품의 계율이라
> 고 하는 것임을 알아야 한다. 무엇이 네 가지인가. 첫째는 다른
> 이로부터 바르게 받음이요, 둘째는 착하고 깨끗하게 하려 하는

---

1 '自性, 一切, 難行, 一切門, 善士, 一切種, 遂求, 二世樂, 清淨'. 『瑜伽師地論』(T30)
   p.510c12-15 참조.

뜻이요, 셋째는 범한 뒤에 다시 깨끗이 함이요, 넷째는 깊이 공경하고 생각을 오롯하게 하여 어기거나 범함이 없음이 그것이다.[2]

그리고 이 네 가지 공덕에 대해 다음과 같이 설명을 더한다.

모든 보살은 다른 이로부터 바르게 받음과 착하고 깨끗하게 하려는 뜻을 의지로 삼기 때문에 부끄러움을 내며, 부끄러워하기 때문에 받은 실라를 잘 막아 보호한다. 받은 계율을 잘 막아 보호하기 때문에 모든 나쁜 짓을 여의게 된다. …또 이 가운데서, 다른 이로부터 바르게 받음과 착하고 깨끗하게 하려 하는 뜻과 깊이 공경하고 생각을 오로지 하여 어기거나 범함이 없음의 이 세 가지 법 때문에 보살이 받은 깨끗한 계율을 훼손하지 않는 줄 알아야 하며, 범한 뒤에 도로 깨끗이 한다. 이 한 가지 법 때문에 범한 뒤에 도로 내게 하는 줄 알아야 한다.[3]

여기에서 쫑카빠는 "앞의 두 공덕이 뒤의 두 공덕을 이끌기 때문에 전자는 인因, 후자는 과果의 관계로 된다"[4]고 하였다. 그런

---

2 『瑜伽師地論』(T30) p.510c16-19: 云何菩薩自性戒 謂若略說具四功德 當知是名菩薩自性戒 何等爲四 一從他正受 二善淨意樂 三犯已還淨 四深敬專念無有違犯.

3 『瑜伽師地論』(T30) pp.510c19-511a3: 菩薩從他正受善淨意樂 爲依止故生起慚愧 由慚愧故能善防護所受尸羅 由善防護所受戒故離諸惡作... 又於是中 從他正受 善淨意樂 深敬專念無有違犯 由此三法應知能令不毁菩薩所受淨戒 犯已還淨 由此一法應知能令犯已還出.

데 여기에서 특히 주목해야 하는 점은 바로 계를 범한 뒤에 다시 깨끗하게 된다는 점이다.[5] 이는 타승처법을 범했을 경우, 비구는 별해탈계를 버리는 것이 되어 현세에 다시 계를 받을 수 없지만, 보살의 경우는 다시 정계율의淨戒律儀를 받을 수 있다[6]는 것을 의미한다.

성문은 자신의 해탈을 목적으로 하기 때문에 출리심出離心을 핵심으로 하며 대승의 경우는 자리와 이타를 추구하며 보리심의 발현을 핵심으로 한다. 쫑카빠 역시 보리심이 대승에 들어가는 데 가장 중요한 것이라고 하였다.[7] 그러므로 성문계는 자신의 증득을 위해 자신의 도道를 청정하게 지니는데 한정되지만, 대승계

---

4 ShL Cha.7a3-4: /yon tan snga ma gnyis kyis phyi ma gnyis 'dren par byed pas snga ma gnyis rgyu dang phyi ma gnyis 'bras bur rig par bya ste….

5 안성두는 환정(還淨)이 대승불교의 가장 큰 정신적 태도의 하나이며, 종성론(種姓論)에도 적용된다고 보고 있다. 그는 후대 중국불교계의 입장은 이러한 점을 불변의 선천적인 것으로 파악하는데, 이러한 입장은 「보살지」의 경우와 전혀 다르다고 강조한다. 안성두(2006) p.162, no.16 참조.

6 『瑜伽師地論』(T30) p.515c15-20: 非諸菩薩 暫一現行他勝處法 便捨菩薩淨戒律儀 如諸苾芻犯他勝法卽便棄捨別解脫戒 若諸菩薩由此毀犯 棄捨菩薩淨戒律儀 於現法中堪任更受非不堪任 如苾芻住別解脫戒犯他勝法 於現法中不任更受.

7 LRChM Ka.148b8-149a2 참조: /de gnyis gang gi sgor 'jug kyang 'jug sgo ni byang chub kyi sems kho na yin te/…/de dang nam bral ba na stong pa nyid kyi rtogs pa sogs pa'i yon tan ci yod kyang nyan thos la sogs pa'i sar ltung zhing/ theg chen las nyams pa yin par theg pa chen po ba'i gzhung du ma las gsungs shing…/([바라밀승과 밀승] 이 두 승의 어떤 문에 들어가든지 그 문에 들어가는 것은 오직 보리심일 뿐이니…이것을 어느 때 여읜다면 空性을 아는 등의 공덕이 아무리 있다 해도 성문 등의 지위에 떨어지게 되며 대승을 잃게 된다고 많은 대승경전에서는 말한다….)

는 이타의 정신에 기반을 두고 보살행을 가로막는 것을 억제하는데 중점을 두는 것이다.[8] 이러한 점은 대·소승의 교법의 차이가 발심發心에 있는 것처럼 계에서도 보리심의 공덕 때문에 위와 같은 수승함이 인정되는 것이다.

쫑카빠는 보리심의 수승함을 특히 원심願心에서 찾는다. 그리고 다시 청정해질 수 있는가 없는가는 바로 원심을 여의었는가 아닌가의 차이에 있다고 말한다. 이와 관련해서는 『보살정도』에서 다음과 같이 말한다.

> 원심을 여의지 않는다면 다시 청정해질 수 있고 여의었다면 다시 청정해질 수 없다는 차이가 있는 것은 무엇인가? 별해탈율의를 갖춘 이에게는 누구든지 근본죄를 범하고 다시 받게 된다면 차별에 그 의미는 없게 되겠지만, 그것은 아니다. 왜냐하면 이처럼 보살의 별해탈계를 갖춘 이에게는 별해탈의 근본죄를 범함이 있으면 근본죄를 범한 뒤 바로, 그 기간에 이전에 일으켰던 발심을 여의지 않는다면 다시 받을 수 있으며, 만일 보살일지라도 근본죄를 범하는 행위를 실제로 행하고서 바로, 그 기간에 발심을 버리고서 갖추지 않고 여의었다면 다시 생기할 수 없다. 이것이 가능하다면 소승의 근거에도 너무나 어긋나게 된다.[9]

----

8 土橋秀高(1984) p.114.

9 ShL Cha.58a8-b2: ...smon sems dang ma bral na bcos su yod pa dang bral

수계受戒는 맹세를 하는 것이며 지계持戒는 자신이 맹세한 것을 계속 지켜가는 것으로서, 수계를 통해 결의를 굳게 하고 지계로써 그 결의를 항상 지니는 것이다.[10] 보살계는 발심을 하고서야 계를 받을 수 있기 때문에 발심을 버렸다면 이미 계로서의 의미는 상실하게 된다.

보살계가 성문계와 구별되는 또 다른 특징은 성죄性罪에 대한 허용에서도 나타난다. 「계품」에서는 이와 관련하여,

> 만약 모든 보살이 보살의 깨끗한 계율의 거동에 편안히 머무르면서 좋은 권도방편으로써 다른 이를 이롭게 하려는 까닭에 모든 성죄에 대하여 조그마한 부분이 현행되어도, 이 인연으로 보살계에 대하여 어기고 벌하는 바가 없을 뿐더러 많은 공덕이 생긴다.[11]

---

na bcos su med pa'i khyad par 'ong ba ci zhe na so thar gyi sdom ldan gang yang rung ba la rtsa ltung byung ba phyir blang du yod na khyad par de don med kyang de ni ma yin te 'di ltar byang sems so thar gyi sdom ldan de la so thar gyi rtsa ltung byung na rtsa ltung byung ba'i 'og de ma thag yan chod du sngar bskyed pa'i sems bskyed dang ma bral na phyir blang du yod la/ gal te byang sems yin yang rtsa ltung gi sbyor dngos mjug de ma thag yan du sems bskyed btang nas mi ldan par bral na phyir bskyed du mi rung ste de rung na theg pa dman pa'i rten la yang ha cang thal bar 'gyur ro/.

10 土橋秀高(1982) p.54.

11 『瑜伽師地論』(T30) p.517b6-8: 若諸菩薩安住菩薩淨戒律儀 善權方便爲利他故 諸性罪少分 現行 是因緣於菩薩戒無所違犯生多功德.

라고 말한다. 여기에서 성죄에 대해 허용되는 경우는 바로 중생의 미래를 위하여 연민의 마음을 가지고 자신과 남을 바꿔서 생각할 수 있는 마음[12] 즉, 대승에서 추구하는 보살의 마음을 지니고 있을 때이다. 따라서 대승의 보살은 그 뜻과 동기가 순수한 대승의 이타정신을 이해하고 반야와 방편을 동반한 자비심을 가지고 이타를 위해 실천해야만 하는 것이다.[13]

성문계의 경우는 타율적이며 계를 범했을 때 승가의 제재가 이뤄진다. 그러나 대승계의 경우는 성죄를 범하는 것까지 허용되고, 다시 청정해질 수도 있다. 대승계의 경우는 철저히 이타의 정신을 근거로 하는 보리심의 발현이 반드시 필요하다. 이러한 기본전제가 이뤄지지 않았을 때, 보리심이라는 명목 하에 잘못 행해지는 여러 가지 업들로 승단의 타락은 막을 수 없게 되며,[14] 대승의 사상까지도 잘못 이해될 위험성이 있게 된다.

「계품」과 『보살정도』에서는 철저한 대승의 정신에 입각한 자에 한하여 대승계의 수지와 성죄에 대한 허용을 인정한다. 쫑카빠는 보다 구체적으로 신·구身口의 일곱 가지가 허용되는 사람에 대해 다음과 같이 말한다.

---

12 ShL Cha.71a2: ...phyi ma la snying brtse ba'i sems kho na nye bar bzhag pa ste bdag gzhan brje phod pa'o/.

13 藤田光寬(2000) pp.121-122.

14 마성(2006) p.56 참조.

살생 등의 업에 있어서 이타를 행하는 사람은…아직 지위地位, sa를 획득하지 않은 자이지만, 육바라밀을 수습하는 자인 것만으로는 충분하지 않으며 수 겁 동안 수도하여 방편에 능통하고 대자비를 지닌 보살이어야 한다. 또한 이는 보살율의를 수지하고서 보살학처를 여법하게 수학하는 자로서, 자신보다 남을 소중히 하는 보리심을 지닌 자이며, 살생 등이 아닌 다른 방법을 찾지 못한 보살이 남을 위하는 경우 허용되는 것일 뿐, 모든 대승인 자들에게도 허용되는 것은 아니다. 그러므로 보살율의를 여법하게 수학하는 것만으로도 허용되지 않는다면, 율의를 지키지 않는, 스스로 대승이라고 하는 자들인 경우 비심悲心과 보리심을 발한 것처럼 있어도 절대 안 된다.[15]

이러한 점에서 볼 때, 대승계에서 허용하고 있는 내용들은 단지 대승을 따른다는 자들에게 허용되는 것이 아니라, 방편에 능통하고 여법하게 보살율의를 수지하는 자들에게 비로소 인정되

---

15 ShL Cha.70a5-b2: …srog gcod pa sogs kyi las la gzhan don du 'jug pa'i rten ni…sa ma thob pa'i phyin drug la spyod pa tsham gyis mi chog gi bskal pa du mar lam la goms pa thabs la mkhas pa dang snying rje chen po dang ldan pa'i byang sems dgos so/ /de yang byang sems kyi sdom pa bzung nas byang sems kyi bslab pa la tshul bzhin du slob pa bdag pas gzhan gces pa'i byang chub kyi sems dang ldan pa srog gcod pa sogs las gzhan pa'i thabs ma rnyed pa'i byang sems gzhan don du 'gyur na gnang ba yin gyi theg chen pa thams cad la gnang ba min pas/ byang sems kyi sdom pa la tshul bzhin du slob pa tsam la yang ma gnang na sdom pa mi srung ba'i theg chen par khas 'che ba rnams la ni snying rje dang sems bskyed ltar snang re yod kyang gtan byar mi rung ste/.

는 것임을 알 수 있다. 쫑카빠는 이타의 내용을 언급하면서 "신통을 지니지 않은 동안에는 이타가 중심으로 되기 어렵다"[16]고 말한다. 이는 이타와 자리를 구분하는데 중요한 판단기준이 되는 것으로서, 일반 대승인 자들은 함부로 이타라는 명목 하에 계를 범해서는 안 된다는 것을 의미한다. 따라서 단지 육바라밀을 수행한다는 것만으로 성죄性罪가 허용될 수는 없다는 것을 알 수 있다. 쫑카빠는 "보살율의 자체에 대해서도 보살학처에 대해 배우려고 하지 않는 자와 원심을 일으키지 않은 자에게는 보살율의를 줘서는 안 된다"[17]고 밝힘으로써, 대승계가 기본적으로 엄격히 자기조율을 할 수 있고 보리심을 발한 자에게만 계를 줘야 한다고 강조하고 있다.

(2) 성문계와 대승계의 융합

『보살정도』에서는 「계품」에 대한 설명에서 『보리도등』과 『보리도등난처석』을 자주 인용한다. 그 이유는 바로 이들 논저가

---

16 ShL Cha.24a4: …mngon par shes pa dang mi ldan pa'i ring la gzhan gyi don byed pa gnad du 'gro dka' ba….

17 ShL Cha.29b1-2: /sdom pa bzung ba tsam byed kyi byang sems kyi bslab pa la slob 'dod med pa dang smon sems ma bskyed pa la ni sdom pa sbyin par mi bya'o/.

계의 내용에서는 「계품」을 인용하여 설명하고 있기 때문이다.

아띠샤는 별해탈계를 구족한 자가 바로 보살계를 수지할 수 있다고 보면서도 『보리도등난처석』에서 "이미 [대승의] 종성種姓을 키우거나 대승에 익숙한 자는 자연히 죄를 짓지 않기 때문에 보살계를 바로 처음부터 받아도 잘못이 없다."[18]라고 말한다. 쫑카빠 역시 앞에서 밝혔듯이 별해탈계를 갖추지 않았더라도 보살율의가 생기할 수는 있다고 말한다. 이는 『대승장엄경론』에서,[19]

> 보살의 종성에 네 가지 특성이 있다. 첫째는 큰 자비를 특성으로 하니, 모든 고통을 받는 중생들을 불쌍히 여기기 때문이다. 둘째는 큰 믿음을 특성으로 하니, 모든 대승의 법을 즐거워하기 때문이다. 셋째는 크게 참음을 특성으로 하니, 모든 난행을 참아서 행할 수 있기 때문이다. 넷째는 큰 행을 특성으로 하니, 모든 바라밀의 자성인 선근을 두루 행하기 때문이다.

라고 말하고 있는 점을 고려할 때 타당한 근거를 갖는다. 그러

---

18 BLGK Khi.258b4-6: ...rigs la gnas pa dar skye ba gzhan du theg pa chen po la goms par byas pa ni de rang bzhin gyis sdig pa mi spyod pas byang chub sems dpa'i sdom pa de nyid dang po nyid du blangs kyang nyes pa med do/.

19 『大乘莊嚴經論』(T31) p.594c10-13: 菩薩種性有四種相貌 一大悲爲相哀愍一切苦衆生故 二大信爲相 愛樂一切大乘法故 三大忍爲相 能耐一切難行行故 四大行爲相 遍行諸波羅蜜自性善根故.

나 쫑카빠는 별해탈율의를 구족하고 더 높은 율의를 받는 것이 원만하다고 말함으로써 그 차제가 중요하다는 점을 분명히 말하고 있다.

소승과 대승 간에는 자신의 해탈을 목적으로 한다는 점과 이타를 추구하며 보리심을 중심으로 한다는 점의 교법 차이 이외에 그 가르침에 따라 수지하게 되는 계의 내용에도 차이가 있다. 「계품」에서는 성문의 별해탈계를 율의계로 하고, 삼취정계를 대승계로 말한다. 그러나 그 구체적인 내용, 예를 들어 성죄의 경우를 보더라도 구체적인 조목條目을 살펴보면 서로 모순되는 내용들이 있다. 이러한 점에서 대승계와 성문계는 서로 융합할 수 없다는 견해가 계속 제기되어 왔던 것이다.

대승의 자리이타는 성문의 자리 즉, 자신의 해탈을 추구하는 출리심을 배제한 것이 아니다. 쫑카빠는 자신이 구제되지 않고서는 남을 구제할 수 없다고 하였으며, 자신과 남을 성숙하게 하기 위해 삼취정계가 필요한 것이라고 하였다. 이러한 점은 그가 성문계를 대승계와 대립하는 개념이 아니라 포함되는 개념으로 이해하고 있음을 의미한다. 성문계와 대승계는 신·구업을 다스리는가 아니면 신·구·의업을 다스리는가로 구분할 수 있다.[20]

---

20 『攝大乘論』(T31) p.127a1-2: 菩薩有治身口意三品爲戒 聲聞但有治身口爲戒.

자신을 성숙시킨다는 것은 악행을 버리고 선행을 포섭하는 것으로서, 바로 신·구업을 청정하게 하는 것이 요구되며, 남을 성숙하게 하는 것으로는 의업까지 청정하게 하는 것이 필요하게 된다. 이는 대승이 성문계의 내용을 포함하고 있다는 점을 의미하며 서로 부정되는 관계가 아니라는 것을 의미한다. 따라서 쫑카빠는 별해탈계를 갖추지 않고서 대승계를 받는 것이 원만하지 않다고 말하는 것이다.

대승계가 성문계에 의지하지 않아도 된다는 반론에 대해 쫑카빠는 소승의요와 별해탈계를 잘못 인식했기 때문이라고 하였다.[21] 이는 '자리만을 추구하는 것'과 '자신을 조율하고 악을 끊는 수행'이 분명히 구분되어 이해되어야 한다는 입장을 나타낸다. 그는 대승과 소승을 구분하는 판단기준을 발심에서 찾는다. 별해탈계는 소승의 경우, 자신의 해탈을 이루기 위해 수행자 자신의 신·구업을 청정하게 하고 수도에 있어서 악행을 억제하기 위해 수습되는 것이다. 그러나 대승에서는 이타와 관련되어 논의되고 있음을 알 수 있다. 대승에서 보살행은 실천되어야 하는 것으로서 그 교법에 따라서 계도 실천되어야 하는 것이다.[22] 대승에서의 별해탈계 즉, 율의계는 삼취정계가 갖는 세 가지 특성

---

21 앞의 2장 주)8 참조.
22 荒牧典俊(1967) p.67.

의 하나인 것으로 섭선법계와 요익유정계와 함께 논의된다. 따라서 별해탈계가 자리에 정체되는 한 성문계의 별해탈계이고, 이타를 지향할 때는 보살의 율의계가 되는 것이다.[23] 이러한 점은 별해탈계가 이미 소승의요와 관련되어 설명되는 것이 아니라 대승의 성격에서 논의되어야 한다는 점을 의미한다.

쫑카빠는 이타를 위해서는 먼저 자신을 성숙시켜야 한다고 말한다. 대승계에서 별해탈계가 근본이 되어야 한다는 그의 견해는 이타를 위해 자신의 조율과 성숙이 요청되는 것임을 알 수 있다. 이러한 점에서 그는 소승의요와 별해탈계는 구분되어야 한다는 입장을 밝히고 대승계가 별해탈계를 포함하는 것이라고 설명한다.

2. 보리심의 수습

(1) 보리심의 발현

쫑카빠는 오직 바라밀승과 진언승만이 대승이며 그 어느 쪽이

---

23 羽田野伯猷(1986e) p.142.

든 대승에 들어가는 것은 보리심뿐이라고 하고[24] 다음과 같이
설명을 더한다.

> 법이 대승인 자의 법이라고 하는 것으로는 충분하지 않으며
> 그 사람이 대승인 자로 들어가는 것이 중요하다. 대승인 자로
> 되는 것도 오직 보리심에 달려 있기 때문에 그 마음을 이해하는
> 정도 밖에 없다면 대승인 자도 또한 그것과 비슷한 정도이다.
> 그 마음을 갖추고 있다면 [그] 대승인 자도 청정할 수 있기 때문
> 에, 이것에 대해 노력해야 한다.[25]

여기에서 알 수 있듯이, 대승에 이르는 길은 그 가르침의 내용
이 아니라 보리심에 따른 것이며, 보리심이 원만하지 못하다면 진
정한 대승은 될 수 없다. 따라서 『입보살행』에서도 "보리심을
생기하면 바로 생사의 감옥에 얽매여 괴로워하는 자들은 여래의
자식으로 불리며 세간의 인·천 등으로부터 존경받는다."[26]고 찬

---

24 LRChB Kha.212a1-3: /de ltar theg chen la 'jug dgos na 'jug sgo gang nas yin
snyam na/ de la rgyal bas phar phyin dang sngags kyi theg chen gnyis gsungs
kyi de las gzhan pa'i theg chen ni med do/ de gnyis gang gi sgor 'jug kyang
'jug sgo ni byang chub kyi sems kho na yin te/.

25 LRChB Kha.212a7-b1: /des na chos theg chen pa'i chos yin pas mi chog gi
gang zag de theg chen par tshud pa zhig gal che'o/ /theg chen par byed pa
yang byang chub kyi sems nyid la rag las pas na/ sems de go ba tsam las
med na theg chen pa yang de dang 'dra la/ sems de mtshan nyid tshang ba
zhig yod na theg chen pa yang rnam dag cig 'ong bas/ 'di la 'bad par bya'o/.

탄하고 있는 것이다.

쫑카빠는 보리심을 수습하는 차제로 아띠샤와 적천의 전승을 계승한다.

먼저 아띠샤의 전승은 "정등각은 보리심에서, 보리심은 증상의 요에서, 그 의요는 대비大悲에서, 대비는 대자大慈에서, 대자는 은혜에 보답하는 것에서, 은혜에 보답하는 것은 은혜를 기억하는 것에서, 은혜를 기억하는 것은 어머니로 보는 것에서 생긴다"[27]고 하는 일곱 가지 인과의 가르침을 말한다. 여기에서 가장 근본이 되는 원인은 '모든 유정을 자신의 어머니로 생각하는 것'임을 알 수 있다. 쫑카빠는 그 이유 대하여 다음과 같이 말한다.

일반적으로 고통을 여의고자 하는 정도는 그 유정의 고통을 거듭해서 생각하면 생겨나지만 그 마음이 쉽게 일어나는 것과 강력하면서도 견고하게 생겨나기 위해서는 눈앞에 그 유정을 사랑하고 소중히 하며 안타까워하는 모습을 지녀야 한다. 친한

---

26 BPJ La.2a5-b1: /byang chub sems skyes gyur na skad cig gis/ /'khor ba'i btson rar bsdams pa'i nyam thag rnams/ /bde gshegs rnams kyi sras zhes brjod bya zhing/ /'jig rten lha mir bcas pas phyag byar 'gyur/.

27 LRChB Kha.213a6-7: /rgyu 'bras bdun ni rdzogs pa'i sangs rgyas byang chub kyi sems las 'byung la/ sems de lhag bsam las dang/ bsam pa de snying rje las dang/ snying rje byams pa las dang/ byams pa drin du gzo ba las dang/ drin du gzo ba drin dran pa las dang/ drin dran pa ni mar mthong ba las 'byung ste bdun no/.

이에게 고통이 생기면 견딜 수 없다.…그 가운데 첫째는 사랑하기 때문이다. 더구나 소중히 여길수록 고통은 더욱 견딜 수 없다.…그처럼 한다면 유정을 친한 이라고 수습하는 것은 사랑하는 마음을 일으키기 위함이며, 가장 친한 이는 어머니이기에 어머니라고 수습하는 것과 그 은혜를 기억하는 것과 은혜에 보답하는 것, 세 가지는 사랑하고 소중히 여기는 것을 이루는 것이다. 그리고 중생을 외아들처럼 깊이 사랑하는 대자大慈는 그 세 가지의 결과이며, 그것에 의해 대비大悲가 생기도록 한다.[28]

그런데 아띠샤 역시 보리심의 차제와 관련해서 "자애로운 마음을 먼저 일으킨다"[29]고 하고, "[모든 유정이] 어머니였음을 알고서 은혜를 갚겠다는 마음이 생기는 것이 자심이고, 자심에서 비심이 생기하며 비심에서 보리심이 생기한다"[30]고 설명하고 있

28 LRChB Kha.214a7-b6: spyir sdug bsngal dang 'bral 'dod tsam zhig ni sems can de'i sdug bsngal yang yang bsams na skye mod kyang/ blo de skye sla ba dang/ shugs drag la brtan por skye ba la ni/ sngon du sems can de yid du 'ong zhing gces la phangs pa'i rnam pa can zhig dgos te/ gnyen la sdug bsngal byung na mi bzod la/.../de la dang po ni/ yid du sdug pa yod pas yin la/ de yang ji tsam gces pa de tsam du sdug bsngal la mi bzod pa yang de tsam du skye ste/...de ltar byas na sems can gnyen du sgom pa ni yid 'ong bskyed pa'i ched yin la/ gnyen gyi mthar thug ni ma yin pas/ mar sgom pa dang/ de'i drin dran pa dang/ drin lan gzo ba gsum ni yid du 'ong zhing gces pa sgrub byed yin la/ sems can la bu gcig pa ltar snying du sdug par 'dzin pa'i byams pa ni/ de gsum gyi 'bras bu yin te/ des snying rje skyed par byed do/.

29 BLG Khi.238b5: /byams pa'i sems ni sngon 'gro bas/.

30 BLGK Khi.249a2-3: /byams pa'i sems ni sngon 'gro bas/ /zhes pa ni mar 'du

다는 점에서 쫑카빠가 말하는 내용은 바로 아띠샤와 같다는 것을 알
수 있다.

쫑카빠는 대자심의 소연所緣과 수습修習에 대해 다음과 같이 말
한다.

> 대자심의 소연은 안락이 없는 유정이며, 그 양상은 '안락함을
> 접할 수 있다면 얼마나 좋을까', '안락하게 하소서'라고 생각하는
> 것과 '안락함을 접하도록 할 것이다'라고 생각하는 것이다.[31]

> 자심을 수습하는 차제는 먼저 친구, 그 다음은 중간인 사람,
> 그 다음은 적에 대해 수습해야 하며, 그 다음에 모든 유정에 대
> 해 순서대로 수습한다. 수습하는 방식은 유정이 고통으로 괴로
> 워하는 모습을 거듭해서 생각하면 자심이 생기는 것처럼, 유정
> 에게 유루有漏 · 무루無漏의 안락이 없으며, 안락이 없는 모습들
> 을 반복해서 생각한다. 그것에 익숙하면 안락하게 하고자 하는
> 욕구가 저절로 생긴다.[32]

---

shes pa las drin du gzo ba'i sems 'byung ba ni byams pa'o/ /byams pa'i sems
las snying rje'i sems 'byung la snying rje'i sems las byang chub kyi sems 'byung
bas na bdag gis 'dir/ byams pa'i sems ni sngon 'gro bas/ /zhes smras so/.

31 LRChB Kha.217b5: /byams pa'i dmigs pa ni bde ba dang mi ldan pa'i sems
   can no/ /rnam pa ni bde ba dang phrad na ci ma rung/ bde ba dang phrad
   par gyur cig snyam pa dang/ bde ba dang phrad par bya'o snyam pa'o/.

32 LRChB Kha.218a5-8: /byams pa sgom pa'i rim ba ni thog mar mdza' bshes
   dang/ de nas bar ma dang/ de nas dgra la bsgom par bya zhing/ de nas sems

여기에서 소연과 관련된 세 가지 양상은 유정을 바라보는 마음 자세로서 점차 적극적인 형태로 전개되는 것임을 알 수 있다. 자심을 수습하는 차제는 자신과 가장 가까운 사람들로부터 점차 범위를 넓혀 모든 유정들로 확대한다. 그리고 이들이 고통을 받고 안락을 얻지 못하는 것을 보고 구제하겠다는 마음을 일으키는 것에서 자심은 자연스럽게 나오게 된다.

대비심의 소연과 수습은 다음과 같다.

> 대비심의 소연은 세 가지 고통[33]으로 괴로워하는 유정이다. 그 양상은 '고통을 여의었으면'하고 생각하는 것과 '벗어나소서'라고 생각하는 것, '여의도록 하겠다'고 생각하는 것이다.
>
> 수습하는 차제는 먼저 친구이고 그 다음은 중간인 사람, 그 다음은 적, 그 다음은 시방의 모든 유정에 대해 수습한다. 이와 같이 사捨, 자慈, 비悲에 대해 대상을 각각 구분하고 차제대로 수습한다.

---

can thams cad la rim pa bzhin du bsgom mo/ /sgom tshul ni ji ltar sems can sdug bsngal gyis sdug bsngal ba'i tshul yang yang bsams na snying rje skye ba ltar/ sems can la zag bcas zag med kyi bde ba med cing/ bde bas phongs lugs rnams yang yang bsam ste/ de goms pa na bde ba dang phrad 'dod ngag gis 'byung la/.

33 고고(苦苦)·괴고(壞苦)·행고(行苦)를 말한다. 모든 마음에 드는 유루의 행법은 '괴고'에 부합하고, 마음에 들지 않는 유루의 행법은 '고고'에 부합하며, 이외의 나머지 유루인 행법은 '행고에' 부합한다. 『俱舍論』(T29) p.114b9-12: 此中可意有漏行法與 壞苦合故名爲苦. 諸非可意有漏行法與苦苦合故名爲苦. 除此所餘有漏行法與行苦合故名爲苦.

수습하는 방식은 어머니였던 그들 유정들이 윤회에 떨어져 일반적인 그리고 각각의 고통을 경험하는 것들을 생각하는 것이다.[34]

여기에서 사捨, 자慈, 비悲는 사무량심의 내용이다. 그 수습은 먼저 중생에 대한 애증이나 친원親怨이 없이 평등하게 마음을 유지한다. 그 뒤에 어머니라고 수습하고 그 은혜를 기억하고 보답하겠다는 대자심을 수습하고 그 뒤에 대비심의 수습을 행한다. 이것은 순서에 따르는 것이며 자·비를 각각 그 차제에 맞게 수습해가는 것이다.

증상의요는 '안락함을 접한다면' 그리고 '고통을 여읜다면'이라고 생각하는 대자와 대비로는 충분하지 않고, '내가 유정들에게 이로움과 안락을 이룬다'고 하는 생각으로서[35] 중생제도의 짐을

34 LRChB Kha.218a8-b7: /snying rje'i dmigs pa ni sdug bsngal gsum gyis ci rigs par sdug bsngal ba'i sems can no/ /rnam pa ni sdug bsngal de dag dang bral na snyam pa dang/ bral bar gyur cig snyam pa dang/ bral bar bya'o snyam pa'o/ sgom pa'i go rim ni/ thog mar mdza' bshes dang/ de nas par ma dang/ de nas dgra dang/ de nas phyogs bcu'i sems can thams cad la yang bsgom mo/ de ltar btang snyoms dang/ byams pa dang/ snying rje la yul la so sor phye nas rim can du sgom pa.../sgom tshul ni mar gyur pa'i sems can de rnams srid par lhung nas spyi dang so so'i sdug bsngal ji ltar nyams su myong ba rnams sems pa ste/.

35 LRChB Kha.219a1-4: de ltar byams pa dang snying rje bsgoms ba'i mthar/...bde ba dang phrad na dang/ sdug bsngal dang bral na snyam pa'i byams snying rjes mi chog gi/ sems can la bdag gis phan bde bsgrub bo stam pa'i bsam pa···.

기꺼이 지겠다는 마음을 수습하는 것이다. 증상의요에 대해서는 다음의 '이종보리심二種菩提心과 증상의요增上意樂의 관계'에서 더욱 자세히 논하기로 하겠다.

적천의 전승은 자타교환自他交換의 방식을 말한다. 그의 저서 『입보살행』에서는 다음과 같이 말한다.

> 세간의 모든 안락, 그 모든 것은 남이 안락하기를 바라는 데서 나오네.
> 세간의 모든 고통, 그 모든 것은 자신이 안락하고자 바라는데서 나오네.
> 많은 설명을 할 필요가 있는가. 어리석은 자는 자리를 이루고 모니牟尼는 이타를 이루네. 이 둘은 구별해서 봐야 하네.
> 자신의 안락과 남의 고통들을 올바로 바꿔보지 않으면,
> 붓다를 이룰 수 없으며 윤회에서도 안락은 없네.[36]

쫑카빠 역시 같은 맥락에서 "자신을 소중히 여기는 것은 모든 쇠퇴의 문이요 남을 소중히 여기는 것은 모든 원만함의 처소"로

---

36 BPJ La.28b3-4: /'jig rten bde ba ji snyed pa/ /de kun gzhan bde 'dod las byung/ /'jig rten sdug bsngal ji snyed pa/ /de kun rang bde 'dod las byung/ /mang du bshad lta ci zhig dgos/ /byis pa rang gi don byed dang/ /thub pa gzhan gyi don mdzad pa/ /'di gnyis kyi ni khyad par ltos/ /bdag bde gzhan gyi sdug bsngal dag /yang dag brje ba ma byas na/ /sangs rgyas nyid du mi 'grub cing/ /'khor ba na yang bde ba med/.

생각하라고 하고 있다.[37] 그는 마음을 수습함으로써 자신을 남으로, 그리고 남을 자신으로 보는 것이 가능하다고 하였다. 왜냐하면 『입보살행』에서 말하는 것처럼, 이 몸도 부모의 정혈精血로부터 이뤄진 것이고 다른 사람의 몸 일부에서 이뤄진 것이지만 과거에 수습한 힘에 의해 아집我執이 생기는 것처럼 남의 몸에 대해서도 자신의 것처럼 소중하게 여기는 것을 수습한다면 생기게 되기 때문이다.[38]

자타교환의 방식을 수습하는 데는 두 가지 장애가 있다.

첫째, '나'와 '남'을 구분하는 것이다. 『집학론』에서는,

> 자타의 평등성을 수습하는 것에서 보리심은 견고하게 된다.
> 자타는 의존하는 것으로 저쪽 이쪽과 같이 거짓된 것이다.
> 자신에 의해 저쪽이 아니다. 무엇에 의존해서 이쪽으로 되는가.
> 자체 스스로 성립하지 않는다면 무엇에 의존해서 남으로 되는가.[39]

---

37 LRChB Kha.219b8: ...bdag gces par 'dzin pa rgud pa kun gyi sgo dang/ gzhan gces par 'dzin pa phun sum tshogs pa thams cad kyi gnas su bsam mo/.

38 LRChB Kha.220a4-5: lus 'di yang pa ma'i khu khrag las grub pa yin zhing/ gzhan gyi lus kyi cha shas las grub pa yin yang sngon goms pa'i dbang gis ngar 'dzin skye ba ltar/ gzhan lus la yang rang gi bzhin gces 'dzin goms na skye ste/; BPJ La.29b5: /khu ba khrag gi thigs pa la/ /khyod kyis ngar 'dzin byas pa ltar/ /de bzhin gzhan la'ang goms par gyis/.

39 SKT Khi.192a4-5: bdag gzhan mnyam nyid goms byas pas/ /byang chub sems ni brtan par 'gyur/ /bdag dang gzhan nyid ltos pa ste/ /pha rol tshu rol ji bzhin brdzun/ /dogs te rang gis pha rol min/ /gang la ltos nas tshu rol 'gyur/

라고 하여, 상대에 의지해서 안립된 것일 뿐이며 자성으로서 성립한 것은 아님을 말한다.[40] 자성으로서 성립하지 못하는 것이기 때문에 자타교환을 수습할 수 있는 것이며 자신의 안락과 남의 고통을 별도로 분별하지 않게 되는 것이다.

둘째, 남의 고통 때문에 자신이 침해받지는 않는다는 생각을 없애려고 노력하지 않는 것이다. 쫑카빠는 이에 대해 다음과 같이 부정한다.

> '그렇다면 노인일 때 고통 받을까 두려워하여 젊은 때 재물을 모으지 않게 된다. 왜냐하면 노인 때의 고통 때문에 젊은이가 침해되지는 않기 때문이다. 그와 같이 또한 발의 고통을 팔로 없앨 수는 없는데 이유는 다른 것이기 때문이다.'라고 말한다.…
> 만약 노인과 젊은이의 상속이 동일하고 발과 팔은 하나로 합쳐진 것이기 때문에 자 · 타 둘과 같지 않다고 생각한다면, 상속과 화합은 많은 찰나와 화합이 있는 많은 것들에 있어서 가립된 것일 뿐으로, 자신의 발의 자성은 없으며 자신의 아我와 남의 아我도 그 화합과 상속에 있어서 건립되어야 한다. 따라서 자 · 타는

/bdag nyid rang gis ma grub na/ /gang la ltos te gzhan du 'gyur/; 한역에서 해당부분은 『大乘集菩薩學論』(T32) p.143c2-5: 學自他平等 堅固菩提心 對自成於他 展轉無有實 亦猶立彼岸 由此而對待 彼旣本來無 我性何所有.

40 LRChB Kha.220b8: /zhes bltos sa la ltos nas bzhag pa tsam yin gyis/ rang gi rang gi ngo bos grub pa med par gsungs so/.

의존해서 안립되는 것만이 아닌 자성에 의해 성립되는 것이 아니다. 그러나 무시無始로부터 소중히 여기는 것을 수습한 힘으로 자신의 고통이 생기한 것을 참지 못하기 때문에 남에 대해서도 소중히 여기는 것을 수습한다면 그의 고통에 대해서도 참을 수 없는 것이 생겨난다.[41]

상속은 시간적인 선후관계로 설명되고 발과 팔은 신체의 화합과 관계된다. 상속과 화합은 모두가 자성을 갖고 이뤄진 것이 아니라 각기 다른 것들의 화합일 뿐이며 가립된 것이다. 따라서 자·타를 구분할 수 있는 자성으로서 성립하는 것이 아니기 때문에 자타의 교환이 가능해지는 것이다.

자·타를 바꾸는 것은 결국 자신에 대한 집착을 버리는 것이며 이를 통하여 남을 자신이라고 볼 수 있게 되는 것이다. 따라

---

41 LRChB Kha.221a1-6: de lta na rgyas pa'i tshe sdug bsngal bar dogs nas gzhon dus su nor gsog pa med par 'gyur te/ rgas pa'i sdug bsngal gyis gzhon pa la mi gnod pa'i phyir ro/ /de bzhin du rkang pa'i sdug bsngal yang lag pas mi sel bar 'gyur te gzhan yin pa'i phyir ro/ /zhes gsungs so/.../gal te rgan gzhon rgyud gcig yin zhing/ rkang lag tshogs pa gcig yin pas rang gzhan gnyis dang mi 'dra'o snyam na/ rgyun dang tshogs pa ni skad cig mang po dang/ tshogs pa can mang po la btags pa tsam yin gyi/ rang rkya ba'i ngo bo med la/ rang gi bdag dang/ gzhan gyi bdag kyang tshogs rgyun de la 'jog dgos pas/ bdag gzhan ltos bzhag tsam min ba'i rang gi ngo bos grub pa med do/ /'on kyang thog ma med pa nas gces 'dzin goms pa'i dbang gis rang gi sdug bsngal byung ba la mi bzod pa yin pas/ gzhan la yang gces 'dzin goms na de'i sdug bsngal la yang mi bzod pa skye ba yin no/.

서 자리만을 추구하는 것이 아니라 남의 고통을 헤아리고 안락을 이루고자 하는 이타의 마음이 생기는 것이다. 이는 앞에서 살펴 본 아띠샤의 일곱 가지 인과의 가르침이나 적천의 자타교환의 방식이 그 방법에 있어서는 다르지만 생기하는 마음은 보리심이라는 면에서 같은 속성이 있음을 나타내는 것이다.

(2) 이종보리심二種菩提心과 증상의요의 관계

『집학론』[42]에서는 이종보리심을 원보리심願菩提心과 행보리심行菩提心으로 말하고 그 관련근거로서 『화엄경』「입법계품」의 내용을 말한다.

> 보리심에는 두 종류가 있는데, 원보리심과 행보리심이다. 예를 들어 『화엄경』에서는, "선남자여, 무상정등보리를 서원한 유정은 유정계에서 드물다. 그보다도 무상정등보리로 가는 유정은 더더욱 없다"고 설한 것과 같다.[43]

---

42 적천의 저작이나 한역에서는 법칭(法稱)의 저작인 것으로 나타나 있다.

43 SKT Khi.7a5-6: /byang chub kyi sems de ni rnam pa gnyis te/ byang chub tu smon pa'i sems dang byang chub tu chas pa'i sems so/ /ji skad du sdong po bkod pa'i mdo las/ rigs kyi bu sems can gang dag bla na med pa yang dag par rdzogs pa'i byang chub tu smon pa de dag ni sems can gyi khams na dkon no/ /de bas kyang gang dag bla na med pa yang dag par rdzogs pa'i byang chub tu chas pa'i sems can de dag ni shin tu dkon no zhes gsungs

서원誓願과 발취發趣의 이종보리심설은 적천이 확립한 개념으로
서,[44] 그는 『입보살행』[45]에서 "가려고 하는 자와 가는 자의 구분
이 어떠한지 알아야 한다. 그와 같이 지자智者는 이 둘의 차이를
차제로 알아야 한다."[46]고 원심과 행심의 차이를 밝히고 있다. 『입
보살행』의 주석서에서는,

　　보리를 서원하는 것은 바로 그 마음 혹은 그것에 대한 마음
　이다. 어떤 마음을 서원하는 것에서 생기한 것으로서, 보시 등
　을 행하는 것이 없는 것, 그것이 원보리심이다. 즉, 이와 같이
　"일체 중생을 구하기 위해 부처가 되겠다"고 바로 처음에 서원
　한 마음과 같다. 출발하는 것에 대한 마음 혹은 출발하는 바로
　그 마음으로서, 그것의 자성이기 때문이다. 이전의 마음이 실제
　로 가는 것을 어디에서부터 집지執持하는데, 즉 율의를 받은 자

　　　pa lta bu'o/; 『修習次第·初編』(Ki.25a2)에서도 이종보리심을 원심(願心, smon
　　　pa'i sems)과 행심(行心, zhugs pa'i sems)으로 말하고 있으며, 『화엄경』의 내용을
　　　인용하고 있다.; 한역에서 해당부분은 『大乘集菩薩學論』(T32) p.77a9-13: 菩提心者
　　　此有二種 一者願菩提心 二者住菩提心 如華嚴經云 善男子 復有衆生於衆生界願證難得阿耨
　　　多羅三藐三菩提心 復有衆生住是難得阿耨多羅三藐三菩提心.

44 賴富本宏(1965) p71.

45 한역에서는 용수의 저작으로 되어 있으나 범본이나 티벳본에서는 적천의 작으로
　　　되어 있다. 뤼청 또한 적천의 저작으로 말하고 있다. 관련자료는 呂澂(1991b)
　　　pp.2291-2292 참조.

46 BPJ La.2b5-6: /'gro bar 'dod dang 'gro ba yi/ /bye brag ji ltar shes pa ltar/
　　　/de bzhin mkhas pas 'di gnyis kyi/ /bye brag rim bzhin shes par bya/; 한역에
　　　서 해당부분은 『菩提行經』(T32) p.544a25-26: 菩提誓願心 而行菩提行 喩去者欲行 彼
　　　之分別說.

가 가행하는 자량을 행하는 것, 그것이 행보리심이다.[47]

라고 하여, 서원하는 마음과 실천적으로 출발하여 행하는 마음으로 구분하고 있다. 이러한 내용은 까말라실라의 『수습차제修習次第』에서도 다음과 같이 나타난다.

그 가운데 "모든 중생들을 이롭게 하기 위해 부처가 되겠다."고 처음에 희구하는 것은 원심이다. 어느 이후에 율의를 받는 것으로서, 자량을 행하는 것이 행심이다.[48]

이러한 내용은 적천의 보리심 내용을 거의 그대로 인용한 것으로서,[49] 행심은 원심에서 발기하여 보살율의를 행하고 자량도를 수습하는 것이 된다.[50] 여기에서 원심과 행심은 보리로의 마

---

47 BPJK La.51a3-5: /byang chub la smon pa yin te/ sems de nyid dam de la sems pa'o/ /sems gang smon pa las skyes par gyur pa sbyin pa la sogs pa la 'jug pa bral ba de ni smon pa byang chub kyi sems te/ 'di ltar 'gro ba thams cad bskyab pa'i phyir sangs rgyas su gyur cig ces dang po kho nar smon pa'i sems lta bu'o/ /'jug pa nyid la sems pa'am 'jug pa nyid kyi sems te/ sems de'i rang bzhin yin pa'i phyir ro/ /sems snga ma sngon du song ba nyid gang nas bzung ste sdom pa len pa sngon du 'gro ba'i tshogs rnams la rab tu 'jug pa de ni 'jug pa byang chub kyi sems so/.

48 GRD Ki.25a3-4: /de la 'gro ba mtha' dag la phan pa'i phyir sangs rgyas su gyur cig ces gang thog mar don du gnyer ba de ni smon pa'i sems so/ /gang phan chad sdom pa bzung ste tshogs rnams la zhugs pa de ni zhugs pa'i sems so/.

49 長澤實導(1962) p.14, no.11 참조.

음 그 자체인가 아니면 실천적인 행동으로 이어지는가에 따라 구분되고 있으며, 그 기준은 율의를 받았는가에 있다는 것을 알 수 있다.

쫑카빠 역시 이러한 전통을 받아 원심과 행심의 이종보리심을 말한다. 람림에서는 원심과 행심의 차이에 대해,

> …유정의 이익을 위해 부처가 되겠다고 생각하거나 부처가 되어야 한다고 서원하고, 보시 등의 행行을 배우든 배우지 않든 율의를 수지하지 않을 때까지는 원심이며, 율의를 수지한 뒤의 그 마음은 행심임을 알아야 한다.[51]

라고 설명하고 있듯이, 율의를 받았는가의 여부가 원심과 행심을 구분하는 기준임을 밝히고 있다. 그는 또 율의와 보리심의 관계에 대해 다음과 같이 말한다.

---

50 賴富本宏(1965) p73.

51 LRChM Ka.163b7-164a1: /…sems can gyi don du sangs rgyas su gyur cig snyam pa'am sangs rgyas su 'gyur bar bya'o snyam du smon la, sbyin pa la sogs pa'i spyod pa la slob kyang rung mi slob kyang rung ji srid du sdom pa ma bzung ba de srid du smon pa'i sems yin la/ sdom pa bzung ba nas sems de 'jug pa'i sems su shes par bya ste/.

[원심과 행심을] 의궤에 의해 수지하며 그 학처에 힘써 원심을 매우 굳건히 해야 한다. 그런 뒤에 광대한 보살행을 듣고 진퇴의 때를 알고 그것에 대해 배우려는 의욕을 생기시킨다. 그것이 생기하면 행심의 율의를 의궤에 따라 수지하고 자상속自相續을 성숙시키는 육바라밀과 타상속他相續을 성숙시키는 사섭법 등을 배운다.[52]

이 내용에 따르면 원심의궤와 행심의궤는 분리되어 설해지고 있다. 행심에서의 율의는 자량을 쌓는, 즉 육바라밀과 사섭법인 실천행과 관련된 보살율의를 말하는 것으로서 람림에서도 행심의 내용에서 「계품」의 보살계를 말하고 있다.

쫑카빠는 람림에서 발심의궤의 내용을 행심의궤 전에 예비의궤, 정식의궤, 종결의궤로 설명한다. 예비의궤에서는 장소를 장엄하고 의처依處를 배치하고서 공양물을 준비하는 것, 기원하고 귀의하는 것, 귀의하는 학처를 설명하는 것 등[53]이 이뤄진다. 정식의궤에서는 스승 앞에서 오른쪽 무릎을 땅에 대거나 세우고서

---

52 LRChB Kha.321b1-3: cho gas bzung la de'i bslab bya la 'bad de smon sems ci brtan bya/ de nas spyod pa rlabs che ba rnams mnyan la/ ldog 'jug gi mtshams rnams shes pa dang de la slob 'dod bskyed/ de skyes pa na 'jug sdom chogs bzung la/ rang rgyud smin byed phyin drug dang/ gzhan rgyud smin byed bsdu bzhi sogs la bslab/.

53 LRChB Kha.222b2: gnas brgyan cing rten bkram nas mchod rdzas bsham pa/ gsol pa gdab cing skyabs su 'gro ba/ skyabs su song ba'i bslab bya brjod pa'o/.

앉아 있거나 합장을 하고서 발심한다. '남을 위해 부처가 되어야 한다'는 생각을 일으키는 것만이 아니라 그 마음을 소연所緣으로 해서 '보리를 얻기 까지는 버리지 않는다'는 서원을 하는 것이기 때문에 그 마음의 의궤에 의거하여 생기하도록 한다.[54] 종결의궤의 내용은 "스승이 원심의 학처들을 제자에게 설명해야 한다"[55]고 설명하고 있는데, 이 내용에서 보면 이미 앞에서 설명된 내용들은 원심의 의궤와 관련되어 설명되고 있다는 것을 알 수 있다.

『보살정도』에서 쫑카빠가,

> 행심과 율의의궤가 다르다고 하는 것은 옳다고 생각하지 않으며, 원심의궤를 먼저 받고서 굳건히 하고 다음에 율의의궤를 행한다는 이전의 선지식들의 체계는 율의를 굳건히 하는 훌륭한 방편이다.[56]

---

54 LRChB Kha.223b6-8: slob dpon gyi mdun du pus mo g.yas pa'i lha nga sa la btsugs pa'am tsog pu yang rung bas 'dug la/ thal mo sbyar nas sems bskyed par bya'o/ /gzhan don du sangs rgyas thob par bya'o snyam du sems bskyed pa tsam min gyi/ sems de bskyed pa la dmigs nas byang chub ma thob par du mi btang ngo/ /snyam du dam bca' ba yin pas/ de'i bsam pa chog la brten nas bskyed par bya'o/ /de lta bu ni smon sems kyi bslab bya la slob mi nus na mi bya la/ sems can thams cad kyi don du bdag sangs rgyas su 'gyur par bya'o.

55 LRChB Kha.224b7: ...lob dpon gyis smon sems kyi bslab bya rnams slob ma la brjod par bya'o.

56 ShL Cha.29a1-2: /'di la 'jug pa dang sdom pa'i cho ga tha dad par mdzad pa 'thad snyam pa med la smon pa'i cho ga sngon du blangs nas brtan par

라고 한 점은 그가 행심에서의 의궤를 보살율의의 의궤와 같이 보고 있으며 원심과 행심의 의궤를 분명히 구분하고 있음을 나타낸다.

『보리도등』에서는,

> 행심 자체인 율의를 제외하고서 올바른 원심을 증장하도록 할 수 없다.
> 원만한 보살율의로써 증장시키기 위해 이것을 받아야만 한다.[57]

라고 하고 있는데, 여기에서 '행심 자체'라고 하는 것은 청정한 증상의요를 말한다.[58] 아띠샤는 『보리도등난처석』에서 『성진실집법경聖眞實集法經』의 내용을 빌어 증상의요의 공덕을 다음과 같이 덧붙인다.

> 수승한 공덕을 있기를 바라는 것이 증상의요이다. 증상의요는 중생들을 선량하게 대하는 것이며, 중생들을 자애롭게 대하

---

byas te phyis sdom pa'i cho ga mdzad pa'i bshes gnyen gong ma rnams kyi lugs ni sdom pa brtan par 'gyur pa'i thabs bzang po'o/.

[57] BLG Khi.239a3-4: /'jug sems bdag nyid sdom pa ma gtogs par/ /yang dag smon pa 'phel bar 'gyur ma yin/ /rdzogs pa'i byang chub smon pa 'phel 'dod pas/ /de phyir 'bad pas 'di ni nges par blang/.

[58] BLGK Khi.256b6: 'jug sems bdag nyid ces bya ba ni lhag pa'i bsam pa rnam par dag pa yin te/.

는 것이며, 성자들을 공경하는 것이며, 세상 사람들을 불쌍히 여기는 것이며, 스승을 공경하는 것이며, 의지할 곳과 도와줄 자와 머물 곳이 없는 자, 그리고 보호받을 곳이 없는 자들의 보호소요 귀의처요 도와줄 자요 섬이다.[59]

중생에 대한 자비의 마음을 근거로 하는 증상의요는 아띠샤 전통에서 '일체 유정을 어머니로 생각 → 은혜를 기억 → 은혜에 보답 → 대자 → 대비 → 증상의요 → 보리심'[60]이라는 차제에서 보리심을 발하는 중요한 전단계임을 알 수 있다. 람림에서는,

(묻는다) 그처럼 마음을 차제로 수습하여, 비심이 생기한다면 유정의 이익을 위해 자신이 불타의 지위를 얻겠다고 하는 의욕

---

59 BLGK Khi.257a3-5: ...'phags pa chos yang dag par sdud pa'i mdo las kyang 'di skad du/ yon tan khyad par can 'dod pa ni lhag pa'i bsam pa'o/ /lhag pa'i bsam pa ni srog chags 'byung po rnams la des pa'o/ /sems can thams cad la byams pa'o/ /'phags pa thams cad la gus pa'o/ /'jig rten pa rnams la snying brtse ba'o/ /bla ma la rim gro byed pa'o/ /skyabs dang dpung gnyen dang gling med pa dang mgon med pa'i mgon dang skyabs dang dpung gnyen dang gling ngo zhes bya ba la sogs pa gsungs te/ rgya cher de nyid du blta bar bya'o/; SKT Khi.157a5-b2에서는 인용된 경전이 『성진실집법경』이 아닌 "phags pa blo gros mi zad pa'i mdo(『성무진의경(聖無盡意經)』)'이라고 하고 있으며 인용내용이 기술되어 있다.

60 LRChB Kha.213a6-7: /rgyu 'bras bdun ni rdzogs pa'i sangs rgyas byang chub kyi sems las 'byung la/ sems de lhag bsam las dang/ bsam pa de snying rje las dang/ snying rje byams pa las dang/ byams pa drin du gzo ba las dang/ drin du gzo ba drin dran pa las dang/ drin dran pa ni mar mthong ba las 'byung ste bdun no/.

이 생기하기에, 그것만으로 충분하다. 그 사이에 증상의요를 넣고서 어떻게 할 것인가?

(답한다) 유정들이 편안하고 고통에서 벗어났으면 하는 한량없는 자비심은 성문과 연각에도 있지만 모든 중생들이 즐거움을 얻고 고통을 없애는 것을 자신의 짐이라고 생각하는 것은 대승이 아니면 없기 때문에 대비심이 뛰어난 증상의요를 일으켜야 한다.[61]

라고 하여 중생구제를 바로 자신의 임무로 여기는 마음이 증상의요임을 말하고 있다.

그런데 이 증상의요를 아띠샤는 앞에서 살펴보았듯이, '행심 자체'라고 보았으며 스루스釋如石도 그의 연구서에서 행심에 증상의요를 배대하고 있다.[62] 증상의요를 근거로 하여 나오게 되는 보리심, 즉 '모든 중생을 구제하는 짐을 내가 지겠다'는 마음을 바탕으로 '내가 중생을 위해 부처가 되겠다'는 서원은 바로 원심

---

61 LRChB Kha.214b7-215a2: de ltar blo rim gyis sbyangs pas snying rje skyes pa na/ sems can kyi don du sangs rgyas la thob 'dod skye bas/ de tsam gyis chog mod/ bar der lhag bsam bcug pas ci bya snyam na/ sems can bde ba dang phrad pa dang/ sdug bsngal dang bral na snyam pa'i byams pa dang/ snying rje tshad med pa ni nyan rang la yang yod kyang/ sems can thams cad la bde ba sgrub pa dang/ sdug bsngal sel ba khur du bzhes pa ni theg chen pa min pa la med bas/ snying stobs kyi bsam pa lhag pa'i lhag bsam skyed dgos te/.

62 釋如石(1997) p.121.

을 말한다. 그리고 증상의요는 수승한 대승의 마음일 뿐, 아직은 실천이 이뤄지지 않은 마음이다. 만약 증상의요가 행심에 속한다면 육바라밀과 사섭법 역시도 증상의요의 범주 내에서 이뤄져야 할 것이다. 그런데 이 보살행들은 보살계를 받음으로써 행하는 것이고 실천이 이뤄지거나 보살계를 수지했는가는 원심과 행심을 구분하는 기준이기 때문에, 증상의요는 원심의 범주에서 이뤄져야 한다.

3. 보살의 실천행과 보살계

(1) 육바라밀의 의의

보살율의를 받고나서 배워야만 하는 것으로는 육바라밀이 설해진다. 보살들에게 육바라밀의 상섭相攝은 대승적인 구제활동에 필요하고 일체종지를 성취하는데 요구되는데,[63] 모든 학처는 육바라밀에 섭수되기 때문에[64] 육바라밀은 보살도의 모든 요의를

---

[63] 김인덕(1999) p.25.
[64] LRChB Kha.234a7: rigs bsdu na/ phyin drug tu byang sems kyi bslab bya thams cad 'du bas/.

섭수하는 것이 된다.

『유가사지론』에서는 보살이 배워야 하는 일을 보시·지계·인욕·정진·정려·지혜의 바라밀로 요약하여 말하고,[65] 이 여섯 가지가 피안에 이르게 하는 원만성취한 이유를 다음과 같이 밝히고 있다.

"세존이시여, 어떤 인연으로 바라밀다를 바라밀다라고 하는 것입니까?"

"선남자여, 다섯 가지 인연 때문이다. 첫째는 물들어 집착함이 없기 때문이며, 둘째는 그리워함이 없기 때문이며, 셋째는 잘못이 없기 때문이며, 넷째는 분별이 없기 때문이며, 다섯째는 올바로 회향하기 때문이다. 물들어 집착함이 없다는 것은 물들어 집착하여 바라밀다의 모든 양상에 어긋난 일이 없다는 것을 말한다. 그리워함이 없다는 것은 일체 바라밀다의 모든 과이숙果異熟과 은혜를 갚는 것에 대해 마음에 얽매임이 없다는 것을 말한다. 잘못이 없다는 것은 이와 같이 바라밀다에 있어서 뒤섞여 물든 법[66]이 없고 그릇된 방편행을 여읜다는 것이다. 분별이

---

65 『瑜伽師地論』(T30) p.730c4-6: 菩薩學事略有六種 所謂布施持戒 忍辱精進 靜慮慧到彼岸.

66 이것은 무여수(無餘修), 장시수(長時修), 무간수(無間修), 존중수(尊重修)인 네 가지 수행에 장애가 되는 '간잡염법(間雜染法)'을 말한다. 이와 관련해서 『해심밀경소(解深密經疏)』(『韓佛全』1), p.731c14-16에서는 "當知略由四種加行 一者無悲加行故 二者不如理加行故 三者不常加行故 四者不殷重加行故(네 가지 가행에 따른 것으로, 가엾게 여김이 없는 가행, 이치에 맞지 않는 가행, 항상하지 않는 가행, 간절하지 않은 가행이다.)"라고 하고 있으며, 『俱舍論』(T29) p.141b12-15에서는 "一無餘修

없다는 것은 이와 같은 바라밀다에 있어서 언사대로 자상自相에 집착하지 않는 것을 말한다. 올바로 회향한다는 것은 이와 같이 짓고 모은 바라밀다로써 무상대보리無上大菩提의 과果로 회향하여 구하는 것이다."[67]

육바라밀은 결국 무상정등보리를 획득하기 위하여 자신의 불법을 성숙시키는 보살행임을 알 수 있다.

1) 보시바라밀

「보살지」에서는 보시바라밀의 자성이라는 관점에서 다음과 같이 설명한다.

모든 보살이 자신의 몸과 재산을 돌보거나 아까워하지 않는 것을 말한다. 베풀어야할 모든 것들에 대해 베풀 수 있는 것으로

福德智慧二種資糧修無遺故 二長時修 經三大劫阿僧企耶修無倦故 三無間修 精勤勇猛刹那刹那無廢故 四尊重修 恭敬所學無所顧惜修無慢故('무여수(無餘修)'는 복덕과 지혜인 두 가지 자량을 닦아 남김이 없기 때문이며, '장시수(長時修)'는 삼대아승지겁을 경과하도록 수행하는데 게으르지 않기 때문이며, '무간수(無間修)'는 힘써 애쓰고 용맹스럽게 매 찰나마다 그만둠이 없기 때문이며, '존중수(尊重修)'는 배운 것에 대해 공경하고 아낌없이 수행함에 태만하지 않기 때문이다.)"라고 설명한다.

67 『瑜伽師地論』(T30) p.731b18-27: 世尊 何因緣故 波羅蜜多說名波羅蜜多 善男子 五因緣故 一者無染著故 二者無顧戀故 三者無罪過故 四者無分別故 五者正迴向故 無染著者 謂不染著波羅蜜多諸相違事 無顧戀者 謂於一切波羅蜜多諸果異熟及報恩中心無繫縛 無罪過者 謂於如是波羅蜜多 無間雜染法 離非方便行 無分別者 謂於如是波羅蜜多 不如言詞執著自相 正迴向者 謂以如是所作所集波羅蜜多 迴求無上大菩提果.

무탐착과 함께 생기한 생각이며, 이것으로 발기하여 물건을 베풀어 죄가 없는 모든 것을 베풀 수 있는 신·구身口의 두 업業이다.[68]

여기에서 보시의 특징은 바로 보살들이 내적으로는 자신의 몸을 돌보지 않고 외적으로는 재산을 아까워하지 않는 것을 말하며 무탐착과 상응한다는 것을 알 수 있다. 쫑카빠는 베푸는 선한 마음과 그것에 의해 인발되는 신·구의 업이라고 하였다.[69] 즉, 보시의 자성이란 자신의 몸과 재물 등 일체의 것에 대해 마음으로부터 나오는 것이며 몸과 입을 통하여 다른 이들에게 베푸는 것이라고 할 수 있다.

보시바라밀을 원만하게 하는 것은 베풀 물건을 남에게 베풀어서 중생의 궁핍함을 없애는데 따른 것이 아니다. 그렇지 않다면, 여전히 빈곤한 중생들이 많기 때문에 과거에 오셨던 부처님들은 보시가 구경에 도달하지 못한 것으로 된다. 그러므로 몸과 말이 중요한 것이 아니라 마음이 중심이 되는 것이다. 이와 같이 자신에게 있는 몸과 재물, 선근 모두에 대해 인색한 집착을 없애고서

---

68 『瑜伽師地論』(T30) p.505b06-9: (云何菩薩自性施) 謂諸菩薩於自身財無所顧惜 能施一切所應施物 無貪俱生思 及因此所發 能施一切無罪施物 身語二業.

69 LRChM Ka.192a5: …gtong ba'i sems pa dge ba dang des kun nas bslangs pa'i lus ngag gi las so/.

남에게 마음 깊이 베풀며 이뿐만 아니라 베풂에 대한 과보들도
유정에게 베푸는 마음을 원만하게 수습하는 것에서 보시바라밀
로 되기 때문이다.[70]

『입보살행』에서는,

> 몸과 그와 같이 모든 재물과
> 삼세의 모든 선까지도
> 중생들의 이익을 이루기 위한 것이니
> 부족함이 없이 베풀어야 하네.[71]

라고 하였는데, 쫑카빠는 몸과 재물, 선근 세 가지를 소연경所
緣境, dmigs yul으로 하며 모든 유정을 생각하여 베푼다고 하고 그
와 같이 모든 소유한 것에 대해 자신의 것으로 집착하는 탐착을

---

70 LRChM Ka.192a5-8: ...sbyin pa'i phar phyin rdzogs pa ni sbyin bya'i rdzas
gzhan la btang bas 'gro ba rnams kyi dbul ba bor ba la mi bltos te de lta
ma yin na da dung 'gro ba bkren po du ma yod pas sngar byon pa'i rgyal
ba rnams sbyin pa mthar ma phyin par 'gyur ro/ /des na lus dang ngag mi
gtso yi sems gtso bor gyur pa ste 'di ltar rang la bdog pa'i lus dang logs sbyod
dge rtsa thams cad la ser sna'i 'dzin pa bcom nas gzhan la bsam pa thag pa
nas gtong zhing/ de tsam du ma zad btang ba'i 'bras bu rnams kyang sems
can la bdar ba'i blo goms pa yongs su rdzogs pa las sbyin pa'i phar phyin
du 'gyur ba'i phyir ro/.

71 BPJ La.7a2-3: /lus dang de bzhin longs spyod dang/ /dus gsum dge ba thams
cad kyang/ /sems can kun gyi don sgrub phyir/ /phongs ba med par gtang
bar bya/.

막고 남에게 베푸는 마음을 반복해서 수습하는 것이 보살[72]이라
고 하였다.

보시의 성격을 물질보다 그 마음에 주안점을 두는 쫑카빠의
견해는 바로 『입보살행』의 다음 내용과도 일치한다.

> 만약 중생의 빈곤을 제거하는 없애는 것이 보시바라밀이라면
> 지금 궁핍한 중생이 있다면 과거의 부처님은 어떻게 피안에
> 이르렀는가.
> 있는 모든 것과 과보 등을 모든 중생에게 베푸는 마음에 의한 것,
> 보시바라밀이라고 말씀하셨네. 그와 같이 그것은 바로 마음
> 이라네.[73]

이러한 점에서 볼 때, 보시의 진정한 의미는 바로 아무런 탐착
함이 없이 자신의 모든 것을 남에게 주는 것을 말한다. 여기에서
는 단지 물질적인 면만을 말하는 것이 아니라 원만한 마음의 상

---

72 LRChM Ka.194b5-7: /...lus longs spyod dge rtsa gsum dmigs yul du byas nas
 sems can thams cad la bsam pas gtong ba'o/ /de ltar bdog pa thams cad la
 rang gir 'dzin pa'i sred pa bzlog nas gzhan la gtong ba'i sems pa yang dang
 yang du sbyong ba la byang chub sems dpa' zhes bya ste/.

73 BPJ La.10b2-3: /gal te 'gro ba dbul bor nas/ /sbyin pa'i pha rol phyin yin
 na/ /da dung 'gro bkren yod na sngon/ /skyob pa ji ltar pha rol phyin/ /bdog
 pa thams cad 'bras bcas te/ /skye bo kun la btang sems kyis/ /sbyin pa'i pha
 rol phyin gsungs te/ /de ltas de ni sems nyid do/.

태를 더욱 중시하는 것으로 바로 자신의 마음이 원만한 상태가 되었을 때 비로소 진정한 보시바라밀을 이룰 수 있다는 것을 말한다.

몸과 재물에 대해 인색함을 남김없이 없애는 것만으로 보시바라밀로 될 수는 없다. 왜냐하면 인색함은 탐착의 일부로서 소승의 두 아라한도 그 종자 등을 남김없이 끊기 때문이다. 따라서 베푸는데 장애가 되는 인색함의 집착을 완전히 없애는 것뿐만 아니라 있는 모든 것을 베풀겠다는 마음을 깊숙한 곳에서부터 일으켜야만 하는 것이다.[74]

『바라밀다집波羅蜜多集』에서는,

> 보시의 근본은 보리심이니
> 그러한 베풀려는 마음을 버리지 말아야 한다.
> 세간에서 베풀려는 마음을 가졌다면
> 보시 가운데 최고라고 부처님은 말씀하셨네.[75]

---

74 LRChM Ka.192b3-5: lus dang longs spyod la ser sna ma lus par bcom pa tsam gyis ni sbyin pa'i phar phyin du mi 'gyur te ser sna ni 'dod chags kyi char gtogs pa yin pas theg dman gyi dgra bcom pa gnyis kyis kyang sa bon dang bcas pa ma lus par spangs pa'i phyir ro/ /de'i phyir gtong ba'i gegs ser sna'i kun tu 'dzin pa bsal ba tsam du ma zad bdog pa thams cad gzhan la gtong ba'i bsam pa snying thag pa nas bskyed dgos so/.

75 PhD Khi.221b4: /sbyin pa de 'dra'i rtsa ba byang chub sems/ /de 'dra'i sbyin pa gtong 'dod de mi btang/ /'jig rten nang na gtong 'dod sems ldan pa/ /gtong ba'i nang na mchog ces rgyal bas gsungs/.

라고 하고 있는데, 쫑카빠는 이를 해석하면서 행위의 소의는 보리심임을 기억하고 수습할 것과 보리를 바라고 기원하는 것은 모든 보시의 근본이며 모든 보시의 최고인 것이기 때문에 그 점에 대해 노력해야만 하며, 이것이 『묘수청문경妙手請問經』의 요지라고 하였다.[76]

여기에서 보리의 근본은 바로 보리심에 있기 때문에 결국은 보리심을 바탕으로 모든 수습행위를 이뤄야 한다는 것을 알 수 있다. 따라서 『화엄경』에서도 보살에게 있는 열 가지 마업魔業을 말하면서 "보리심을 잊어버리고 모든 선근을 닦는 것은 마업"[77]이라고 설하고 있는 것이다.

2) 지계바라밀

쫑카빠는 지계바라밀을 계의 자성, 계의 구분, 상속하여 생기하는 방법으로 나눠 살펴본다.

첫째, 계의 자성은 남을 해치려는 근본이 있는 것에서 마음을 거꾸로 끊는 마음인 것이 계이며 율의계를 주된 것으로 한다. 그

---

76 LRChM Ka.206b7-8: …spyod pa'i rten byang chub kyi sems rjes su dran cing bsgom pa dang/ byang chub tu smon zhing smon lam 'debs pa ni gtong ba thams cad kyi rtsa ba dang gtong ba thams cad kyi mchog yin pas de la 'bad par bya ste 'di ni lag bzang gis zhus pa'i don bsdus pa'i gnad dam pa'o/.

77 『華嚴經(60卷)』(T9) p.663a13-15: 菩薩摩訶薩 有十種魔業 何等爲十 所謂忘失菩提心修諸善根 是爲魔業.

생각에 대한 수습을 점점 원만하게 이룸으로써 지계바라밀로 되는 것이지 외부적으로 유정을 해치고 상처를 입히는 것을 남김 없이 여의기 때문이 아니다.[78]

둘째, 계의 구분은 율의계, 섭선법계, 요익유정계 세 가지로 구분되는 것을 말한다.

율의계는 등기等起를 갖는 것과 관련한다면 십불선十不善[79]을 버리는 십능단十能斷인 것이며, 자성과 관련한다면 칠불선七不善을 버리는 신·구身口의 칠능단七能斷이다.[80] 『입중관소入中觀疏』에서는,

---

78 LRChB Kha.238b7-239a1: /dang po ni/ gzhan la gnod pa gzhi dang bcas pa las yid phyir log pa'i spong ba'i sems pa ni tshul khrims te/ sdom pa'i tshul khrims gtso bo yin pa'i dbang du byas so/ /sems pa de'i goms pa gong nas gong du yongs su rdzogs pas tshul khrims kyi phar phyin du 'gyur gyi/ phyi rol tu sems can gnod 'tshe ma lus pa dang bral ba la bkod pa'i sgo nas ma yin te/.

79 십불선업도의 총상(總相)에 대한 설명에서, 살생에 탐·진·치 삼독에서 생기는 것이 있고, 투도(偷盜)에서 사견(邪見)까지도 모두 삼종(三種)이 있다. 관련내용은 舟橋一哉(1987) pp.321-322 참조.

80 LRChB Kha.239a2-3: sdom pa'i tshul khrims ni/ kun slong dang bcas ba'i dbang du byas na mi dge bcu spong ba'i spong ba bcu yin la/ rang gi ngo bo'i dbang du byas na mi dge ba bdun spong ba'i lus ngag gi spong bdun no/; 遠藤祐純(1981) pp.681-682에서는 삼취정계에 대한 아띠샤의 견해를 소개하면서 그가 율의계에 십불선업도를 새로 제기했다고 밝히고 있다. 그 근거로는 BLGK Khi.267b4 참조 "...sdom pa'i tshul khrims ni bcas pa'i kha na ma tho ba srung ba'i so sor thar pa'i ris bdun gyi sdom pa dang/ rang bzhin gyi kha na ma tho ba srung ba'i mi dge ba bcu bsrung ba'o/"(율의계는 차죄(遮罪)를 지키는 칠중별해탈율의(七衆別解脫律儀)와 성죄(性罪)를 지키는 십불선(十不善)을 보호한다.)

그 점에 있어서 번뇌를 받아들이지 못하기 때문이며 죄를 생기하지 않기 때문이며 마음에 조복된 불은 식어서 차갑기 때문이거나 안락의 인因으로 정사正士들이 바로 의지하는 것이기 때문에 계이며, 또한 일곱 가지 능단能斷을 특성으로 한다. 세 가지 법인 무탐無貪과 무진無瞋, 정견正見은 그것들을 일으키는 것이기 때문에 등기等起를 포함하여 계와 관련해서 십업도十業道로 말한다.[81]

라고 하고 있다. 여기에서 계는 등기의 관점과 자성의 관점에서 고찰되고 있음을 알 수 있다. 자성의 관점에서 말하는 점은 신·구의 일곱 가지 업, 그 자체를 버리는 것으로 계인 것이며 끊지 못하면 惡이 된다는 것을 말한다. 여기에 의업은 외부에 드러난 행위가 아니지만 모두가 등기에 따른 것으로 이에 상응하여 일어나는 것이다. 따라서 신·구의 일곱 가지에 탐·진·치를 더하여 십불선[82]을 말하는 것은 등기의 관점에 따라 구분한

---

81 BJS Ḥa. 231a2-4: /de la nyon mongs pa dang du mi len pa'i phyir dang/ sdig pa mi 'byung ba'i phyir sems yid la gcags pa'i me zhi bas bsil ba nyid kyi phyir ram/ bde ba'i rgyu yin pa nyid kyis dam pa dag gis bsten par bya ba nyid kyi phyir na tshul khrims te de yang spong ba bdun gyi mtshan nyid can no/ /chos gsum po ma chags pa dang zhe sdang med pa dang yang dag pa'i lta ba ni de dag kun nas slong bar byed pa yin te/ de'i phyir kun nas slong bar byed pa dang bcas pa'i tshul khrims kyi dbang du byas nas las kyi lam bcur rnam par bshad do/.

82 초기대승불교시대(기원전 1세기 경-3세기 경)가 되면 대승계의 주류는 『반야경』이나 『십지경(十地經)』 등에서 보이는 십선도(十善道)로 되었다. 이와 관련된 논

것이다.

　「보살지」에서 보살 상속의 율의계를 칠중별해탈로 말하는 의취는 별해탈계를 지닌 자가 보살율의를 지닌 자라면 재가 혹은 출가 쪽의 별해탈계와 그 상속相續인 그것들과 공통인 끊는 율의가 율의계이며, 별해탈계의 소의로 될 수 없는 보살율의를 지닌 자라면 별해탈과 공통인 성죄와 차죄 무엇이든 끊는 능단의 율의가 율의계이다.[83] 이것은 앞의 「보살지」의 내용에서 살펴봤듯이, 별해탈계는 사람이 아니라면 받을 수 없지만 보살계의 경우는 그렇지 않다. 천신의 경우 보살계를 받을 수 있는 이유가 바로 여기에 있는 것이다. 그리고 이들의 경우도 역시 별해탈계와 공통인 성죄와 차죄의 경우 모두 끊을 수 있어야만 한다. 섭선법계는 육바라밀 등의 선을 목적으로 하여 자상속自相續에 생기하지 않은 것을 생기하게 하고 이미 생기한 것은 쇠퇴하지 않고 더욱 증대하도록 하는 것이다.[84] 요익유정계는 계를 통하여 유정

　문은 平川彰(1992) pp.199-238 참조.

83 LRChB Kha.239a3-5: /'di la byang sa las/ byang sems kyi rgyud kyi sdom pa'i tshul khrims so thar ris bdun la gsungs pa'i dgongs pa ni/ so thar gyi sdom ldan byang sems kyi sdom ldan yin na ni/ khyim pa'am rab byung gi phyogs kyi so thar gyi sdom pa dngos dang/ de'i rgyud kyi de dag dang thun mong ba'i spong sdom ni sdom pa'i tshul khrims yin la/ so thar gyi sdom pa'i rten du mi rung ba'i byang sems kyi sdom ldan yin na so thar dang thun mong ba'i rang bzhin gyi kha na ma tho ba dang bcas pa'i kha na ma tho ba ci rigs par spong ba'i spong ba'i spong sdom ni sdom pa'i tshul khrims so/.

의 금생과 후생의 이익을 죄 없이 올바르게 이루는 것이다.[85]

『유가사지론』「섭결택분」에서는 "율의계를 지켜 보호할 수 있어야만 다른 두 계도 지켜 보호할 수 있으며, 율의계를 보호할 수 없다면 다른 것 역시 보호할 수 없다. 따라서 보살 율의계가 쇠퇴한다면 모든 보살율의가 쇠퇴한다고 말하는 것이다."[86]라고 율의계를 근본으로 하고서야 삼종계를 수지할 수 있음을 말한다. 쫑카빠는 이에 대해 다음과 같이 자세히 설명한다.

> 따라서 별해탈계는 성문승의 것이라고 파악하고서 그 취사 등을 버리고서 보살의 다른 학처를 배우겠다고 말하는 것은 보살계 학처의 요지를 파악하지 못하는 것이다. 왜냐하면 율의계는 뒤의 두 [계의] 근본과 의지처라고 여러 차례 말씀하셨기 때문이다. 또한 율의계의 핵심은 성죄들을 끊는 것이며 또한 성죄들의 큰 과실의 요지를 섭수하는 것은 대소승 모두에게 설하신 십불선을 끊는 것이기 때문에 그것들에 있어서 등기만이라도 원인이지 않도록 삼문三門을 청정하게 지켜야 한다.[87]

---

84 LRChB Kha.239a6-7: /dge ba chos sdud kyi tshul khrims ni/ phyin drug la sogs pa'i dge ba la dmigs nas rang rgyud la ma skyes pa de skyed cing skyes zin mi nyams pa dang gong nas gong du spel bar byed pa'o/.

85 LRChB Kha.239a7-8: /sems can don byed kyi tshul khrims ni/ tshul khrims kyi sgo nas sems can gyi 'di dang phyi ma'i don kha na ma tho ba med par ji ltar rigs par sgrub pa'o/.

86 『瑜伽師地論』(T30) p.711b27-c1: 由律儀戒之所攝持令其和合 若能於此精勤守護 亦能精勤守護餘二 若有於此不能守護 亦於餘二不能守護 是故若有毀律儀戒 名毀一切菩薩律儀.

율의계 가운데 주로 끊는다는 것은 바로 성죄를 말하며 십불
선이 여기에서 거론된다. 십불선은 마음과 관련된 것이기 때문
에[88] 그 마음이 일지 않도록 노력해야 하는 것이다.

그런데 십불선의 이러한 내용은 보살계에서 성죄까지 용인되
는 것과 완전히 모순된다는 점을 알 수 있다. 보리현에게서 나타
나듯이 진에에 의해 생기한 과범過犯은 버려야 하지만 탐욕에 의
해 생기한 것은 보살이 유정에 대한 의요 즉, 애민愛愍의 감정을
수반한 것으로 오히려 인정된다.[89] 이는 보살의 경우, 유정을 구
하겠다는 의향을 지니고 이타의 마음으로 행하기 때문에 오히려
많은 복덕이 생기는 것이다.[90] 이것은 의향을 갖는다는 것이 탐貪

---

87 LRChM Ka.210a5-b1: /de'i phyir so sor thar pa'i sdom pa nyan thos kyi yin
no snyam du bzung nas de'i 'jug ldog gi bcas pa rnams dor te byang chub
sems dpa'i bslab bya gzhan zhig la slob rgyu yin pa skad zer ba ni byang
chub sems dpa'i tshul khrims kyi bslab pa'i gnad ma zin pa yin te/ sdom pa'i
tshul khrims ni tshul khrims phyi ma gnyis kyi gzhi dang gnas su lan du mar
gsungs pa'i phyir ro/ /sdom pa'i tshul khrims kyi gtso bo yang rang bzhin
gyi kha na ma tho ba rnams spong ba yin la/ rang bzhin rnams kyi yang
nyes dmigs che ba'i gnad rnams bsdus pa ni theg pa gong 'og thams cad du
gsungs pa'i mi dge bcu spong yin pas de dag la kun slong tsam yang mi
rgyu ba'i sgo nas sgo gsum yang dag par sdom dgos te/.

88 신성현은 사마팔라숫따(Sāmanna-phala-sutta)를 통해서 십선의 체계가 한 번에
성립된 것이 아니라는 점을 알 수 있다고 하고, 여기에서 '의(意)'에 의미를 부여
하는 윤리학적 입장에서 볼 때 아직 동기론적 입장에 서지 못하고 있다고 주장한
다. 신성현(1994) pp.180-181 참조.

89 藤田光寛(1983a) p.269; 인도 후기밀교경전에서는 三毒을 모두 긍정하는 것이 보
인다. 松長有慶(1981) pp.64-79 참조; 藤田光寛(1995) p.142.

90 藤田光寛(2000) p.111.

과 연결되고 이것이 이타의 마음에 기인하는 것이기 때문에 보살의 수승함으로 오히려 인정되는 것이라고 할 수 있다.

제행諸行이 의지하는 것은 바로 보리심으로서, 쇠퇴하지 않고 더욱 증가하도록 하는 것이 계 등의 수습에 들어가는 근본이며 또한 모든 유정들에게 해를 끼치는 것을 막는 수승한 것이다.[91] 이러한 점에서 계는 대승의 이타정신을 이루기 위해서라도 올바로 수습되어야만 하는 것이다. 발심하고서 제행을 배우겠다고 서약하는 것은 모든 유정이 정등각자正等覺者의 계의 장엄함을 갖추겠다고 서약하는 것이기 때문에, 그것을 이뤄야 하고 또한 먼저 자신의 계를 청정하게 할 수 있는 힘이 생겨나도록 해야만 한다. 자신의 계가 청정하지 못하고 쇠퇴하면 악취에 빠져서 이타는 물론 자리도 이룰 수 없기 때문이다. 따라서 이타에 힘쓰는 자는 계를 중시하며 소홀하지 않도록 지키는 데 노력을 아끼지 말아야 하는 것이다.[92]

---

91 LRChM Ka.210b6-7: spyod pa'i rten byang chub kyi sems mi nyams shing je 'phel du gtong ba ni tshul khrims la sogs pa'i spyod pa la 'jug pa'i rtsa ba yin zhing sems can thams cad la gnod pa las ldog pa'i yang mchog yin la/.

92 LRChM Ka.207b4-7: de ltar sems bskyed nas spyod pa la slob par khas blangs pa des ni sems can thams cad rdzogs pa'i sangs rgyas kyi tshul khrims kyi rgyan dang ldan par bsgrub par khas blangs pa yin pas de'i don bsgrub dgos la/ de yang sngon du rang gi tshul khrims yongs su dag pa'i stobs bskyed dgos te rang gi tshul khrims ma dag pa dang nyams na ngan 'gror ltung bas gzhan gyi don lta zhog rang gi don yang mi 'grub pa'i phyir ro/ /de'i phyir gzhan gyi don la brtson pas ni tshul khrims la gces spras bya ba la lhod par

3) 인욕바라밀

인욕이란 남이 해를 끼치는 것과 생겨난 고통에 의해 해를 입지 않도록 마음을 평안히 하는 것, 그리고 법에 대한 믿음이 굳건히 머무는 것이다. 그것과 다른 쪽은 진에와 위축됨, 신수信受하지 않고 원치 않는 것이다. 이것에 대해 인욕바라밀의 완성은 오직 자신의 분노 등을 막는 마음을 익숙하게 하는 것이며 유정이 선량하지 못한 것을 여의는 것과 관계되는 것이 아니다.[93]

『입보살행』에서는 고통이 없이 출리出離는 없다[94]고 말한다. 쫑카빠는 이를 고통의 한 공덕으로 표현하면서 다섯 가지 공덕을 말하고 있다.

> 고통이 없다면 출리심도 생기지 않으므로, [고통은] 해탈에 대한 마음을 촉구하는 공덕이 있다.
> 고통을 받으면 거만함을 없애기에 자만심을 없애는 공덕이 있다.
> 큰 고통의 느낌을 경험하면 그것은 불선不善에서 생겨났기에

---

mi bya bar bsrung sdom la shin tu grims dgos te/.

93 LRChB Kha.240b5-7: gnod pa byed pa dang sdug bsngal byung bas mi brdzi bar sems rnal du gnas pa dang/ chos la mos pa shin tu gnas pa'o/ /de'i mi mthun phyogs ni zhe sdang dang/ sro shi ba dang, ma mos shing mi 'dod pa'o/ /de la bzod pa'i phar phyin rdzogs ma ni rang gi khro ba sogs 'gog pa'i sems kyi goms pa rdzogs pa tsam yin gyi/ sems can mi bsrun pa dang bral ba la mi ltos so/.

94 BPJ La.15a2: /sdug bsngal med par nges 'byung med/.

그 결과를 원치 않는다면 원인을 버려야만 하기에 죄를 꺼리게
되는 공덕이 있다.

고통으로 괴로워한다면 안락을 원하기 때문에 필요하다면 선
인善因을 이뤄야 하므로 선을 이루는데 기뻐하는 공덕이 있다.

자신의 경험을 미루어 다른 유정도 이와 같이 고통이라고 생
각하고 윤회계에 떠도는 이들에 대해 자비심을 일으킨다.[95]

이와 같이 고통을 하나의 공덕으로 파악하는 것은 결국 인욕
수행에 있어서도 고통을 오히려 원하는 것으로 받아들이고 마음
을 거듭 닦아야 한다[96]는 의미이다. 자신의 경험을 미루어 다른
유정에 대한 고통을 헤아리는 것은 보살의 자비심이다.

인욕 수행에 있어서 그 상속을 생기시키는 방법에는 인욕의
이로운 점과 인욕하지 못함의 해로운 점을 수습해야 한다.[97]

---

95 LRChM Ka.223b2-5: 'di ltar sdug bsngal med na de la nges par 'byung 'dod
mi skye bas thar pa la yid bskul ba'i yon tan dang, sdug bsngal gyis thebs
pa na rlom pas mtho ba 'jig pas dregs pa sel ba'i yon tan dang/ sdug bsngal
gyi tshor ba drag po myong ba na de mi dge ba las byung bas 'bras bu de
mi 'dod na rgyu las ldog dgos pas sdig la 'dzem pa'i yon tan dang, sdug bsngal
gyis gdungs pa ni bde ba 'dod pas de dgos na rgyu dge ba bsgrub dgos pas
dge ba bsgrub pa la dga' ba'i yon tan dang/ rang gi nyams la dpags nas sems
can gzhan yang 'di ltar sdug bsngal lo snyam nas 'khor ba na 'khyam pa rnams
la snying rje skye ba'o/.

96 LRChM Ka.223b6: ...sdug bsngal 'di ni 'dod pa'i gnas so snyam du blo yang
yang sbyang….

97 LRChB Kha.240b8: ...bzod pa'i phan yon dang mi bzod pa'i nyes dmigs sgom
dgos pas….

먼저 이로운 점에 대해서는 「보살지」에서 다음과 같이 말한다.

모든 보살은 먼저 그 인욕에 있어서 모든 훌륭한 이로움을 본다. 견디어 인욕할 수 있는 뿌드갈라는 다가올 후세에 원한 있는 적이 많이 없으며 괴리되는 것도 많지 않고 기쁨과 안락이 많으며 죽음에 이르러서는 후회가 없게 되며 육신이 없어진 뒤에도 선취善趣인 천신의 세계에 태어나게 된다는 것이다. 훌륭한 이로움을 모두 보고나서 자신도 인내하며 남도 인욕할 수 있도록 하며 인욕의 공덕을 찬탄하며 인욕할 수 있는 뿌드갈라를 보고 위로하며 기뻐한다.[98]

이것은 인욕수행을 하기 전에 왜 수행하는가에 대한 생각을 먼저 해야 하는지를 말하는 것이다. 먼저 어떠한 이로움이 있다는 것을 알기 때문에 끝까지 수행할 수 있는 것이며, 자신은 물론 남에게도 권하고 함께 기뻐할 수 있다는 것을 의미한다.

인욕수행을 하지 못하는 것에 따른 해로움에 대해 『입보살행』에서는,

---

[98] 『瑜伽師地論』(T30) pp.524c26-525a2: 謂諸菩薩先於其忍見諸勝利 謂能堪忍補特伽羅 於當來世無多怨敵無多乖離有多喜樂 臨終無悔 於身壞後 當生善趣天世界中 見勝利已 自能堪忍 勸他行忍讚忍功德 見能行忍補特伽羅慇意慶喜.

천겁동안 쌓아 올린 보시와

선서善逝에게 올린 공양 등

선행 그 모든 것들도

한 번의 분노로 무너진다네.⁹⁹

라고 하고 있으며, 『입중론』에서도 이와 같은 맥락으로 "불자
들에게 화를 냄으로써 백겁동안 쌓은 보시와 지계로 생겨난 선
함을 한 순간에 무너뜨린다."¹⁰⁰라고 말한다.

쫑카빠는 인욕바라밀의 내용을 다음과 같이 요약한다.

수행의 소의所依인 발심을 억념하면서 수습하는 것은 모든 유
정들이 번뇌를 없앤다는 인욕을 안립하기를 바라는 근본이기
때문에 그것을 더욱 증대시키고서 높은 단계의 인욕들도 바라
는 대상으로 하고서 수습하는 것이며, 초업자의 인욕학처들을
분명하게 하고서 여법하게 그것을 배워야 하는 것이고, 설명된
경계를 넘어선다고 해도 다시 고치도록 노력하는 것이 필요하
다. 그것들을 수행할 때 버리게 되면 많은 죄들로 계속 물들게
되며, 타생他生에서도 수승한 보살행들을 수행하는 것이 더욱

---

99 BPJ La.14b3: //bskal pa stong du bsags pa yi/ /sbyin dang bde gshegs mchod
la sogs/ /legs sbyang gang yin de kun yang/ /khong khro cig gis 'joms par
byed/.

100 BJ Ḥa.203a5: /gang phyir rgyal sras rnams la khros pa yis/ /sbyin dang khrims
byung dge ba bskal pa brgyar/ /bsags pa skad cig gis 'joms de yi phyir/.

어렵게 된다. 도道의 핵심이 올바르다는 것을 보고서, 할 수 있는 것은 지금부터 이루고 할 수 없는 것들도 의요를 수행한다면 『묘수소문경妙手所聞經』에서 설하듯이, 적은 노력과 적은 고통으로써 인욕바라밀을 온전히 이룰 수 있다.[101]

결국 인욕수행에 있어서 그 근본이 되는 것은 보리심에 있으며, 수행의 근본은 일체유정이 모든 번뇌를 없앨 수 있도록 하는 것임을 알 수 있다.

4) 정진바라밀
정진바라밀에 대해 「보살지」에서는,

---

101 LRChM Ka.227a4-8: spyod pa'i rten sems bskyed pa rjes su dran zhing bsgom pa ni/ sems can thams cad zag pa zad pa'i bzod pa la 'god par 'dod pa'i rtsa ba yin pas de je 'phel du btang nas sa mthon po'i bzod pa rnams kyang smon pa'i yul du byas nas sbyong ba dang/ las dang po pa'i bzod pa'i bslab bya rnams dmigs phyed par byas nas tshul bzhin du de la slob pa dang/ ji skad bshad pa'i mtshams las 'das na'ang phyir 'chos pa la brtson pa dgos kyi/ de dag nyams len gyi tshe yal bar dor na kha na ma tho ba chen po du mas rgyun du gos par 'gyur zhing/ skye ba gzhan du'ang byang sems kyi spyod pa rmad du byung ba rnams la nyams su len pa ches shin tu dka' bar 'gyur la lam gyi gnad dam par bltas nas nus pa rnams da lta nas bsgrub cing mi nus pa rnams la'ang bsam pa sbyangs na/ lag bzang gis zhus pa las gsungs pa ltar/ tshegs chung ngu dang sdug bsngal tshung ngus bzod pa'i phar phyin yongs su rdzogs par byed pa yin no/.

모든 보살들의 마음은 용맹하여 무량한 선법을 능히 섭수할 수 있으며 일체 유정을 이익 되게 하고 안락하게 하며 끊임없이 왕성하게 하는데 전도됨이 없다. 이것으로 신·어·의身語意의 움직임이 일어나니, 보살이 정진을 행하는 자성이라고 말하는 것이 이것임을 알아야 한다.[102]

라고 정의하고, 『입보살행』에서는 "선에 대해 기뻐하는 것"[103]이라고 하고 있다. 이 내용을 보면, 수습하는 대상이 선을 소연所緣으로 한다는 것을 알 수 있다.

정진의 종류로는 갑옷의 정진, 선법을 섭수하는 정진, 유정을 요익하는 정진이 있다.

첫째, 갑옷의 정진은 보살이 정진을 시작할 때 수행하기 전부터 기쁜 마음이 먼저 있도록 하는 의요의 갑옷-한 유정의 고통을 없애기 위해서 삼무수대겁三無數大劫의 십만의 천만이 되도록 지옥에만 머무를 수 있어야 성불할 수 있게 된다고 하더라도 기뻐할 것이다. 정등각을 위하여 정진할 것이며, 정진에 들어가서도 버리지 않는다면 시간은 그보다 짧을 것이며 고통은 더욱 적을 것이란 것은 말할 필요도 없다고 생각하는 의요의 갑옷-을 입는

102 『瑜伽師地論』(T30) p.525c12-15: 云何菩薩自性精進 謂諸菩薩其心勇悍 堪能攝受無量善法 利益安樂一切有情 熾然無間無有顧倒 及此所起身語意動 當知是名菩薩所行精進自性.

103 BPJ La.20a.4: /brtson gang dge la spro ba'o/.

것이다.[104]

둘째, 선법을 섭수하는 정진은 육바라밀을 청정하게 이루기 위하여 그것들을 행하는 것이다.

셋째, 유정을 이롭게 하는 정진은 열한 가지에 대해 합당한 방법으로 가행하는 정진이다.[105]

둘째 내용에서 선법을 섭수한다는 것은 일체 선법을 행한다는 것으로서 육바라밀 수행을 말한다. 장애와 번뇌를 없애며 공덕 또한 원만함을 이루는 것이기 때문에 이러한 의요가 있을 때라야 가행을 수지할 수 있는 것이다. 유정을 요익하게 하는 정진에서는 열한 가지에 대한 방법을 말하고 있는데, 이는 「계품」에서 설하고 있는 열한 가지의 상황 즉, 도움이 필요한 자grogs bya dgos pa, 방편에 어리석은 자thabs la rmongs pa, 은혜 있는 자phan 'dogs pa, 두려워 피하는 자'jigs pas nyen pa, 고통으로 괴로워하는

---

104 LRChB Kha.244a7-b2: go cha'i brtson 'grus ni/ byang sems brtson 'grus rtsom pa na sbyor ba'i snga rol nas sems kyi spro ba sngon du 'gro ba'i bsam pa'i go cha bskal chen grangs med gsum bye ba phrag 'bum 'gyur gyis sems can gcig gi sdug bsngal bsal ba'i phyir du dmyal ba kho nar gnas nas sangs rgyas 'thob par 'gyur na yang spro bar byed de/ rdzogs byang gi phyir du brtson par byed la/ brtson 'grus la zhugs pa yang mi gtong na dus kyi yun de las thung ba dang/ sdug bsngal ches chung bas lta ci smos snyam du bsam pa'i go cha gyon pa'o/.

105 LRChM Ka.229b5-6: dge ba'i chos sdud pa'i brtson 'grus ni/ phyin drug yang dag par 'grub par bya ba'i phyir de dag la sbyor ba'o/ /sems can gyi don byed pa'i brtson 'grus ni/ don bya ba bcu gcig la ji ltar rigs par sbyor ba'i brtson 'grus so/.

자mya ngan gyis gzir ba, 자구資具가 부족한 자yo byad kyis phongs pa, 의지할 곳을 구하는 자gnas 'cha' bar 'dod pa, 마음에 맞기를 원하는 자blo mthun par 'dod pa, 올바로 행하는 자yang dag par zhugs pa, 잘못 행하는 자log par zhugs pa, 신통으로 조복해야할 자rdzu 'phrul gyis gdul bar bya ba[106]에게 유익한 도움을 줄 수 있는 경우를 말하는 것이다. 이것은 앞에서 살펴봤듯이 각각의 경우에 온갖 종류를 성취하는 것[107]으로서, 모든 유정의 경우를 의미하는 것이다.

5) 선정바라밀

선정은 어떤 것이든지 선한 마음을 소연所緣으로 하는 것에 집중하는 것으로서,[108]「보살지」에서는 다음과 같이 정의한다.

> 모든 보살이 보살장에 대해 듣고 사유하는 것을 우선으로 하고, 세간과 출세간의 모든 매우 선한 것에 마음을 오롯이 바르게 두는 것이다. 사마타품이나 위빠사나품 혹은 쌍운雙運의 길인 것으로 함께 두 품品에 통하는데, 이것이 보살에게 있는 정려靜慮의 자성인 것임을 알아야 한다.[109]

---

106 『瑜伽師地論』(T30) p.511b13-c8 참조.

107 『瑜伽師地論』(T30) p.512c4-5: 諸菩薩由十一相 名住一切種饒益有情戒 於一一相中成就一切種.

108 LRChB Kha.246a2; sems dge ba'i dmigs pa gang yang rung zhig la rtse gcig tu gnas pa'o/.

이것은 불도佛道를 수학하는데 보살장菩薩藏에 대한 문·사聞思가 먼저 이뤄져야 선정에 대한 수행이 가능하다는 것을 의미한다.

선정을 구별할 때 먼저 자성의 측면에서 구분하는 경우, 세간과 출세간 두 가지로 나눌 수 있다. 그리고 종류의 측면에서는 지止와 관觀, 그 둘의 쌍운雙運인 세 가지로 나눌 수 있다.

작용으로 구분하면, 금생에 심신을 안락하게 머무르도록 하는 것, 공덕을 성취하는 것, 유정을 위하는 정려이다.

첫째는 그곳에 등지等持하면 심신의 경안輕安이 생기하는 정려이다.

둘째는 신통神通, 해탈解脫, 변처邊處, 승처勝處 등 성문과 공통인 공덕을 성취하는 정려이다.

셋째는 정려로써 중생을 이롭게 하는[饒益] 열한 가지의 목적들을 성취하는 정려이다.[110]

---

109 『瑜伽師地論』(T30) p.527b25-28: 云何菩薩自性靜慮 謂諸菩薩於菩薩藏聞思爲先 所有妙善世出世間心一境性 心正安住 或奢摩他品或毘鉢舍那品或雙運道 俱通二品 當知卽是菩薩所有靜慮自性.

110 LRChB Kha.246a2-6: ngo bo'i sgo nas/ 'jig rten dang 'jig rten las 'das pa gnyis dang/ /phyogs kyi sgo nas/ zhi gnas dang/ lhag mthong dang/ de gnyis zung 'brel gyi phyogs gsum dang/ byed las kyis phye na/ tshe 'di la lus sems bde bar gnas par byed ba dang/ yon tan mngon par sgrub pa dang/ sems can gyi don byed ba'i bsam gtan no/ /dang bo ni/ gang la mnyam par bzhag na lus sems shin tu sbyangs ba skyed pa'i bsam gtan no/ /gnyis pa ni/ mngon shes/ rnam thar/ zad par/ zil gnon sogs/ nyan thos dang thun mong ba'i yon tan sgrub pa'i bsam gtan no/ /gsum ba ni/ bsam gtan gyis don bya ba bcu gcig gi don rnams sgrub pa'i bsam gtan no/.

6) 지혜바라밀

일반적으로 지혜는 관찰한 사물에 대해 법을 분별하는 것이며, 여기에 있어서는 오명학五明學에 통달하는 것 등의 지혜이다.[111]

지혜의 구분은 세 가지로 나뉘며, 승의를 증득하는 것, 세속을 증득하는 것, 유정의 요익을 증득하는 지혜를 말한다.

첫째는 무아無我의 진리를 총상總相으로 헤아리는 것과 현량現量으로 이해하는 것이다.

둘째는 오명에 통달하는 지혜이다.

셋째는 유정의 금생과 후생의 이익을 죄가 없이 성취하는 방법을 아는 것이다.[112]

『대승장엄경론』에서는 보살이 오명을 배우는 것이 일체종지를 구하기 위한 것임을 말하고, 이 오명을 부지런히 익히지 않는다면 일체종지는 얻을 수 없다고 말한다.[113] 가르침을 믿지 않는

---

111 LRChB Kha.246a8-b1: spyir shes rab ni brtags pa'i dngos po la chos rab tu rnam par 'byed yin la/ 'dir ni rig pa'i gnas lnga la mkhas pa sogs kyi shes rab bo/; 관련된 내용은 『瑜伽師地論』(T30) p.528c6-10 참조: 云何菩薩自性慧 謂能悟入一切所知 及已悟入一切所知簡擇諸法 普緣一切五明處轉 一內明處 二因明處 三醫方明處 四聲明處 五工業明處 當知卽是菩薩一切 慧之自性.

112 LRChB Kha.246b2-3: /dang po ni/ bdag med kyi de kho na nyid don spyi'i sgo nas 'jal ba dang/ mngon du gyur pa'i sgo nas 'jal ba'o/ /gnyis pa ni/ rig pa'i gnas lnga la mkhas pa'i shes rab bo/ /gsum pa ni/ sems can gyi 'di phyi'i don kha na ma tho ba med par sgrub tshul shes pa'o/.

113 『大乘莊嚴經論』(T31) p.616a11-15: 菩薩學此五明總意爲求一切種智 若不勤習五明 不得一切種智故.

자들을 물리치기 위해 성명학聲明學과 인명학因明學을, 믿는 이들에게 이로움을 주기 위해 공교명工巧明과 의방명醫方明을, 스스로 일체를 알기 위해 내명학內明學을 구하는 것은 별도의 필요에 따른 것이며, 그 모든 것을 성불하기 위해 구하는 것은 그러한 구분이 없는 것이다.[114]

지혜는 신근信根 등 다른 것들에게도 주된 것이며, 지혜라는 보호자가 있다면 보시와 믿음 등의 공덕과 인색함 등의 잘못을 잘 알고 나서 번뇌가 다하고 공덕을 증장시키는 방편에 능통하게 된다.[115]

지혜는 다른 바라밀과의 관계에서 그 근거로 된다. 보살이 구걸하는 자에게 살을 보시한다고 해도 약나무에서 취하는 것과 같이 아만과 위축 등의 분별이 있지 않게 되는 것은 지혜가 바

---

114 LRChM Ka.249b6-7: bstan pa la ma mos pa rnams tshar bcad pa'i phyir sgra dang gtan tshigs rig pa dang mos pa rnams la phan gdags pa'i phyir/ bzo dang gso ba rig pa dang rang nyid kun shes par bya ba'i phyir/ nang rig pa tshol ba ni dgos pa bye brag pa yin la/ de thams cad kyang sangs rgyas 'thob pa'i phyir du tshol ba ni bye brag med pa'o/; 쫑카빠의 오명(에 대한 이해는 『대승장엄경론』에 따른다. 『大乘莊嚴經論』(T31) p.616a10-15 참조: 菩薩習五明總爲求種智者 明處有五 一內明 二因明 三聲明 四醫明 五巧明 菩薩學此五明總意爲求一切種智 若不勤習五明 不得一切種智故 問別意云何 答解伏信治攝爲五 五別求如其次第學 內明爲求自解學 因明爲伏外執學 聲明爲令他信學 醫明爲所治方學 巧明爲攝一切衆生.

115 LRChM Ka.244a7-8의 내용으로 이는 『바라밀다집(波羅蜜多集)』의 내용을 인용한 것이다. 관련된 내용은 PhD.Khi.231b7 참조: dad la sogs pa'i dbang po'i rnam pa yang/ dbang po gzhan la blo 'dzin shes rab gtso/ de yi mgon ldan yon tan skyon shes pas/ nyon mongs zad pa'i tshul la mkhas par 'gyur/.

로 진리임을 분명히 하기 때문이다. 생사열반의 쇠퇴를 보는 지혜로 계를 남을 위해서 성취할 수 있기 때문에 계를 청정하게 할 수 있는 것이며, 불인不忍과 인내忍耐의 잘못과 공덕을 지혜로 관찰하고서 마음을 조복함으로써 사행邪行과 번뇌煩惱가 강탈하지 못하는 것이다. 지혜로써 정진을 시작하는 근본을 잘 알고서 그것에 힘쓰기 때문에 도道가 큰 것이다. 진리의 의미에 머무르는 정려의 최상의 기쁨과 안락은 정리正理에 근거한 지혜로 성취하기 때문에 보시 등 다섯 가지를 완전히 청정하게 하는 것은 지혜와 관계되는 것이다.[116]

(2) 사섭법四攝法의 의의

사섭법은 중생을 위한 보살행으로 대승에서 강조되는 내용이

---

116 LRChM Ka.244a8-b4: byang chub sems dpas slong ba po la sha byin kyang sman gyi sdong po las blangs pa ltar nga rgyal dang zhum pa la sogs pa'i rnam rtog gis mi 'gyur ba ni/ shes rab kyis de kho na nyid mngon du gyur pa las yin la/ srid zhi'i rgud pa mthong ba'i shes rab kyis tshul khrims gzhan gyi don du bsgrubs pas tshul khrims rnam par dag par byed pa dang/ mi bzod pa dang bzod pa'i skyon yon shes rab kyis rtogs nas sems btul bas log sgrub dang sdug bsngal gyis mi 'phrog pa dang/ shes rab kyis gang la brtson 'grus rtsom pa'i gzhi legs par shes nas de la brtson pas lam gyi chod che ba dang/ de khon nyid kyi don la gnas pa'i bsam gtan gyi dga' bde mchog ni rigs pa'i tshul la brten pa'i shes rab kyis sgrub par byed pas sbyin sogs lnga po yongs su dag par byed pa ni shes rab la rag las te/.

다. 그런데 대승경전에서만 아니라 아함경전과 부파불교의 경전들에서도 대중을 섭수하는 법으로 이미 언급되고 있다.[117]

쫑카빠는 사섭법의 내용을 다음과 같이 요약한다.

> 보시는 앞의 육바라밀 부분과 같다. 애어愛語는 교화대상[所化]에게 바라밀을 보여주는 것이다. 이행利行은 보인 이익들을 교화대상에게 행하도록 하거나 올바로 받도록 하는 것이다. 동사同事는 다른 사람들이 수행하는 내용에 대해 자신이 머물고 나서 그와 함께 배우는 것이다.[118]

『대승장엄경론』에서는 그 섭수하는 실천 내용에 대하여 다음과 같이 말한다.

> 보시는 법에 있어서 그릇을 이루도록 하는 것으로, 재물에 있어서 베푸는 것을 따름으로써 법을 감수할 수 있기 때문이다. 애어는 법에 있어서 믿음을 일으키도록 하는 것으로 교법의 의

---

117 『中阿含經』(T1) p.482c16-17: 我以此攝於大衆 或以惠施 或以愛言 或以利 或以等利;『雜阿含經』(T2) p.184c28-29: 何等爲攝力 謂四攝事 惠施 · 愛語 · 行利 · 同利;『集異門足論』(T26) p.402c26-27: 四攝事者 一布施攝事 二愛語攝事 三利行攝事 四同事攝事.

118 LRChB Kha.248b2-4: sbyin pa ni/ sngar phar phyin gyi skabs su bshad pa dang 'dra la/ snyan smra ni gdul bya la phar phyin rnams ston pa'o/ /don spyod ni/ ji ltar bstan pa'i don de rnams la gdul bya spyod du 'jug pa'am/ yang dag par len du 'jug pa'o/ /don mthun ni, gzhan rnams don gang la sbyar ba de la rang gnas nas de dang mthun par slob pa ste/.

미로써 그의 의혹을 끊도록 하기 때문이다. 이행은 법에 있어서 행동을 일으키도록 하는 것으로 여법하게 의지하여 행하도록 하기 때문이다. 동리同利는 그가 해탈을 이루도록 하는 것으로서, 그 행行이 청정하여 오랫동안 이롭게 할 수 있기 때문이다.[119]

보시의 내용은 육바라밀의 보시바라밀과 같으며, 애어는 교화할 대상에 대해 도리로써 여법하게 설명해주는 것을 말한다. 이행은 그 도리를 알도록 한 뒤에 그에 맞게 실천할 수 있도록 하는 것이다. 그리고 동사는 스스로 여법한 행동을 하고 남과 함께 이뤄나가는 것을 말한다.

「보살지」에서는 애어에 대해,

> 무엇을 보살의 제 성품의 애어라고 하는가. 모든 보살이 모든 유정들에게 있어서 기쁘고 마음에 맞는 말, 진실한 말, 법의 말, 도리에 맞는 것을 끌어들여 섭수하는 말을 항상 즐겁게 널리 말하는 것으로, 이것이 보살의 애어의 자성自性을 요약하여 말하는 것임을 알아야 한다.[120]

---

119 『大乘莊嚴經論』(T31) p.633c19-23: 布施者 能令於法成器 由隨順於財則堪受法故 愛語者 能令於法起信 由教法義彼疑斷故 利行者 能令於法起行 由如法依行故 同利者 能令彼得解脫 由行淨長時得饒益故.

120 『瑜伽師地論』(T30) p.529c24-26: 云何菩薩自性愛語 謂諸菩薩於諸有情 常樂宣說悅可意 語諦語法語引攝義語 當知是名略說菩薩愛語自性.

라고 정의하고 있다. 이것은 중생들에게 적합한 방법으로 그들을 이롭게 한다는 것으로서, 애어는 바로 그들을 불법에 이끌어 들이는 언어라고 할 수 있다.

애어를 요약하여 설명할 때에는 두 가지로 말한다. 그 가운데 세간의 방식인 애어는 인상을 찌푸림이 없이 안색을 밝게 하여 웃음을 띠고 안부를 묻는 등 세간의 방식으로 유정들을 기쁘게 하는 것이다. 정법을 가르치는 애어는 믿음과 정계淨戒, 청문聽聞, 보시, 지혜를 생기시키는 등의 일에 노력하고서 이익과 안락을 위하여 유정에게 법을 가르치는 것이다.[121]

세간의 방식은 중생의 안위와 기쁨 등과 연관 지을 수 있고 정법과 관련된 애어는 중생의 근기에 따라 적합한 방법을 통하여 원만한 가르침의 수행 내용임을 알 수 있다.

보살의 애어와 관련된 내용一切門愛語으로는 네 가지가 설해진다. [첫째] 상속이 아직 성숙하지 않은 자에게 장애를 끊고, [둘째] 선취善趣에 태어나기 위해 먼저 해야 하는 법보시法布施와 정

---

121 LRChM Ka.251b3-6: snyan smra la gnyis las/ 'jig rten gyi tshul dang ldan pa'i snyan smra ni/ khro gnyer med cing bzhin gyi mdangs gsal bar 'dzum pa sngon du btang ste/ khams 'dri ba la sogs pa 'jig rten gyi tshul gyis sems can rnams dga' bar byed pa'o/ /yang dag pa'i chos bstan pa dang ldan pa'i snyan smra ni/ dad pa dang tshul khrims dang thos pa dang gtong ba dang shes rab bskyed pa sogs las brtsams nas/ phan pa dang bde ba'i phyir du sems can la chos ston pa'o/; 한역에서 관련내용은 『瑜伽師地論』(T30) p.530a 11-14 참조.

계淨戒에 관한 말을 해야 하고, 상속이 성숙한 자로서 장애를 여의고 마음이 안락한 자에게는 올바르고 수승한 사성제법四聖諦法을 설해야 한다. [셋째] 방일放逸한 재가자와 출가자들은 방일하지 않도록 하며, [넷째] 의심나는 것을 없애기 위해 법을 말하고 토론하는 것이 애어의 문門이다.[122]

이행은 보살이 자비심과 염오되지 않은 깨끗한 마음으로 중생들이 여법하게 사유하고 수행할 수 있도록 하는 것으로서,[123] 두 가지로 요약하는 경우는 아직 성숙하지 않은 이를 성숙하게 하는 것과 성숙한 이들을 해탈하도록 하는 것이 있다. 그리고 세 가지로 할 경우, 그 가운데 금생에 이행하도록 할 것은 재산을 이루고 지키며 증장시키는 방법을 여법하게 하도록 하는 것이다. 내생에 이행하도록 할 것은 재산을 버리고서 걸식하는 삶인 출가의 삶에 드는 것으로서, 이것으로 내생에는 분명히 안락하게 되지만 금생의 경우는 확실하지 않다. 금생과 내생, 두 경우

---

122 LRChM Ka.251b8-252a2: rgyud smin pa sgrib pa dang bral zhing sems nyams bde ba dang ldan pa la/ yang dag phul gyi chos 'phags pa'i bden pa bzhi ston pa dang/ khyim pa dang rab tu byung ba bag med pa rnams bag yod la dgod pa'i phyir bskul ba dang the tshom byung ba rnams bsal ba'i phyir du chos 'chad cing 'bel gtam byed pa ni snyan par smra ba'i sgo'o/; 관련 내용은 『瑜伽師地論』(T30) p.530a26-b3 참조.

123 『瑜伽師地論』(T30) p.530c17-21 참조: 云何菩薩自性利行 謂諸菩薩由彼愛語 爲諸有情示現正理 隨其所應於諸所學 隨義利行法隨行 如是行中安住悲心無愛染心 勸導調伏安處建立 是名略説利行自性.

의 이행은 재가나 출가의 경우 세간과 출세간의 탐욕을 여의도
록 하는 것으로서, 이것으로 금생에서는 심신에 경안輕安을 얻으
며 내생에 청정천淸淨天[124]이나 열반을 얻도록 하기 위해서
이다.[125]

이러한 내용은 아직 불법을 수행할 수 없는 유정을 끌어 들이
기 위해 점진적인 수행의 방법을 제시하고 있는 것이다.

이행은 매우 어렵더라도 행해야 한다. 이전에 선근을 쌓지 못
한 자인 경우는 선을 이루도록 하기가 어렵고, 부족함이 없는 큰
재산을 이룬 자는 방일처放逸處에 머물기 때문에 그들의 경우 이
행은 어려운 것이며, 외도의 견해에 이미 익숙한 자들은 이 가르
침을 미워하고 어리석어 이해하지 못하기 때문에 그들의 경우
이행은 어렵다.[126] 여기에서는 세 가지 난행難行의 이행을 말하는

---

124 예류과(預流果)에서 불위(佛位)까지를 말한다. 『藏漢大辭典(上)』, p.1570 참조.

125 LRChM Ka.252a2-6: /don spyod ni ma smin pa smin bar byed pa dang/ smin
pa rnams grol bar byed pa gnyis so/ /de gsum las tshe 'di'i don 'dzin du 'jug
pa ni/ longs spyod rnams bsgrub pa dang bsrung ba dang spel ba'i thabs chos
dang mthun pas byed du 'jug pa'o/ /tshe phyi ma'i don 'dzin du 'jug pa ni/
longs spyod spangs nas slong mos 'tsho ba'i rab byung la 'god pa ste/ 'dis
phyi ma la bde bar nges kyang 'dir ma nges so/ /tshe 'di phyi gnyis ka'i don
'dzin du 'jug pa ni/ khyim pa'am rab byung la 'jig rten pa dang 'jig rten las
'das pa'i chags bral 'dzin du 'jug pa ste/ 'dis tshe 'di la lus sems shin tu sbyangs
pa bskyed la/ phyi ma rnam par dag pa'i lha dang mya ngan las 'das pa 'thob
pa'i phyir ro/; 이 내용은 '일체이행(一切利行)'의 내용으로 관련내용은 『瑜伽師地
論』(T30) pp.530c22-531a10 참조.

126 LRChM Ka.252a6-8: /don spyod pa ches dka' ba la'ang 'jug ste/ sngon dge

것으로 정법을 말하기 어려운 자들을 말한다.

또한 이행의 순서는 지혜가 열등한 자는 먼저 쉬운 가르침을 행하고 그 다음 중간정도의 지혜인 자는 중간의 가르침을, 광대한 지혜에 이른 자인 경우는 심밀한 법과 세세한 가르침을 행하도록 한다.[127]

결국 이행은 유정을 점진적인 수행차제의 길로 이끄는 것이며 실천수행에 이룰 수 있도록 하는 것임을 알 수 있다.

동사는 보살이 유정이 배워야 하는 법에 대해 권하는 것으로서 자신 역시 그 법을 배우고 증득함으로써 그들과 함께 하는 것이고,[128] 상대가 필요로 하는 것에 맞추거나 그 이상 더 많은 것에 자신이 있도록 하는 것이다. 그렇다면 처음에 하는 것은 유정의 이익을 목적으로 하며 의요는 이타利他를 여의지 않아야 하며 가행으로 자신을 조복해야 한다.[129]

rtsa ma bsags pa la dge ba 'dzin du 'jug dka' ba dang/ longs spyod phun tshogs chen po can rnams ni bag med pa'i gzhi chen po la gnas pas de dag la don spyod pa dka' ba dang/ mu stegs kyi lta ba la goms goms pa rnams ni bstan pa 'di la sdang zhing blun pas rigs pa mi go bas de dag la don spyod pa dka' ba'o/; 관련 내용은 『瑜伽師地論』(T30) p.531a11-20 참조.

127 LRChM Ka.252a8-b1: /don spyod pa'i rim pa yang byis pa'i shes rab can rnams thog mar sla ba'i gdams ngag la 'jug /de nas blo 'bring du song ba na 'bring gi gdams ngag dang, shes rab rgya chen por song ba na chos zab mo dang gdams ngag phra mo la 'jug par byed do/.

128 『瑜伽師地論』(T30) p.532a11-14 참조: 云何菩薩同事 謂諸菩薩若於是義於是善根勸他受學 卽於此義於此善根 或等或增自現受學 如是菩薩與他事同 故名同事.

『무변공덕찬無邊功德讚』에서,

> 바로 자신을 조복하지 못하면, 도리에 맞는 말을 하더라도 자
> 신의 말과 어긋나게 행하기 때문에 다른 사람을 조복할 수 없다
> 고 어떤 사람은 말한다. 그대는 사유하고서 그 뒤에 모든 중생
> 을 마음에 두고서 우선 자신을 조복하지 못한 것을 조복하도록
> 힘써야 한다.[130]

고 말하고 있듯이, 자신이 남에게 권하기 위해서는 먼저 자신
을 조복할 수 있어야 하는 것이다.

보살행이 무량하기는 하지만 총괄한다면 육바라밀과 사섭법으
로 귀결된다. 왜냐하면 보살에게 있어서 자신이 성불하는 인因
인 자량을 성숙하게 하는 것과 유정의 상속을 성숙하게 하는 두
가지 밖에 없으며 이 두 가지는 육바라밀과 사섭법으로 성취하
기 때문이다.[131]

---

129 LRChM Ka.252b1-2: /don mthun pa ni/ pha rol gang la dgod pa de dang
mtshungs pa'am lhag pa la rang gnas par byed pa'o/ /de ltar na thog mar
ci byed sems can gyi don la dmigs nas/ bsam pa gzhan don dang ma bral
ba dgos kyang sbyor bas rang 'dul dgos te/.

130 YThT Ka.197a5-6: /'ga' zhig rang nyid ma dul bzhin du rigs par ldan pa'i tshig
smra yang/ /rang gi tshig dang 'gal bar sbyod pas gzhan dag 'dul bar mi nus
zhes/ /khyod kyis dgongs nas de slad 'gro ba mtha' dag thugs la bzhag mdzad
nas/ /re zhig bdag nyid ma dul ba nyid 'dul bar mdzad phyir brtson pa lags/;
이 내용은 LRChM Ka.252b2-4에서 언급되고 있다.

쫑카빠는 육바라밀과 사섭법을 이루는 방식을 아띠샤의 말을 빌어 다음과 같이 설명한다.

> 그것들에 있어서 근본정根本定[132]과 출정出定를 이루는 방식은 아띠샤jo bo chen po가 "보살행은 위대한 육바라밀 등 근본정이 일어난 요가로써 이 자량도를 견고하게 이룬다."[133]라고 설한 것처럼 보살의 율의를 수지한, 자량도에 머무는 초업보살初業菩薩은 근본정이나 출정, 무엇을 하든지 육바라밀을 넘어서지 않기 때문에 육바라밀 가운데 어떤 것은 근본정에서 행하며 어떤 것은 출정 때에 행한다. 선정의 자성인 지止와 지혜바라밀의 자성인 관觀의 일부는 근본정에서 수습하며 처음 세 가지 바라밀과 선정, 지혜의 일부는 출정 때 행한다. 정진은 근본정과 출정 두 경우에 가능하며, 인욕의 일부인 심밀한 법을 확정하는 사유인 어떤 것은 근본정인 때도 생기한다.[134]

---

131 LRChM Ka.252b7-253a1: /de la spyir byang sems kyi spyod pa la mtha' yas kyang sdom che ba ni phar phyin dang bsdu bzhi yin te byang sems la rang gi sangs rgyas kyi rgyu tshogs smin par bya ba dang sems can gyi rgyud smin par bya ba gnyis las med la/ de gnyis phar phyin dang bsdu bas bsgrub pa'i phyir ro/.

132 인법무아공성에 의해 인발된 선정이다.

133 NyNgD Khi.294b1: /byang chub sems dpa'i spyod pa ni/ /rlabs chen pha rol phyin drug sogs/ /mnyam gzhag langs pa'i rnal 'byor gyis/ /tshogs kyi lam 'di bstan par bsgrub/.

134 LRChM Ka.253a3-7: /de dag la mnyam rjes su ji ltar bsgrub pa'i tshul ni/ jo bo chen pos/ byang chub sems dpa'i spyod pa ni/ /rlabs chen pha rol phyin drug sogs/ /mnyam gzhag langs pa'i rnal 'byor gyis/ /tshogs kyi lam 'di brtan

이것은 이미 보살계를 받고서 육바라밀 등의 보살행을 통하여 자량을 적집하는 경우를 말한다. 수습할 때는 근본정이든 출정의 경우든 모두 육바라밀을 넘어서는 것이 아니기 때문에 경우에 따라 근본정과 출정에 속하는 경우로 구분지어 말할 수 있는 것이다.

아띠샤는,

　　　　근본정에서 나올 때 여덟 가지 환술의 비유처럼 모든 법의 견해를 수습함으로써 다음의 분별을 청정하게 하고 방편을 배우는 것을 중요하게 한다. 근본정일 때 지관쌍수로 항상 수습해야만 한다.[135]

고 하여, 공성을 파악함으로써 집착을 여의고 여러 가지 방편을 올바로 배울 수 있음을 말한다.

----

par bsgrub/ /ces gsungs pa ltar rgyal sras kyi sdom pa bzung ba'i byang sems las dang po pa tshogs kyi lam la gnas pa des mnyam rjes gnyis gang byed kyang phyin drug las mi 'da' bas phyin drug la la mnyam gzhag tu bskyang zhing/ la la rjes thob tu bskyang ste/ bsam gtan gyi ngo bo zhi gnas dang sher phyin gyi ngo bor gyur pa'i lhag mthong 'ga' zhig mnyam gzhag tu bsgom la/ phar phyin dang po gsum dang bsam gtan dang shes rab kyi cha 'ga' zhig rjes thob tu bskyang ngo/ /brtson 'grus ni mnyam rjes gnyis kar 'ong la, bzod pa'i phyogs gcig chos zab mo la nges par sems pa 'ga' zhig ni mnyam gzhag tu yang 'byung ngo/.

135 ThLG Khi.302b1-2: /mnyam gzhag langs pa'i dus dag tu/ /sgyu ma'i dpe brgyad lta bur ni/ /chos kun lta ba goms byas pas/ /rjes kyi rtog pa sbyang ba dang/ /thabs la slob pa gtso bor bya/ /mnyam par bzhag pa'i dus dag tu/ /zhi gnas lhag mthong cha mnyam zhing/ /de rgyun rtag tu goms par bya/.

쫑카빠는 힘든 수행이기는 하지만 오랫동안 노력하면 자연스럽게 이뤄지고 일체의 공덕들은 수습을 통하여 증장되기 때문에,[136] "보살율의를 수지한 자들은 행行에 대해 배우지 못할 방편이 없으며, 행심의 의궤를 수지하지 않은 자들도 배우고자 수행에 힘써 행을 배우는 기쁨이 강렬하다면 율의를 수지했을 때 아주 견고하게 되기 때문에 노력해야 한다"[137]고 하였다.

(3) 보살행과 보살계의 관계

『보살정도』에서는 악작의 내용을 섭선법의 육바라밀을 장애하는 경우와 요익유정의 사섭법을 장애하는 경우로 나눠서 설명한다. 이 내용을 도표로 나타내면 다음과 같다.[138]

---

136 수습을 통한 공덕의 증장은 YThT Ka.198a7-b1 참조: /gang zhig thos par gyur na'ang 'jig rten 'di la gnod pa skye 'gyur dang/ /gang yang khyod nyid kyis kyang yun ring sku nyams bzhes par mi spyod pa'i/ /spyod pa de dag khyod la goms pas dus su rang gi ngang nyid gyur/ /de slad yon tan dag ni yongs goms ma bgyis spel bar dka' ba lags/(듣게 되더라도 이 세간에 침해(侵害)가 생겨나고 그대 역시 오랫동안 실천할 수 없는 그 수행들이 그대에게 익숙함으로써 자연스럽게 이뤄질 때가 있을 것이다. 그것을 위해서 공덕들을 온전히 수습하지 않고서는 증장시키기 어렵다.)

137 LRChM Ka.253b5-7: /de'i phyir byang chub sems dpa'i sdom pa bzung ba rnams kyis spyod pa la mi slob pa'i thabs med la/ 'jug sems chogs ma bzung ba rnams kyis kyang slob 'dod sbyong ba la 'bad nas spyod pa la slob pa'i spro shugs 'phel ba na/ sdom pa bzung na shin tu brtan par 'gyur bas 'bad par bya'o/.

① 육바라밀을 장애하는 경우

구분	「계품」의 내용	ShL의 내용	ShL과판명科判名
보시를 장애	(1)不供三寶	(1)삼보三寶를 삼문三門으로 공경하지 않는 것	재물보시의 수승함에서 쇠퇴하는 것
	(2)貪求名利	(2)원하는 대로 이루는 것	인색에 대한 대치가 쇠퇴하는 것
	(3)不敬有德同法·不正答他問	(3)어른들을 존경하지 않는 것	무외시無畏施에 어긋나는 특별한 경우
		(4)묻는 자에게 대답하지 않는 것	무외시에 어긋나는 일반적인 경우
	(4)不應供受襯	(5)받아들이지 않는 것	초대에 응하지 않는 경우
	(5)不受重寶施	(6)금金 등을 받지 않는 것	주는 자구資具를 받지 않는 경우
	(6)不施其法(障法施)	(7)법을 구하는 자에게 보시하지 않는 것	법 보시에 어긋나는 것
	(7)棄捨惡人(障無畏施)		
지계를 장애		(8)계를 범하는 자들을 버리는 것	특히 가여운 대상을 버리는 것
	(8)與聲聞共學	(9)상대의 믿음을 위해 배우지 않는 것	공통인 학처를 배우지 않는 것

....

138 聖嚴(1997) p.344, p.356에서는 한역 보살계본(菩薩戒本)의 계목(戒目)을 중계(重戒)와 경계(輕戒)로 각각 나눠 대조하고 있다. '중계'인 경우는 '瓔珞經戒本', '梵網經戒本', '瑜伽菩薩戒本', '菩薩地持經戒本', '菩薩善戒經戒本', '菩薩優婆塞經戒本', '경계'인 경우는 대조표에서 '梵網經戒本', '瑜伽菩薩戒本', '菩薩地持經戒本', '菩薩善戒經戒本', '菩薩優婆塞經戒本'의 계목을 대조하고 있다.

구분	「계품」의 내용	ShL의 내용	ShL과판명科判名
	(9)與聲聞不共學	(10)유정의 이익을 위해 하는 것이 적은 것	공통이 아닌 학처를 배우는 것
	(10)味邪命法	(11)삿된 생활을 받아들이는 것	청정한 생활이 쇠락하는 것
	(11)掉動嬉戲	(12)들떠서 크게 웃는 등의 것	의궤가 쇠락하는 것
	(12)倒說菩薩法	(13)윤회할 것만을 생각하는 것	삼유三有에 애착하는 것
	(13)不護雪譏謗	(14)악명惡名을 버리지 않는 것	자신에 대한 명예를 지키지 않는 것
	(14)不折伏衆生 (障加行)	(15)번뇌가 있어도 고치지 않는 것	이타를 위한 맹렬한 가행을 두려워하는 것
인욕을 장애	(15)瞋打報復	(16)욕에 대해 욕으로 답하는 것 등	인욕의 원인에 머물지 않는 것
	(16)不行悔謝	(17)분노한 자들을 버리는 것	진에심의 상속을 막지 않는 것(스스로 막지 않는 것)
	(17)不受悔謝	(18)상대가 사과하여 참회하는 것을 거부하는 것	진에심의 상속을 막지 않는 것(다른 사람의 진에심을 막지 않는 것)
	(18)懷忿不捨	(19)분노하는 마음을 따라 이루는 것	대치對治에 머물지 않는 것
정진을 장애	(19)染心御衆	(20)공양을 받기 위해 주위 사람들을 모으는 것	가행加行이 열등한 것
	(20)貪著睡眠	(21)해태懈怠 등을 없애지 않는 것	가행이 없는 것
	(21)虛談棄時	(22)탐착으로 쓸데없는 말에 의지하는 것	악한 행위에 탐착하는 것

구분	「계품」의 내용	ShL의 내용	ShL과판명科判名
정려를 장애	(22)不求禪法	(23)사마타奢摩他를 추구하지 않는 것	예비단계의 과실
	(23)不除五蓋	(24)정려의 장애를 버리지 않는 것	정식단계의 과실
	(24)貪味靜慮	(25)정려의 맛에 있어서 공덕을 찾는 것	마무리단계의 과실
지혜를 장애	(25)不學小法	(26)성문승을 여의도록 하는 것	소승을 여의는 것
	(26)背大向小	(27)자신의 방법대로 노력하는 것	줄곧 소승의 가르침에 대해 노력하는 위범
	(27)捨內學外	(28)자신의 논서에 대해서는 노력하지 않고 외도의 논서에 대해서는 노력하는 것	외도의 논서에만 줄곧 노력하는 것
	(28)專習異論	(29)외도의 논서를 배우는데 노력하면서 좋아하는 것	좋아하면서 외도의 논서를 배우는 위범
	(29)不信深法	(30)대승을 여의도록 하는 것	지혜의 대상을 여의는 것
	(30)愛恚讚毀	(31)자신은 찬탄하고 남은 비난하는 것	과果를 잘못 이루는 것
	(31)不聽正法	(32)법을 위해 들으러 가지 않는 것	청문聽聞에 참여하지 않는 것
	(32)輕毀法師	(33)청문의 대상을 비난하고 글자에 의지하는 것	청문의 대상에 대해 잘못 행하는 것

② 사섭법을 장애하는 경우

「계품」의 내용	ShL의 내용	ShL과판명	구분
(33)不爲助伴	(34)필요한 친구가 되지 않는 것	이로움을 주지 않는 것	총경 總境
(34)不往事病	(35)병자를 돌보지 않는 것	개별적인 괴로움을 없애지 않는 것	
	(36)괴로움을 없애려고 하지 않는 것	일반적인 괴로움을 없애지 않는 것	
(35)非理不爲說法	(37)방일의 모든 종류를 가르치지 않는 것	괴로움의 원인을 없애지 않는 것	
(36)有恩不報	(38)은혜를 은혜로 갚지 않는 것	은혜 있는 자에게 삿되게 하는 것	별경 別境
(37)患難不慰	(39)남의 슬픔을 없애지 않는 것	마음이 괴로운 자에게 삿되게 하는 것	
(38)希求不給	(40)재물을 원하는 자에게 보시하지 않는 것	가난한 자에게 삿되게 하는 것	
(39)不如法攝衆	(41)따르는 자들을 이롭게 하지 않는 것	자신의 권속들에게 삿되게 하는 것	
(40)不隨順衆生	(42)남의 마음에 맞춰서 하지 않는 것	따라야할 일에 대해 삿되게 하는 것	
(41)不隨喜讚揚	(43)공덕을 찬양하지 않는 것	공덕있는 자에게 삿되게 하는 것	
(42)不行威折	(44)여건에 맞춰서 조복하지 않는 것	법이 아닌 행위를 조복하지 않는 것	
(43)不神力折攝	(45)신통으로 위협하는 것 등을 하지 않는 것	가르침을 증오하는 자들을 조복하지 않는 것	

보리현은 위범違犯의 각 내용들을 삼취정계와 관련지어 자세히 구분하고 있다. 쫑카빠는 『보살정도』에서 『보살율의이십난어석』의 내용을 인용하여 위범의 내용을 설명하고 있기 때문에, 보리현이 모든 위범의 내용을 삼취정계와 관련지어 설명하는 내용도 함께 살펴볼 필요가 있다. 보리현이 각 위범의 내용을 삼취정계에 배대하는 기준을 보면, 율의계와 섭선법계, 요익유정계 각각을 원만하게 만드는 원인을 판단기준으로 삼고 있음을 알 수 있다.[139]

제1위범, '삼보를 삼문으로 공경하지 않는 것'은 섭선법계의 '수시로 광대한 모든 양상으로 삼보를 공양한다는 것dus dus su rgya che ba'i rnam pa thams cad kyis dkon mchog gsum la mchod pa byed pa'에서 쇠퇴하는 것이다.

제2위범, '원하는 대로 이루는 것'은 율의계의 '이득과 공경에 [탐착하는 것을] 용인하지 않고 적은 욕락과 지족知足인 것meyd pa dang bkur sti dang du mi len cing 'dod pa chung ba dang chog shes pa'에서 쇠퇴하는 것이다.

제3위범, '어른들을 존경하지 않는 것'은 율의계에서 엄금하는 행위들로부터 쇠퇴하는 것sdom pa'i tshul khrims kyis shin du bsdams

---

139 이하의 내용은 BDNK Hi.205a1-216b 참조.

pa'i tshul khrims las spyod pa dag las nyams pa'이다. 쫑카빠는 『보살율의이십난어석』에서 이것을 제4위범의 내용과 마찬가지로 요익유정계의 남의 마음을 보호하는 것에서 쇠퇴하는 것으로 보고 있다고 말한다.[140]

제4위범, '묻는 자에게 대답하지 않는 것'은 요익유정계의 '남의 마음을 보호하는 것gzhan gyi sems srung ba'에서 쇠퇴하는 것이다.

제5위범, '받아들이지 않는 것'과 제6위범의 '금 등을 받지 않는 것'은 요익유정계의 '복덕의 업業을 도우는 것bsod nams kyi grogs su 'gro ba'에서 쇠퇴하는 것이다. 쫑카빠 역시 『보살율의이십난어석』을 인용하며 이 내용을 소개하고 있다.

제7위범, '법을 구하는 자에게 보시하지 않는 것'은 섭선법계와 요익유정계의 '보시바라밀sbyin pa'i pha rol tu phyin pa'에서 쇠퇴하는 것이다.

제8위범, '계를 범하는 자들을 버리는 것'은 율의계의 '선량함des pa'에서 쇠퇴하는 것이다.

제9위범, '상대의 믿음을 위해 배우지 않는 것'은 섭선법계의 '바라밀pha rol tu phyin pa'에서 쇠퇴하는 것이다.

---

140 앞의 제3위범의 내용 참조.

제10위범, '유정의 이익을 위해 하는 것이 적은 것'은 '대비大悲를 지녔다면 불선이 아니다snying brtser bcas na mi dge med'라는 게송처럼 요익유정과 관련된 내용임을 알 수 있다. 보살이 대비심을 지닌 경우는 성죄를 범하더라도 오히려 많은 복덕이 있다는 점에서 적극적인 요익유정의 행위를 권하는 내용이다.

제11위범, '삿된 생활을 받아들이는 것'은 율의계의 '청정한 생활tsho ba dag'에서 쇠퇴하는 것이다.

제12위범, '들떠서 크게 웃는 등의 것'은 율의계의 '도거가 아닌 것rgod pa ma yin pa'에서 쇠퇴하는 것이다.

제13위범, '윤회할 것만을 생각하는 것'은 율의계의 '완전히 한적한 곳에 머무르는 것을 좋아하는 것gcig tu rab tu dben par gnas pa la mngon par dga' ba'에서 쇠퇴하는 것이다.

제14위범, '악명을 버리지 않는 것'은 섭선법계의 '정념정지정행正念正知正行, dran pa dang shes bzhin du spyod pa'에서 쇠퇴하는 것과 '자신의 잘못들을 완전히 알고 확실히 보며 분명히 보고나서 버리는 것bdag gi 'krul pa rnams yongs su shes shing nges par mthong ba dang/ nges par mthong nas kyang spong ba'에서 쇠퇴하는 것이다.

제15위범, '번뇌가 있어도 고치지 않는 것'은 요익유정계의 '다섯 가지 교계教誡로부터 거듭해서 존경하지 않게 되어 혼란시키는 자에게 요익의 마음으로 모욕을 주고 기억하도록 하는 것rjes su bstan pa rnam pa lnga las yang dang yang du ma gus par gyur pas 'krul pa la phan pa'i bsam pas sma dbab pas dran par byed du gzhug pa’에서 쇠퇴하는 것이다.

제16위범, ‘욕에 대해 욕으로 답하는 것 등’은 율의계와 섭선법계의 ‘남을 이롭게 하고자 구하는 것gzhan la phan pa don du gnyer ba’에서 쇠퇴하는 것이다.

제17위범, ‘분노한 자들을 버리는 것’은 섭선법계의 ‘계를 범하는 근본으로 되는 번뇌와 수번뇌를 받아들이지 않는 것tshul khrims 'chal ba'i gzhir gyur pa'i nyon mongs pa dang/ nye ba'i nyon mongs pa dang du mi len pa’에서 쇠퇴하는 것이다.

제18위범, ‘상대가 사과하여 참회하는 것을 거부하는 것’과 제19위범, ‘분노하는 마음을 따라 이루는 것’의 경우, 보리현은 구체적인 위반의 내용을 말하고 있지는 않지만 모두 인욕의 장애와 관련되어 있다.

제20위범, ‘공양을 받기 위해 주위 사람들을 모으는 것’은 요익유정계의 ‘여법하게 대중을 온전히 섭수하는 것chos bzhin du tshogs yongs su sdud pa’에서 쇠퇴하는 것이다.

제21위범, ‘해태 등을 없애지 않는 것’은 섭선법계의 ‘[정진]바라밀pha rol tu phyin pa’에서 쇠퇴하는 것이다.

제22위범, ‘탐착으로 쓸데없는 말에 의지하는 것’은 율의계의

'번잡한 곳에 머물더라도 쓸데없는 말을 용납하지 않는 것'du 'dzi'i nang na gnas kyang gtam ngan pa dang du mi len pa'에서 쇠퇴하는 것이다.

제23위범, '사마타를 추구하지 않는 것'은 율의계의 '사마타를 성취하는데 노력하는 것'에서 쇠퇴하는 것이다.

제24위범, '정려의 장애를 버리지 않는 것'은 율의계의 '나쁜 심사尋思를 받아들이지 않는 것rtog pa ngan pa dang du mi len pa las nyams pa'에서 쇠퇴하는 것과 섭선법계의 '등지等至에서의 번뇌를 받아들이지 않는 것snyoms par 'jug pa'i nyon mongs pa dang du len par mi byed pa'에서 쇠퇴하는 것이다.

제25위범, '정려의 맛에 있어서 공덕을 찾는 것'은 섭선법계의 '등지等至의 맛을 경험한 것을 받아들이지 않는 것snyoms par 'jug pa'i ro myang ba dang du mi len pa'에서 쇠퇴하는 것이다.

제26위범, '성문승을 여의도록 하는 것'은 섭선법계에 섭수되는 '청정계에 대한 전도된 견해를 버리는 것rnam par dag pa'i tshul khrims kyi log par lta ba rnam par spangs pa'에서 쇠퇴하는 것이다.

제27위범, '자신의 방법대로 노력하는 것'은 섭선법계의 '문 · 사聞思에 노력하는 것thos pa dang bsam pa la mngon par sbyor ba'에서 쇠퇴하는 것이다.

제28위범, '자신의 논서에 대해서는 노력하지 않고 외도의 논서에 대해서는 노력하는 것'은 섭선법계의 '문·사聞思에 노력하는 것thos pa dang bsam pa la mngon par sbyor ba'에서 쇠퇴하는 것이다.

제29위범, '외도의 논서를 배우는데 노력하면서 좋아하는 것'에 대해서 보리현은 구체적인 구분은 하고 있지 않지만 외도의 가르침을 좋아하는 것으로 제28위범의 내용과 연결된다는 점에서 위범의 내용 역시 같이 연결 지을 수 있다.

제30위범, '대승을 여의도록 하는 것'은 섭선법계의 '문·사聞思에 노력하는 것'과 '악견惡見을 버리는 것'das ma thag pa lta bu dang lta ba nga pa spong ba'에서 쇠퇴하는 것이다.

제31위범, '자신은 찬탄하고 남은 비난하는 것'은 섭선법계의 '계를 버리는 원인인 번뇌와 수번뇌隨煩惱를 받아들이지 않는 것 tshul khrims 'chal ba'i rgyu'i nyon mongs pa dang nye ba'i nyon mongs pa dang du mi len pa'에서 쇠퇴하는 것이다.

제32위범, '법을 위해 들으러 가지 않는 것'은 섭선법계의 '청문聽聞에 노력하는 것thos pa la mngon par sbyor ba'에서 쇠퇴하는 것이다.

제33위범, '청문의 대상을 비난하고 글자에 의지하는 것'은 섭선법계의 '스승을 존경하는 것bla ma la rim gro byed pa'에서 쇠퇴하는 것이다.

제34위범, '필요한 친구가 되지 않는 것'은 요익유정계의 '유정을 위한 일들을 도우는 것grogs byed pa'에서 쇠퇴하는 것이다.

제35위범, '병자를 돌보지 않는 것'은 요익유정계의 '병자를 돌보는 것nad pa'i rim gro byd pa'에서 쇠퇴하는 것이다.

제36위범, '괴로움을 없애려고 하지 않는 것'은 요익유정계의 '남의 고통을 없애주는 것gzhan gyi sdug bsngal sel bar byed pa'에서 쇠퇴하는 것이다.

제37위범, '방일放逸의 모든 종류를 가르치지 않는 것'은 요익유정계의 '정리正理를 가르치는 것rigs pa ston pa'에서 쇠퇴하는 것이다.

제38위범, '은혜를 은혜로 갚지 않는 것'은 요익유정계의 '보은報恩을 지키는 것byas pa gzo ba rjes su srung ba'에서 쇠퇴하는 것이다.

제39위범, '남의 슬픔을 없애지 않는 것'은 요익유정계의 '비통함을 제거하는 것mya ngan bsang bar byed pa'에서 쇠퇴하는 것이다.

제40위범, '재물을 원하는 자에게 보시하지 않는 것'은 요익유정계의 '이익을 주는 것phan 'dogs pa sbyin p'에서 쇠퇴하는 것이다.

제41위범, '따르는 자들을 이롭게 하지 않는 것'은 요익유정계의 '법과 재물을 가지고 섭수하는 일chos dang zang zing gis bsdus pa'i bya ba'에서 쇠퇴하는 것이다.

제42위범, '남의 마음에 맞춰서 하지 않는 것'은 요익유정계의 '다른 사람의 마음에 맞추는 것gzhan gyi blo dang mthun par 'jug pa'

에서 쇠퇴하는 것이다.

제43위범, '공덕을 찬양하지 않는 것'은 요익유정계의 '공덕을 칭찬하는 말을 하는 것yon tan gyi bsngags pa smra ba'에서 쇠퇴하는 것이다.

제44위범, '여건에 맞춰서 조복하지 않는 것'은 요익유정계의 '제복하는 것tshar gcod pa'i bya ba'에서 쇠퇴하는 것이다.

제45위범, '신통으로 위협하는 것 등을 하지 않는 것'은 요익유정계의 '[신통으로] 위협하는 것 등의 행위bsdigs pa la sogs pa'i bya ba'에서 쇠퇴하는 것이다.

위에서 분석한 내용에 따르면, 쫑카빠는 제1위범에서 제33위범까지를 섭선법계에 위배되는 것으로 보고, 구체적으로 육바라밀의 장애요소에 따라 구분하고 있다. 그리고 요익유정계에 위배되는 제34위범에서 제45위범의 내용은 총경總境과 별경別境으로 구분한다. 그러나 보리현은 제2, 제3, 제8, 제11, 제12, 제13, 제16, 제22, 제23, 제24위범을 율의계에 위배되는 것으로 구분하고 있다. 이러한 차이는 서로 구분의 기준을 다르게 하고 있기 때문이다. 쫑카빠는 섭선법계가 자상속自相續을 성숙시키는 것으로서 육바라밀의 어느 내용에 장애가 되는가에 따라 구분하였으며, 요익유정계는 타상속他相續을 성숙시키는 것으로 '총·별總別' 두 가지로 나눠 구분하고 있다. 그러나 보리현은 각 위범의 내용

이 삼취정계를 원만하게 이루는 각 원인들 가운데 어떤 내용에 위배되는가에 따라 구분하고 있다.[141]

위 구분 내용을 보면, 이미 삼취정계에는 육바라밀과 사섭법의 정신이 포함되어 있으며, 각 위범의 내용이 보살행의 구체적인 실천행인 것을 의미하고 있다는 점을 알 수 있다. 이것은 일체의 선법을 수습함으로써 자리와 이타를 이루고 온전히 이타를 행하는 사섭법을 통하여 유정을 교화하고 제도하기 위한 것임을 나타낸다.

---

141 둔륜(遁倫)은 육바라밀의 장애와 관련된 제33위범까지는 쫑카빠와 같은 구분을 하고 있다. 그러나 사섭법의 내용에 대해서는 쫑카빠의 위범 구분에 따라 비교했을 때, 제34위범에서부터 제36위범까지는 동사, 제37위범은 애어, 제38위범에서 제41위범까지는 보시, 제42위범에서 제45위범까지는 이행에 장애가 되는 것으로 구분하고 있다. 『瑜伽論記』(T42) p.539c15-18: 上來三十二輕障於六度攝善法戒 自下有 十一輕障於四攝攝有情戒 於中初一障同事 次一障愛語 次四障布施 後四障利行; 石田瑞麿 (1986) p.80 참조.

제 3 부

에필로그

대승 보살계의 사상과 실천

○ ○
보살도의 완성을 위한 실천

　인도 · 티벳불교에서 대승계의 전통은 적천의 중관 계통과 『유
가사지론』「계품」의 유가 계통을 말한다. 티벳불교의 체계를 확
립한 쫑카빠는 대승의 사상 체계를 중관과 유식이라는 두 축을
중심으로 조직화하였으며, 이러한 점은 그의 저작인 『보살정도』
와 람림에도 잘 나타난다.

　계는 종교생활의 지침이며 대승의 보살계는 바로 대승교법의
실천행을 의미한다. 「계품」에서는 성문의 별해탈계를 대승계의 일부
인 율의계로 수용하고 이를 섭선법계와 요익유정계의 근본으로
삼음으로써 자리이타인 대승교법을 실천하는 보살계의 특징을
보여준다. 보살계에서는 수계와 관련하여 율의를 받는 자뿐만
아니라 율의를 줄 수 있는 스승의 경우에도 엄격한 자격을 요구
한다. 그들 자신이 대승교법에 대한 지식이 있고 대승율의를 잘
수지하고 있어야만 한다. 이런 조건에 맞는 스승이 없는 경우,

무사의궤無師儀軌에 따라 수계자는 스스로 율의를 받을 수 있다. 쫑카빠는 무사의궤를 인정하면서도 스승에게 큰 과실이 없다면, 되도록 유사의궤有師儀軌에 따를 것을 요구한다. 이러한 점은 비록 별해탈계를 받지 않더라도 보살율의가 생기할 수는 있지만 먼저 별해탈계를 받는 것이 원만하다고 정의하고 있는 점과도 상통한다. 그는 정해진 차제를 존중하고 그 체계에 따른 수행도를 제시한다. 이러한 점은 계율을 재정립함으로써 종교개혁을 이루고자 하였던 그의 태도를 구체적으로 보여주는 것이기도 하다.

『보살정도』는 중관과 유식사상을 통하여 「계품」의 내용을 해석한다. 근본죄의 내용에 대해 『집학론』에서는 『허공장경』의 근본죄를 포함하여 열네 가지로 설명한다. 여기에 쫑카빠는 「계품」의 네 가지 타승처법을 더하여 모두 열여덟 근본죄를 말한다. 그는 근본죄를 보살율의의 의의가 훼손되는 것으로 규정하고, 보살율의에 대해서도 구체적인 계의 조목條目보다 그 의의와 의미에 주목한다.

『허공장경』에서 찰제리 왕과 대신, 초발심보살의 근본죄가 각각 다르게 설명되는 것에 대해, 보살율의의 내용이 그 대상에 따라 다르거나 또는 근본죄와 보살율의의 관계가 다르게 정의되는 것은 아닌가 하는 문제가 제기될 수 있다. 이 점에 대해 쫑카빠

는 대상에 따라 죄명이 다르게 언급되었다는 그 자체를 문제 삼
지 않고 누구나 범할 수 있기 때문에 끊어야 하는 것으로 설명
한다. 그렇다면 보살율의를 구체적으로 설명하는 「계품」에서는
왜 이 내용을 언급하고 있지 않을까? 이에 대하여 그는 오히려
"그 죄들이 근본죄가 아니라면 근본죄가 아니라고 규정되었을
것"이라고 주장한다. 이러한 견해는 불교사상을 종합적으로 이
해하려는 그의 태도와 관련지어 생각해 볼 필요가 있다. 그는 해
당 경전에서 비록 언급하고 있지 않더라도 다른 경전들을 통하
여 전체적으로 살펴볼 것을 요구한다. 『보살정도』에서는 그 예로
「계품」과 『허공장경』에서 각각 언급하고 있지 않는 부분들이 있
고 「계품」에서 언급하는 악작법이 『집학론』에서는 언급하지 않
는다는 점을 들고 있다.

쫑카빠는 대승계와 성문계의 관계를 논의하면서 별해탈계와
율의계를 '자리만을 추구하는 것'과 '자신을 조율하고 악을 끊는
수행'으로 구분하여 설명한다. 소승의 경우는 출리심을 중심으로
자신만의 해탈을 추구하지만 대승의 경우는 자리이타를 목표로
하고 보리심의 증장을 위해 수행한다. 따라서 별해탈계가 소승
의요의 범주에 머무는 경우는 성문계가 되는 것이고, 이타행을
위해 먼저 자신을 조율하는 율의계의 성격이라면 대승계의 범주
에서 논의되는 것이다. 이는 별해탈계가 이타와 관련할 때 율의

계로 이해된다는 것을 의미한다. 별해탈계의 조목만을 고려한다면 보살행에서 성죄性罪까지 용인되는 경우와 대립하게 된다. 그러나 별해탈계의 의미를 자신의 수행과정에서 청정한 계에 머무르기 위한 근본으로 삼고 이것을 바탕으로 진정한 보살행을 이룰 수 있는 토대로 이해한다면 성문의 별해탈계는 오히려 보살계에서 필수적인 요인으로 간주된다. 그는 대승계와 성문계의 관계를 구체적인 계의 조목에서 바라보는 것이 아니라 그 의의와 의미에서 파악함으로써 대·소승계의 대립문제를 해결하고 있는 것이다.

소승과 대승을 구분 짓는 가장 큰 특징은 보리심이다. 이러한 점은 바로 실천체계인 계의 내용에서도 큰 의미를 갖는다. 왜냐하면 보살계가 지니는 대표적인 특징 즉, 계를 범했더라도 다시 청정할 수 있는 것과 성죄에 대한 허용의 경우도 바로 보리심의 공덕으로 가능하기 때문이다. 적천은 보리심을 원보리심과 행보리심으로 구분하고 두 보리심을 '가려고 하는 자'와 '가는 자'의 차이로 설명한다. 까말라실라는 『수습차제』에서 행심을 "보살율의를 받은 자가 자량을 쌓는 것"으로 설명함으로써 율의와 행심의 관계를 분명히 나타낸다. 쫑카빠 역시 적천의 전통에 따라 원심과 행심의 구분을 율의를 수지하고 있는지의 여부로 구분한다. 계는 실천행이기 때문에 율의를 수지했다는 것은 바로 보살행의 실천을 의미한다. 행심은 원심을 더욱 굳건히 하는 것으로서 자량의 공덕을 쌓는 것이다. 따라서 원심은 보살이 나갈 목표를 정하는 것이며 행심은 그 방향성을 유지하는 것이라고 할 수 있다. 이런 점에서 원심을 여의었다면, 이미 보살로서의 목표를 잃어버린 것이 되기 때문에 보살계를 받을 수 없게 된다. 그는 '학처를 배움 → 원심을 굳건히 함 → 보살행을 배우려는 의지 생기 → 행심의 율의를 수지 → 보살행 실천'이라는 차제를 말한다. 여기에서 행심의 율의라는 것은 육바라밀과 사섭법의 실천행으로서 바로 「계품」의 보살계를 의미한다.

쫑카빠의 보리심 수습은 아띠샤의 일곱 가지 인과의 가르침과 적천의 자타교환의 방식을 따른다. 아띠샤의 보리심 수습은 '일체 유정을 어머니로 생각 → 은혜를 기억 → 은혜에 보답 → 대자大慈 → 대비大悲 → 증상의요增上意樂 → 보리심'이라는 차제로서 가까운 데서 점차 범위를 넓혀 나간다.

중생을 구제하는 것이 어렵지만 '내가 그 짐을 지겠다'는 보살의 마음이 증상의요다. "내가 중생을 위해 부처가 되겠다"고 서원하는 것이 바로 원심이다. 이런 점에서 증상의요는 원심에 속하는 것이며 아직 실천으로 이뤄지지 않은 수승한 대승의 마음인 것이다. 그런데 아띠샤는 『보리도등난처석』에서 증상의요를 행심에 속하는 것으로 말한다. 이와 같은 경우, 실천행인 육바라밀과 사섭법은 증상의요의 범주에서 이뤄지게 된다. 그러나 그 실천행은 보살계를 수지하고서 이뤄지는 것이고 보살율의는 원심과 행심을 구분하는 기준이 되기 때문에 증상의요는 원심의 범주에 속해야 한다.

적천의 '자타교환'의 방식은 '나'와 '남'이라는 구분을 없애는 것이다. '나'와 '남'은 가립된 것일 뿐 자타를 구분하는 자성으로 성립하는 것이 아니다. 따라서 자타를 교환한다는 것은 아집을 버림으로써 가능하게 된다. 남을 자신이라고 헤아릴 수 있을 때, 남의 고통이 바로 나의 고통일 수 있는 것이다. 그의 보리심 수습은 그 방식에 있어서 아띠샤와 다소 차이가 있기는 하지만 모두가 자비심을 통하여 보리심을 수습한다는 측면에서 같은 속성을 지니고 있다.

대승계에서는 중생에 대한 보살의 의향을 중생구제의 증상의요와 연결시킴으로써 오히려 의업意業으로서의 의요를 인정한다. 이러한 점은 자비의 마음을 통하여 증상의요가 생기고 또 보리심이 생기기 때문에 보리심 차제라는 관점에서 이해되어야 하는 것이다. 쫑카빠는 보살학처를 배우려고 하지 않는 자와 원심을 일으키지 않은 자에게는 보살율의를 주어서는 안 된다고 강조한다. 그리고 성죄가 허용되는 경우는 진정한 이타를 행할 수 있는 보살로 한정짓고, 오랜 수행과 방편에 능통한 대자비의 보살이라고 분명히 밝히고 있다. 이러한 점에서 보살도를 실천하기 위해서는 무엇보다도 자신을 청정하게 함으로써 수행의 마음을 유지하는 것이 중요하다. 따라서 별해탈계는 보살계의 근본을 이루는 율의계로 제시되고 있는 것이다.

쫑카빠는 별해탈계를 소승의요와 구분함으로써 대승계와 성문계를 단지 계상戒相의 관점이 아니라 계의 의의 및 수행자의 의요라는 관점에서 파악한다. 또한 이들 계의 원융관계를 보리심과 그 실천행의 체계 속에서 논증하고 있다. 쫑카빠의 보살계 사상을 통해 볼 때, 한국에서 논의되고 있는 대승계와 성문계의 양립문제는 계의 조목이 아니라 그 의의와 수행자의 태도를 고찰함으로써 해결될 수 있을 것이다. 보살도의 완성은 보살계를 철저히 수지할 때 비로소 가능하다. 따라서 대승계와 성문계의 문제는 보리심과 대승사상의 실천이라는 관점에서 폭넓은 논의가 전개되어야 할 것이다.

『菩薩正道』의 攝善法戒와 饒益有情戒 科段

내 용	ShL[P] Cha	ShL[K] Ka	ShL (Mtsho-sngon mi-rigs dpe-skruin-khang)
1.1 布施에 違犯	63a4-	75b1-	517.4-
1.1.1 재물보시의 수승함에서 쇠퇴하는 것 (zang zing gi sbyin pa'i gtso bo nyams pa)	63a5-	75b2-	517.6-
1.1.2 인색에 대한 대치가 쇠퇴하는 것 (ser sna'i gnyen po nyams pa)	64a7-	77a1-	519.9-
1.1.3 無畏施에 어긋나는 것 (mi 'jigs pa'i sbyin pa'i rjes su mi mthun pa)	64a3-	77a5-	519.19-
1.1.3.1 無畏施에 어긋나는 특별한 경우 (yul gyi khyad par dang 'brel ba)	64b4-	77a5-	519.20-
1.1.3.2 無畏施에 어긋나는 일반적인 경우 (yul gyi spyi dang 'brel ba)	64b5-	77b1-	520.3-
1.1.4 다른 사람이 보시할 여건을 만들지 않는 것 (gzhan gyi sbyin pa'i rkyen mi byed pa)	65a8-	78a4-	521.6-
1.1.4.1 초대에 응하지 않는 경우 (mgron du bos pa khas mi len pa)	65a8-	78a4-	521.7-
1.1.4.2 주는 資具를 받지 않는 경우 (yo byad bstabs pa mi len pa)	65b6-	78b4-	521.21-
1.1.5 법 보시에 어긋나는 것 (chos kyi sbyin pa dang 'gal ba)	66a6-	79a5-	522.18-
1.2 持戒에 違犯	66b5-	79b6-	523.16-
1.2.1 남을 위주로 하는 것에 위범 (gzhan gtso bor gyur ba dang 'gal ba)	66b6-	79b6-	523.17-
1.2.1.1 남을 위주로 하는 戒에 위범 (gzhan gtso bor gyur pa'i tshul khrims dang 'gal ba dngos)	66b6-	79b6-	523.19-

내 용	ShL[P] Cha	ShL[K] Ka	ShL (Mtsho-sngon mi-rigs dpe-skruin-khang)
1.2.1.1.1 특히 가여운 대상을 버리는 것 (lhag par brtse ba'i yul 'dor ba)	66b7-	80a1-	523.20-
1.2.1.1.2 공통인 學處를 배우지 않는 것 (bcas pa thun mong ba la mi slob pa)	67a4-	80a6-	524.11-
1.2.1.1.3 공통이 아닌 學處를 배우는 것 (thun mong ma yin pa la slob pa)	67b3-	80b6-	525.8-
1.2.1.2 別解脫의 性罪를 포함한 學處의 차별 (so thar gyi rang bzhin gyi bcas pa la slob pa'i khyad par bstan pa)	69a3-	82b4-	528.3-
1.2.1.2.1 殺生인정	70b8-	84b5-	531.10-
1.2.1.2.2 不與取인정	71a4-	85a3-	531.19-
1.2.1.2.3 欲邪行인정	71b1-	85b1-	532.9-
1.2.1.2.4 妄語인정	72a1-	86a4-	533.10-
1.2.1.2.5 離間語인정	72a5-	86b1	533.17-
1.2.1.2.6 粗惡語인정	72a6-	86b2-	533.21-
1.2.1.2.7 綺語인정	72b1-	86b.4-	534.7-
1.2.2 자신을 위주로 하는 것에 위범 (rang gtso bor gyur ba dang 'gal ba)	72b8-	87a5-	535.2-
1.2.2.1 청정한 생활이 쇠락하는 것 ('tsho ba nyams pa)	72b8-	87a5-	535.3-
1.2.2.2 의궤가 쇠락하는 것 (cho ga nyams pa)	73a5-	87b3-	535.15-
1.2.2.3 三有에 애착하는 것 (srid ba'i ro la brkam pa)	73b1-	88a2-	536.6-
1.2.3 남과 자신 모두에 관련된 것에 (gnyis ka cha mnyam pa dang 'gal ba)	74a7-	89a2-	537.15-
1.2.3.1 자신에 대한 명예를 지키기 않는 것 (rang gi bsngags pa mi srung ba)	74a7-	89a2-	537.16-
1.2.3.2 利他를 위한 맹렬한 加行을 두려워하는 것 (gzhan don gyi sbyor ba rtsub mos sgrag pa)	74b4-	89b1-	538.7-

내 용	ShL[P] Cha	ShL[K] Ka	ShL (Mtsho-sngon mi-rigs dpe-skruin-khang)
1.3 忍辱에 違犯	75a2-	90a1-	539.1-
1.3.1 인욕의 원인에 머물지 않는 것 (bzod pa'i rgyu la mi gnas pa)	75a2-	90a1-	539.2-
1.3.2 瞋心의 상속을 막지 않는 것 (khro ba'i rgyun mi 'gog pa)	75a5-	90a3-	539.7-
1.3.2.1 스스로 막지 않는 것 (rang gis mi 'gog pa)	75a5-	90a3-	539.7-
1.3.2.2 다른 사람의 瞋心을 막지 않는 것 (gzhan gyi mi 'gog pa)	75b2-	90b2-	539.19-
1.3.3 對治에 머물지 않는 것 (gnyen po la mi gnas pa)	75b6-	90b6-	540.9-
1.4 精進에 違犯	76a2-	91a4-	540.17-
1.4.1 加行이 열등한 것 (sbyor ba dman pa)	76a2-	91a4-	540.18-
1.4.2 加行이 없는 것 (sbyor ba med pa)	76a4-	91a6-	541.2-
1.4.3 악한 행위에 탐착하는 것 (bya ba ngan pa la chags pa)	76a7-	91b2-	541.18-
1.5 靜慮에 違犯	76b4-	91a1-	542.1-
1.5.1 예비단계의 과실 (sbyor ba'i nyes pa)	76b4-	91a1-	542.1-
1.5.2 정식단계의 과실 (dngos gzhi'i nyes pa)	76b7-	91a4-	542.7-
1.5.3 마무리단계의 과실 (rjes kyi nyes pa)	78a3-	93b4-	544.13-
1.6 般若에 대한 違犯	78a6-	94a2-	545.3-
1.6.1 열등한 대상과의 관계 (yul dman pa dang 'brel ba)	78a7-	94a2-	545.3-
1.6.1.1 소승을 여의는 것 (theg dman spong ba)	78a8-	94a2-	545.4-
1.6.1.2 줄곧 그것에 대해 노력하는 위 (mtha' gcig tu de la brtson pa'i nyes pa)	78b5-	94b1-	545.17-
1.6.1.3 외도의 논서에만 줄곧 노력하는 것 (mu stegs kyi gzhung la mtha' gcig tu brtson par byed pa)	78b7-	94b2-	545.21-

내 용	ShL[P] Cha	ShL[K] Ka	ShL (Mtsho-sngon mi-rigs dpe-skruin-khang)
1.6.1.4 좋아하면서 외도의 논서를 배우는 위범 (dga' bzhin du mu stegs kyi gzhung la brtson pa'i nyes pa)	79a6-	95a2-	546.15-
1.6.2 수승한 대상과의 관계 (mchog dang 'brel ba)	79b1-	95a5-	546.21-
1.6.2.1 지혜의 대상을 여의는 것 (shes rab kyi yul spong ba)	79b2-	95a6-	547.1-
1.6.2.2 果를 잘못 이루는 것 ('bras bu la log par sgrub pa)	80a6-	96a4-	548.8-
1.6.2.3 지혜의 원인으로부터 쇠퇴하는 것	80b1-	96b2-	548.17-
1.6.2.3.1 聽聞에 참여하지 않는 것 (thos pa la mi 'jug pa)	80b1-	96b2-	548.17-
1.6.2.3.2 聽聞의 대상에 대해 잘못 행하는 것 (thos pa'i yul la log par sgrub pa)	80b6-	96b6-	549.8-
2. 饒益有情戒에 違犯	81a4-	97a5-	550.1-
2.1 일반적인 대상	81a4-	97a5-	550.2-
2.1.1 이로움을 주지 않는 것 (don ma sgrub pa)	81a5-	97a6-	550.3-
2.1.2 해를 끼치는 것을 없애지 않는 것 (gnod pa mi sel ba)	81b2-	97b5-	550.15-
2.1.2.1 괴로움을 없애지 않는 것 (sdug bsngal mi sel ba)	81b2-	97b5-	550.15-
2.1.2.1.1 개별적인 괴로움을 없애지 않는 것 (sdug bsngal gyi bye brag mi sel ba)	81b3-	97b5-	550.16-
2.1.2.1.2 일반적인 괴로움을 없애지 않는 (sdug bsngal spyi sel ba)	81b7-	98a3-	551.5-
2.1.2.2 괴로움의 원인을 없애지 않는 것 (de'i rgyu mi sel ba)	81b8-	98a4-	551.8-
2.2 개별적인 대상	82a5-	98b2-	551.18-

내 용	ShL[P] Cha	ShL[K] Ka	ShL (Mtsho-sngon mi-rigs dpe-skruin-khang)
2.2.1 이로움을 주지 않는 것 (phan mi 'dogs pa)	82a5-	98b2-	551.19-
2.2.1.1 은혜 있는 자에게 삿되게 하는 것 (phan btags pa la log par sgrub pa)	82a5-	98b3-	551.20-
2.2.1.2 마음이 괴로운 자에게 삿되게 하는 것 (yid mi bde ba la log par sgrub pa)	82b1-	98b6-	552.7-
2.2.1.3 가난한 자에게 삿되게 하는 것 (bkren pa la log par sgrub pa)	82b3-	99a2-	552.11-
2.2.1.4 자신의 권속들에게 삿되게 하는 것 (rang gi 'khor la log par sgrub pa)	82b6-	99a5-	552.20-
2.2.1.5 따라야할 일에 대해 삿되게 하는 것 (mthun par bya ba la log par sgrub pa)	83a4-	99b4-	553.13-
2.2.1.6 공덕있는 자에게 삿되게 하는 것 (yon tan can la log par sgrub pa)	83a7-	100a1-	554.1-
2.2.2 제압하지 않는 것 (tshar mi gcod pa'o)	83b4-	100a5-	554.12-
2.2.2.1 법이 아닌 행위를 조복하지 않는 것 (chos min spyod pa dbang du mi byed pa)	83b4-	100a5-	554.12-
2.2.2.2 가르침을 증오하는 자들을 조복하지 않는 것 (bstan pa la 'gras pa sogs dbang du mi byed pa)	84a1-84b1	100b4-101a6	555.4-556.2

『發菩提心取受儀』(*Byaṅ-chub-kyi sems bskyed-pa daṅ yi-dam blaṅ-baḥi cho-ga,* D.No.3968=4493; P.No.5363=5406)

『入菩薩行難解決定』(*Byaṅ-chub-sems-dpaḥi spyod-pa-la ḥjug-paḥi rtogs-par dkaḥ-baḥi gnas gtan-la-dbab-pa shes-bya-baḥi gshuṅ,* D.No.3875)

Byang-chub-sems-dpa'i tshul-khrims-kyi rnam-bshad byang-chub gzhung-lam bzhugs-so, Rje tsong-kha-pa chen-po'i gsung-'bum bzhugs-so(Ka), Zi-ling: Msho-sngon mi-rigs dpe-skruin-khang, 2000.

『俱舍論』(T.29, No.1558)

『大般若經』(T7, No.220)

『大乘大集地藏十輪經』(T13, No.411)

『大乘義章』(T44, No.1851)

『大乘莊嚴經論』(T31, No.1604)

『大乘集菩薩學論』(T32, No1636)

『菩提行經』(T32, No.1662)

『菩薩地持經』(T30, No.1581)

『菩薩善戒經』(T30, No.1582)

『佛說法集經』(T17, No.761)

『佛說海意菩薩所問淨印法門經』(T8, No.400)

『四分律』(T22, No.1428)

『攝大乘論釋』(T31, No.1595)

『瑜伽論記』(T42, No.1828)

『瑜伽師地論』(T30, No.1579)

『月燈三昧經』(T15, No.639)

『雜阿含經』(T2, No.99)

『中阿含經』(T1, No.26)

『集異門足論』(T26, No.1536)

『解深密經疏』(『韓佛全』1)

『虛空藏經』(T13, No.405)

『華嚴經(60卷)』(T9, No.278)

『華嚴經(80卷)』(T10, No.279)

김성철, 「Systematic Buddhology와 『보리도차제론』」, 『불교학연구』3, 서울: 불교학연구회, 2001.

김성철, 「티베트불교의 수행체계와 보살도」, 『伽山學報』9, 서울: 伽山 佛敎文化硏究院, 2001.

김인덕, 「菩薩摩訶殺의 修行과 六波羅蜜 相攝」, 『韓國佛敎學』25, 서울: 韓國佛敎學會, 1999.

김재성, 「초기불교에서 오정심관(五停心觀)의 위치」, 『佛敎學硏究』14, 광주: 불교학연구회, 2006.

김호성, 「『菩薩戒本持犯要記』의 性格論에 대한 再檢討」, 『元曉學硏究』
　　　第九輯, 서울: 元曉學硏究院, 2004.

마성, 「남·북방 계율의 상호보완성 탐색」, 『제44회 한국불교학회 춘계
　　　학술발표대회-계율의 현대적 조명』, 서울: 한국불교학회, 2006.

목정배, 『大乘菩薩戒 思想』, 서울: 東國大學校 譯經院, 1988.

목정배, 「戒律에 나타난 佛敎의 生命觀」, 『韓國佛敎學』20, 서울: 韓國
　　　佛敎學會, 1995.

목정배, 『계율학개론』, 서울: 장경각, 2001.

박광연, 「보살계 사상의 전개와 원효 『菩薩戒本持犯要記』의 성격」,
　　　『한국고대사연구』86, 서울: 한국고대사학회, 2017.

신성현, 「初期 戒律 成立에 대한 문제」, 『韓國佛敎學』19, 서울: 韓國
　　　佛敎學會, 1994.

신성현, 「10善에 대한 몇 가지 문제」, 『韓國佛敎學』25, 서울: 韓國佛
　　　敎學會, 1999.

안성두, 「보살윤리의 성격과 그 기준「菩薩地」를 중심으로」, 『印度哲學』
　　　21, 서울: 印度哲學會, 2006.

양승규, 「『菩提道次第論』(Lam rim chen mo)의 止(Śamatha) 硏究」,
　　　동국대학교 석사학위논문, 1991.

양정연, 「『菩提道燈』에 나타난 菩提心 연구」, 동국대학교 석사학위논
　　　문, 2002.

양정연, 「Sa skya legs bshad의 내용 구성과 사상」, 『대학원 연구논문
　　　집』36, 서울: 동국대학교 대학원, 2006.

원철, 「'二律背反'의 代案-마성비구'남북방 계율의 상호보완성 탐색'을

읽고」, 『제44회 한국불교학회 춘계학술발표대회-계율의 현대적
　　조명』, 서울: 한국불교학회, 2006.
장익, 「Atiśa의 三乘道次第觀」, 『韓國佛教學』21, 서울: 韓國佛教學會,
　　1996.
쫑카빠, 『보리도차제약론』, 양승규 역, 시흥: 시륜, 2006.
차상엽, 「『菩提道次第論』의 瑜伽行 연구」, 『普照思想』21, 서울: 普照
　　思想研究院, 2004.
차상엽, 「사마타 수행으로서의 九種心住에 대한 이해」, 『회당학보』10,
　　서울: 회당학회, 2005.
차상엽, 「쫑카빠(Tsong kha pa)의 瑜伽行 修行體系 硏究」, 동국대학
　　교 박사학위논문, 2007.
총카빠, 『깨달음에 이르는 길』, 청전 역, 서울: 지영사, 2005.
최원식, 『新羅菩薩戒思想史研究』, 서울: 민족사, 1999.
平川彰・梶山雄一・高崎直道 編, 『大乘佛教概說』, 정승석 譯, 서울:
　　김영사, 1984.

法尊, 「阿底峽尊者傳」, 『密宗敎史』, 張曼濤 主編, 臺北: 大乘文化出
　　版社, 1979.
法尊, 「菩提道次第廣論」, 『宗喀巴大師集1』, 北京: 民族出版社, 2001a.
法尊, 「菩提道次第略論」, 『宗喀巴大師集3』, 北京: 民族出版社, 2001b.
法尊, 「菩薩戒品釋」, 『宗喀巴大師集5』, 北京: 民族出版社, 2001c.
釋如石, 『≪菩提道燈≫抉微』, 臺北: 法鼓文化, 1997.
釋體韜, 『六度四攝與≪瑜伽論・戒品≫之關係』, 臺北: 法鼓文化, 1997.

聖嚴, 『戒律學綱要-中國佛教經典寶藏精選白話版 85』, 臺北: 佛光, 1997.

呂澂, 『呂澂佛學論著選集(二)-瑜伽菩薩戒本羯磨講要』, 齊南: 齊魯書社, 1991a.

呂澂, 『呂澂佛學論著選集(四)-印度佛學源流略講』, 齊南: 齊魯書社, 1991b.

王輔仁 編, 『西藏佛敎史略』, 西寧: 靑海人民出版社, 1982.

王森, 『西藏佛敎發展史略』, 北京: 中國社會科學出版社, 1997.

王惠雯, 「宗喀巴菩薩戒思想之研究」, 輔仁大學博士論文, 1998.

張福成, 「阿底峽≪菩提道燈≫內容研究」, 『中華佛學學報』第六期, 臺北: 中華佛學研究所, 1993.

卡爾邁, 「天喇嘛益西沃的≪文告≫」, 『國外藏學研究譯文集』第三輯, 拉薩: 西藏人民出版社, 1987.

湯薌銘, 「菩提正道菩薩戒論」, 『大藏經補編8』, 台北: 華宇出版社, 1984a.

湯薌銘, 「菩薩戒品釋」, 『大藏經補編8』, 台北: 華宇出版社, 1984b.

太虛, 「瑜伽菩薩戒本講錄」, 『太虛大師全書-律釋(八) Vol.16』, 太虛大師全書編纂委員會 編, 台北: 善導寺佛經流通處, 1998.

土觀 羅桑却季尼瑪, 『土觀宗派源流』, 劉立千 譯注, 拉薩: 西藏人民出版社, 1984.

'Gos lo gzhon nu dpal, *Deb ther sngon po(stod cha)*, 四川: 四川民族出版社, 1985.

宮崎泉, 「菩薩戒受戒儀式の一斷面-アティシャの『儀軌次第』-」, 『日本佛敎學會年報』65, 京都: 日本佛敎學會, 2000.

大野法道,『大乘戒經の研究』, 東京: 理想社, 1963.

藤田光寬,「瑜伽師地論・菩薩地・戒品に対するチベット語訳註釈書,最勝子
　　　註と海雲註とをめぐって」,『密教文化』118, 和歌山: 高野山大學
　　　密教研究會, 1977.

藤田光寬,「菩薩律儀二十について」,『中川善教先生頌徳記念論文集-佛教
　　　と文化』, 高野山大學佛教學研究室 編, 東京: 同朋舍, 1983a.

藤田光寬,「byaṅ chub bzaṅ po著 菩薩律儀儀軌について」,『密教文化』
　　　141, 和歌山: 高野山大學 密教研究會, 1983b.

藤田光寬,「〈菩薩地戒品〉所説の菩薩戒の一考察」,『印度學佛教學研究』
　　　34-2, 東京: 日本印度學佛教學會, 1986.

藤田光寬,「チベットにおける菩薩戒の受容の一斷面」,『印度學佛教學研究』
　　　36-2, 東京: 日本印度學佛教學會, 1988.

藤田光寬,「〈菩薩地戒品〉に説かれる「殺生」について」,『密教文化』191, 和
　　　歌山: 高野山大學 密教研究會, 1995.

藤田光寬,「瑜伽戒における不善の肯定」,『日本仏教学会年報』65, 京都:
　　　日本佛教學會, 2000.

藤田光寬, 「インド・チベット佛教における大乗の菩薩戒」,『密教學研究』33,
　　　東京: 日本密教學會, 2001a.

藤田光寬,「インド・チベット仏教における瑜伽戒の思想とその展開」, 東北大
　　　學 博士學位論文, 2001b.

賴富本宏,「菩提心覚え書き」,『密教學』10, 1965.

木村宣彰,「菩薩戒本持犯要記について」,『印度學佛教學研究』 28-2. 東京:
　　　日本印度學佛教學會, 1980.

武內紹晃・芳村博實,「瑜伽行學派における戒」,『戒律思想の研究』, 佐佐
　　木敎悟 編, 京都: 平樂寺書店, 1981.

舟橋一載,『倶舍論の原典解明 業品』, 京都: 法藏館, 1987.

釋舍幸紀,「ツォンカパ敎學における戒律」,『戒律思想の研究』, 佐佐木敎悟
　　編, 京都: 平樂寺書店, 1981.

石田瑞麿,『戒律の研究(上)』, 京都: 法藏館, 1986.

松長有慶,『密敎經典成立史論』, 京都: 法藏館, 1981.

勝又俊敎,『唯識思想と密敎』, 東京: 春秋社, 1988.

矢崎正見,『チベット佛敎史攷』, 東京: 大東出版社, 1979.

矢崎正見,『ラダックにおけるチベット佛敎の展開』, 東京: 大東出版社, 1993.

羽田野伯猷,「衛へのアティーシャ招請」,『チベット・インド学集成(第一卷)』,
　　京都: 法藏館, 1986a.

羽田野伯猷,「佛敎受容條件變容原理一側面」,『チベット・インド學集成(第二
　　卷)』, 京都: 法藏館, 1986b.

羽田野伯猷,「大乘佛敎隨想」,『チベット・インド学集成(第四卷)』, 京都: 法
　　藏館, 1986c.

羽田野伯猷,「密敎者としてのアティーシャ」,『チベット・インド学集成(第四
　　卷)』, 京都: 法藏館, 1986d.

羽田野伯猷,「瑜伽行派の菩薩戒をめぐって」,『チベット・インド学集成(第四
　　卷)』, 京都: 法藏館, 1986e.

遠藤祐純,「Atīśaその世界-戒津を中心として」,『勝又俊敎博士古稀記念論
　　集: 大乘仏敎から密敎へ』, 東京: 春秋社, 1981.

長尾雅人,『西藏佛敎研究』, 東京: 岩波書店, 1954.

長澤實導,「大日經住心品の三句の佛教學的解釋」,『智山學報』8, 1962.

佐佐木敎悟 等,『佛敎史槪說: インド篇』, 京都: 平樂寺書店, 1995.

佐佐木閑,『インド仏教変移論-なぜ仏教は多様化したのか』, 東京: 大藏出版, 2000.

佐佐木閑,「佛敎における戒と律の意味」,『韓國佛敎學』第45輯, 서울: 韓國佛敎學會, 2006.

宗喀巴,『悟りへの階梯』, ツルティム ケサン・藤仲孝司 譯, 京都: Unio Corporation, 2005.

土橋秀高,『戒律の硏究』, 京都: 永田文昌堂, 1980.

土橋秀高,「大乘戒と小乘戒」,『仏教における戒の問題』, 日本佛敎學會 編, 京都: 平樂寺書店, 1984.

平川彰,『原始佛敎の硏究』, 東京: 春秋社, 1980.

平川彰,「大乘戒の硏究」,『淨土思想と大乘戒』, 東京: 春秋社, 1992.

荒牧典俊,「菩薩行と戒」,『日本仏教学会年報』32. 京都: 日本佛敎學會, 1967.

Bapat, P.V., *2500 years of Buddhism,* New Delhi: Publication Division, Government of India, 1956.

Bu ston, *The History of Buddhism in India and Tibet,* Translated by E. Obermiller, Delhi: Sri Satguru, 1986.

De Jong, J. W., "Review of M. Tatz(tras.), Asangs's Chapter on Ethics With the Commentary of Tsong-Kha-pa." *Indo-Iranian Journal* 32.3, 1989.

Ruegg, D.S., *The Literature of the Madhyamaka School of Philosophy in India,* Wiesbaden: Harrassowitz, 1981.

Tatz, M., *Difficult Beginnings: Three Works on the Bodhisattva Path,* Boston : Shambhala, 1985.

Tatz, M tras., *Asangs's Chapter on Ethics With the Commentary of Tsong-Kha-pa, The Basic Path to Awakening, The Complete Bodhisatttva,* New York: Edwin Mellen Press, 1986.

Thurman, Robert A.F, *The life and teachings of Tsong khapa,* Dharamsala: Library of Tibetan Works & Archives, 1982.

張怡蓀, 『藏漢大辭典(上·下)』, 北京: 民族出版社, 1993.

저자 양정연

서울대 종교학과를 졸업하고 동국대 불교학과에서 박사학위를 받았다. 일본 오타니대학大谷大學, 중국 중앙민족대학, 서장대학, 서장사회과학원 등에서 수학하였다. 현재 한림대 생사학연구소에서 생사학 정립과 자살예방 활동을 위한 인문한국(HK)사업을 수행하고 있으며, 생명교육융합학과 교수로 재직하고 있다.

논문 및 저서: 「근대시기 '종교'인식과 한국불교의 정체성 논의」, 「람림 Lam rim에서의 죽음 억념과 수행」, 「타이완 〈安寧緩和醫療條例〉 법제화의 시사점」, 「행복과학에 대한 불교적 성찰」, 『죽음의 성스러운 기술』(역서), 『자살예방』(역서), 『자살위기 개입의 실제』(역서), 『자살대책의 이론과 실제』(역서), 『현대 생사학 개론』(공역), 『가치 있는 삶과 좋은 죽음』(공저), 『동양고전 속의 삶과 죽음』(공저), 『죽음의 풍경을 그리다』(공저), 『(한 권으로 보는) 세계불교사』(공저) 외 다수.

대승 보살계의 사상과 실천

초 판 인 쇄	2018년 12월 02일
초 판 발 행	2018년 12월 11일
저 자	양정연
발 행 인	윤석현
발 행 처	도서출판 박문사
책 임 편 집	안지윤
등 록 번 호	제2009-11호
주 소	서울시 도봉구 우이천로 353 성주빌딩 3층
전 화	02) 992-3253
전 송	02) 991-1285
전 자 우 편	bakmunsa@hanmail.net

ⓒ 양정연 2018 Printed in KOREA.

ISBN 979-11-89292-19-5   93220   정가 25,000원